t.

国家社科基金
GUOJIA SHEKE JIJIN HOUQI ZIZHU XIANGMU
后期资助项目

经验范式的辩证法解读：
阿多诺"否定的辩证法"研究

The Experimental Mode of Dialectics：
The Study of Adorno's Negative Dialectics

郑伟　著

北京师范大学出版集团
BEIJING NORMAL UNIVERSITY PUBLISHING GROUP
北京师范大学出版社

图书在版编目（CIP）数据

经验范式的辩证法解读：阿多诺"否定的辩证法"研究／
郑伟著.—北京：北京师范大学出版社，2015.3
（国家社科基金后期资助项目）
ISBN 978-7-303-18785-0

Ⅰ.①经…　Ⅱ.①郑…　Ⅲ.①阿多诺,T.W.(1903～1969)
-否定（哲学）-辩证法-研究　Ⅳ.①B516.59

中国版本图书馆 CIP 数据核字（2015）第 063014 号

营 销 中 心 电 话　010-58802181　58805532
北师大出版社高等教育分社网　http://gaojiao.bnup.com
电 子 信 箱　gaojiao@bnupg.com

JINGYAN FANSHI DE BIANZHENGFA JIEDU

出版发行：北京师范大学出版社　www.bnup.com
　　　　　北京新街口外大街19号
　　　　　邮政编码：100875

印　　刷：北京京师印务有限公司
经　　销：全国新华书店
开　　本：165 mm×238 mm
印　　张：13.5
字　　数：280千字
版　　次：2015年3月第1版
印　　次：2015年3月第1次印刷
定　　价：56.00元

策划编辑：曾忆梦　　　责任编辑：赵雯婧　张　爽
美术编辑：王齐云　　　装帧设计：毛　淳　王齐云
责任校对：李　菌　　　责任印制：马　洁

国家社科基金后期资助项目

出 版 说 明

　　后期资助项目是国家社科基金设立的一类重要项目，旨在鼓励广大社科研究者潜心治学，支持基础研究多出优秀成果。它是经过严格评审，从接近完成的科研成果中遴选立项的。为扩大后期资助项目的影响，更好地推动学术发展，促进成果转化，全国哲学社会科学规划办公室按照"统一设计、统一标识、统一版式、形成系列"的总体要求，组织出版国家社科基金后期资助项目成果。

全国哲学社会科学规划办公室

前　言

从 20 世纪 80 年代至今，在我们迎来一个又一个"你唱罢来我登场"式的"学术热"的时候，早期法兰克福学派特别是阿多诺哲学，在中国的思想界始终保持着一种"不冷不热"的温度。由于这种"不冷不热"的态度，使阿多诺哲学的研究在我们的学术研究体系中呈现出一种"不上不下"的态势。在 2014 年 5 月于北京师范大学召开的"'《法兰克福学派史：批判理论与政治》导论与讨论'研讨会"上，一位与会专家的观点或许能为这种状况给出具有穿透力的解释："法兰克福学派的发展并不是统一的模式，有时甚至充满着背叛。到今天为止，我们对法兰克福学派了解的历史，在某种程度上也是一部误解的历史。但是没有误解，就没有了解。这些误解，并不是全部来自中国，也来自法兰克福学派。其中一个原因在于，这些学者的书在中国并没有出全。令人欣慰的是，随着相关代表人物的译作不断出版，近年来这种情况得到了一定的改善。"

本文也是在这种"误读"式的研究过程中形成的。因此它最大的问题是，对阿多诺哲学与法兰克福学派的直接思想联系分析得并不充分——它没有寄希望于通过对阿多诺的"否定的辩证法"的相关解读去刻画一个关于法兰克福学派的细密"图示"。同时，也正是本文在论题定位时所面临的上述问题，为我提供了一个力所能及的目标——通过分析阿多诺的《否定的辩证法》文本，从阿多诺哲学视角中的"经验"概念出发，梳理作为一种思维方式的"否定的辩证法"的思想框架，进而上升为对作为一种"经验"范式的辩证法的相关特点的分析。作者希望，本文能够为相关领域的深入研究提供一个初步的探索。

本文的切入点是阿多诺的"经验"概念，并试图把对"经验"概念的内在逻辑分析和价值定位提升到"否定的辩证法"的"范式"解读的层面。原因在于，阿多诺的"经验"概念，并不是康德哲学上无法穿透"自在之物"意义上的"经验"，也不是黑格尔哲学意义上臣服于"绝对精神"的"经验"，更不是海德格尔哲学"此在"意义上的"经验"，而是一种理想状态下的主客体关系。从逻辑关系上看，这是一种开放的、互动的主客体关系，主体不能基于自身的"同一性"思维方式用概念代替概念所表达之物；从价值关系上看，主体与客体之间，主体与主体之间是"对等"的，彼此之间不形成一种强制性的统治关系。阿多诺希望，主体和客体自身的差异性，在这种理想的"经验"状态中能得到保存。它涉及"否定的辩证法"的一切理论视域，成为"否定的辩证法"乃至全部阿多诺哲学的一个基本理论立足点和最终哲学归宿——它直接决定着其逻辑推演方式，牢牢掌控着"否定的辩证法"的价值追求。正是在这个意义上，本文认为，可以用"经验范式"来形容阿多诺哲学中作为一种思维模式的"否定的辩证法"。

在这种"经验"范式的辩证法中，为了保存"经验"中主客体自身的差异性，阿多诺把"否定的辩证法"的逻辑定位为"绝对的否定"的逻辑。在此基础上，他展开了对基于总体性思维方式的传统哲学的批判，进而使"否定的辩证法"表现出一种"崩溃的逻辑"的理论外观。从"经验"概念中理想的、互动的主客体关系看，这种"崩溃的逻辑"在更深层的意义上是一种基于"经验"视角的"差异性的逻辑"。它力图在思维方式中保持主体和客体双方的差异性不被主体自身中的"同一性"理性思维图示所泯灭。这也是理解整个"否定的辩证法"的关键所在。

在"否定的辩证法"中，阿多诺同样面临着传统哲学中的主体与客体的统一性问题。这包括两个方面：认识论上的统一与实践上的统一。前者更多地涉及认识论的问题，关系到真理观的阐释；后者则涉及主体的自由问题，关系到解放理论的定位。在认识论上，如果主体与客体没有任何相通之处，那么人类认识活动本身也就丧失了合法性，"否定的辩证法"也就无法进行认识论的探讨。为了避免这种悖论，阿多诺试图在保持主体与客体双方的差异性因素的基础上，在思维方式上限制"主体性"，以"客体优先"的原则来建构一种立足于差异性的、摆脱了整体性的"思想模式分析"，并在这个基础上重建"真理"理论。这种"思想模式分析"的最终的产物就是阿多诺的"星丛"理论。在"星丛"理论中，真理成了一种"谱写"的过程，它具有时效性和变化性的特点，真理成为"偶然的"。

在实践范围内，主体与客体的统一性问题表现为主体的自由问题。阿多诺批判了传统自由观的思维形式，指出了它们的理论误区，并在差异性逻辑的基础上阐发了自己对自由的理解。与"否定的辩证法"的差异性的逻辑一样，阿多诺的自由观也有两副面孔：相对于传统哲学对自由原型的肯定性态度，他的自由观是否定性的、破坏性的；相对于"否定的辩证法"自身的"经验"性的差异的逻辑，它又是建构性的。这种自由观实质上是"经验"概念的现实化，是差异性逻辑的历史化。在这种逻辑中，自由最终变成一种偶然性的因素，变成一种需要去争取的可能性。

从表面上看，"否定的辩证法"对西方哲学，甚至包括马克思的哲学，采取一种反思式的态度，从而形成一种貌似"全盘否定"的理论外观。实质上，这种全面的否定性或绝对的否定性更多的只是一种策略。从"否定的辩证法"的基本理论视域来看，它仍然没有脱离传统哲学特别是黑格尔哲学的基本问题，也没有超出马克思哲学社会存在与上层建筑的总体框架。从这个意义上讲，"否定的辩证法"仍然是一种西方哲学内部的自我反思和批判，不是我们所理解的"马克思主义"，也不是一种西方传统理性哲学范围内的理论自戕，更不是后现代哲学意义上的对传统形而上学的全盘拒斥和解构。

阿多诺的这种"经验"范式的辩证法解读，对揭露资本主义社会的意识形态的遮蔽，批判资本主义社会的抽象真理观和自由观，追求思维方式的解放，均具有重要的意义。在某种程度上引起了后现代主义者的共鸣。他提出这样一个问题：在资本主义社会，传统的抽象理性哲学由于什么样的内在机理，能够执行资本主义意识形态的功能？在追寻答案的过程中，出于反对总体性和同一性思维方式的需要，阿多诺对历史与逻辑的统一性问题、马克思与黑格尔之间的本质区别采取了否定的态度。问题在于，阿多诺的"经验"立场是超历史的，它不可能合理地解释人类历史。由于这个原因，它丧失了历史的根基，找不到历史的立足点，不能在逻辑上重构它所要超越的资本主义制度，因此它也无力超越现实的资本主义制度。

对此，我们去指责"否定的辩证法""背叛"了"马克思"或"马克思主义"，应该是不合适的。因为它只是工具性地运用了一些马克思主义的立场和方法，它本身并没有宣布自己是马克思主义。但也正是"否定的辩证法"的这种特点，为我们的马克思主义研究提供了一个不可复制的独特案例，并能够对此进行相关"警醒式"的反思：工具性地使用马克思会导致什么样的后果？与此同时，虽然阿多诺哲学中的"社会背景"与中国现实有着天壤之别，但是在思想文化的领域却可以进行对比研究。所以，在我国，"否定的辩证法"乃至"西方马克思主义"在相当长的一段时间里，很可能还将持续一种"不温不火"的状态。

是为序。

郑伟

2014 年 6 月

目 录

导　论　"经验"在辩证法中的命运

"否定的辩证法"，又名"崩溃的逻辑"，它致力于促成传统哲学中宏大叙事、同一性理论框架、强制性逻辑推演模式的"崩溃"。在这种"崩溃"中，阿多诺高扬差异性因素不可被"总体性"同化、统摄，实际上是从哲学的角度，针对社会问题而阐述一种"不服从"的辩证法。这种"崩溃""不服从"在"否定的辩证法"中之所以能够被进行，是因为阿多诺认为自己找到了传统辩证法乃至整个西方传统哲学坚固外表下所隐藏的一条巨大"裂缝"——"经验"①。阿多诺以此立场阐发的哲学思维模式，我们可以称之为"经验"范式的辩证法解读。在这种背景下，在讨论作为一种"范式"的辩证法解读模式之前，我们有必要对"'经验'在辩证法中的命运"这一问题做一个简要的理论梳理，从"经验"的视角对阿多诺所要批判的"传统"②辩证思维方式及其特点做一个粗略的考察。

第一节　前马克思哲学辩证法视野中的"经验"

在思维方式的领域，辩证法首先是作为一种逻辑思维方式而存在的。在西方哲学史中，从思维方式的自觉性程度来看，形式逻辑至少在亚里士多德那里就已经实现了体系化③，并在漫长的西方哲学史中占据主导地位；相比之下，辩证逻辑的发展过程则要艰难得多，直到黑格尔哲学，才在客观唯心主义哲学的基地上实现了高度体系化。近现代以来，随着黑格尔哲学体系的倒塌，辩证思维方式虽然得到了不同层面的改造或重新阐释，但是其在黑格尔哲学中所面临的困境却在西方文化的语境中被延续了下来：一是如何在概念自身的层面上处理"抽象一般"与"经验个别"之间的关系，二是如何在概念间逻辑推演的层面上处理抽象的逻辑体

---

① "经验"概念在不同的哲学家那里有着不同的解释，对此我们不能一概而论。在强调常识意义上的经验世界的时候，我们将会在前面加上"现实的"这个形容词，或者直接去掉"经验"的引号。在特指的哲学中，例如，康德哲学、黑格尔哲学，我们将会采用"'经验'世界"的方式。

② 之所以在"传统"二字上加引号，是因为阿多诺把马克思的辩证法哲学在"同一性"的问题上等同于黑格尔的辩证法。下文我们将分析这种理论划分带来的问题及后果。

③ 有关本书内容的、相关形式逻辑的分析，请阅本书第三章。

系与经验世界的现实运动之间的关系。

一、古希腊辩证思维视野中的"经验"

在西方的语境中，"逻辑"一词源于古希腊的"逻各斯"（希腊语为 logos）。它本身也经历了一个历史演变的过程[①]：公元前 1 世纪的 M. T. 西塞罗最早使用"逻各斯"来表示逻辑；公元前 3 世纪斯多亚学派的创始人季蒂昂的芝诺认为，逻辑包括辩证法（辩论之术）和修辞学，但由于斯多亚学派的原始资料早已遗失，他是否真正使用过"逻辑"这个词已经无从考证；亚里士多德在定义三段论时虽然曾使用过"逻各斯"，但此处的"逻各斯"只是在"议论"或"论证"的意义上被使用。与之形成鲜明对比的是，亚里士多德在表述他的以推理为基础的形式逻辑时使用的是"分析"或"分析学"等字眼。

在古希腊哲学中，现代意义上的辩证逻辑虽然还没有成形，但辩证思维方式已经出现。与启蒙时代具有严密逻辑和体系、高举理性旗帜的现代辩证法相比较，这种前现代辩证法还是一种对世界的朴素的理论把握——用一个绝对的原则或定理来辖控一切的逻辑建构方式[②]还没有成形，理性并不是作为一切运动的规定性原则出现的。在不同的学派那里，这种朴素的辩证法也是有差别的。在这种思维方式中，变化主要是在经验世界中进行的。"经验"主要表现为现实的经验世界，表现为一种差异性、有限性[③]事物的集合体。逻辑的任务就是试图发现统摄经验世界的规律。对这种规律的来源，存在着两种不同的观点——它是寓于经验世界之中的，抑或高于经验世界的。依据这种特点，古希腊的辩证思维形式可以分为两个类型：辩证法与本体论的自发结合；辩证法与本体论的自觉分离。

古希腊辩证思维的第一种形式——辩证法与本体论的自发结合——产生于爱奥尼亚学派的宇宙观念中，并且在阿那克萨哥拉、恩培多克勒、德谟克利特那里，得到了相当程度的发展。这是一种描述经验世界的矛盾性及其运动规律的理论尝试。这种朴素辩证法的特点，用列宁的话来总结就是："就本来的意义说，辩证法就是研究对象的本质自身中的矛盾；不但现象是短暂的、运动的、流逝的、只是被假定的界限所划分的，

---

① 《中国大百科全书：哲学》（Ⅰ），北京，中国大百科全书出版社，1987，第 534 页。

② 下文中，我们将把这种思维模式称之为抽象理性统治的思维方式。

③ 下文我们将会看到，正是出于对"经验世界"的"有限性"的理论定位，才为唯心主义哲学打开了理论空间。

而且事物的本质也是如此。"①

在这种朴素的辩证思维中，世界的本体寓于世界之中，并被认为是运动变化的，矛盾的思想得到了正面的承认。这是自然辩证法最初的理论形态。在这种最初的理论形态中，整个世界的强制的、有规律的运动图示代替了永恒的神意。还没有完全退去神秘主义外衣的"逻各斯"高踞于众神之上并取代了众神，按照某种程度上还未完全褪去神秘色彩的理性原则来发出一劳永逸的指令——它成了"神"也无法逃脱的命运。在这种图示中，整个世界成了一团永不停息的"活火"——"这个世界，对于一切存在物都是一样的，它不是任何神所创造的，也不是任何人所创造的；它过去、现在、未来永远是一团永恒的活火，在一定的分寸上燃烧，在一定的分寸上熄灭……一切转化为火，火又转化为一切"②。在这种朴素的辩证思维中，作为个别性、差异性因素的经验世界最终服从绝对的运动，为永恒的"规律"③所融化和消解。

古希腊辩证思维的第二种形式主要体现在苏格拉底和柏拉图的哲学中。在他们那里，辩证法成为一种在对方的言谈之中找出矛盾、以此来推翻对方观点的"辩论之术"。这是一种名副其实的工具性的"方法"。在这种作为辩论之术的辩证法雏形中，"真理"或者说"规律"并不是一开始就被规定了的。相反，辩证法意味着"对话"与探讨，其内容就是"有限"的经验世界。在柏拉图的著作中，苏格拉底通过一问一答的对话，将论题层层转换，最后得出与辩论对手相反的结论。在此，辩证法也就意味着"矛盾"——在对话中，苏格拉底总是佯装自己无知，力求推翻对方作为"正题"的貌似无可置疑的观点，最终达到"反题"。这里，包含着两个意义深远的萌芽：其一，辩证法自身破坏性力量的展示，它能够摧毁一切固定不变的成见，解构一切静止不动的体系，甚至在类似承认自身"无知"的语境前提中削减人类文明的自大欲望；其二，辩证法的一个重要特点就是差异性，即对方观点中的经验因素的重视，"经验"实际上成了反抗体系、成见和自大的一把利剑——通过类比、转换，依靠不可通约个别性因素为代表的"经验"来推翻对方的抽象总结。

---

① 《列宁全集》，第38卷，北京，人民出版社，1963，第278页。

② 《西方哲学原著选读》上卷，北京，商务印书馆，1999，第21页。

③ 下文中，我们将会看到，阿多诺在"规律"的问题上，因为脱离了马克思主义立场的、对马克思主义相关概念的"工具性使用"，使他混淆了马克思哲学的"规律"与传统哲学的"规律"，并把"规律"理解为抽象理性思维方式所造成的关于"经验"世界的"幻相"。这也是造成阿多诺"经验"范式下的"否定的辩证法"拒斥马克思的"实践"观点并远离马克思哲学所主张的共产主义运动的主要理论原因。

在苏格拉底和柏拉图的这种朴素辩证法中，立足于经验世界的辩证思维本身还只是工具性的，是用来推翻对方的论点的"方法论"。作为柏拉图哲学的最高的"理念"，仍然要恪守形式逻辑的基本规则——不能存在矛盾，亦即不允许作为差异性因素的"经验"的最终存在。

总之，在古希腊原始的辩证思维中，就已经出现了如何处理作为个别性、差异性因素的经验世界与总体性逻辑图示的关系问题，同时出现了经验世界中矛盾的两种不同的理论倾向：肯定的和否定的。这也反映了对待辩证法的最初的两种解读范式：本体论的解读范式和最初的纯粹工具性的认识论解读范式。在近代以前的西方哲学史中，辩证逻辑和形式逻辑一直是两个互不通融的领域。直到西方近代的认识论转向，在思想上正式反映了资本主义的时代特点——现代性，才为辩证思维的最终体系化拉开了帷幕。

二、现代性哲学开端中"经验"的失落

作为一个尚无定论且众说纷纭的概念，有学者在追根溯源时甚至把"现代性"与古希腊的"现代"一词联系起来。从历史的角度来看，如果把"现代性"作为一个社会现象来考察的话，"现代性"作为一种时代特征，是随着资本主义发展起来的。如果说，在古希腊哲学中，对经验世界背后的最高原因的解读中隐含着一种朦胧的神学梦想的话，那么，自西方哲学认识论转向以来，在对待经验世界的态度背后明确显现出有关未来社会的一种抽象的现代理性设计——它表现为"自启蒙运动以来的资本主义历史时代及其基本原则……资本主义的诞生和发展，可以上溯到 14 世纪左右，但只是在 16、17 世纪之后，经过 18 世纪的欧洲启蒙运动，也就是经过一种人类历史上空前未有的精神解放运动之后，又经过美国和法国的资产阶级大革命，才使人类社会和人类文化进入一个新的阶段，产生了特有的'现代性'精神状态和生活的态度"[①]。正是在这样一个时代背景中，理性作为哲学的抽象主体，特别是作为辩证思维的抽象主体，才开始逐渐占据主导地位。

西方哲学史中的认识论转向，为现代理性哲学的建立准备了重要的条件，也为经验世界在哲学中的失落埋下了伏笔。在西方哲学史中，亚里士多德开创的形式逻辑一直是占据主导地位的思维方式。这种思维方

---

① 吴向东：《重构现代性：当代社会主义价值观研究》，北京，北京师范大学出版社，2006，第 3 页。

式对矛盾采取了否定的态度，追求非此即彼的判断。近代西方哲学的认识论转向，开始打破形式逻辑思维方式的这种优势地位，推动了辩证思维的体系化和对辩证法隐含着本体论的认识论的解读范式的出现。在这一过程中，有两个因素对辩证法的成熟产生了深远的影响：

第一，笛卡尔"我思故我在"命题的提出。"我思故我在"的命题，开创了一个新的哲学传统，那就是在思维中寻找"客观性"，在思维中寻找"本原"。"我"——"主体"——的本质被规定为"思维"。在这种思维方式的影响下，思维作为"精神实体"，成为认识的主体。它直接启发了康德，成为从康德到黑格尔的德国古典哲学的主线，推动了辩证法的发展。

笛卡尔的"我思"，在康德哲学中变成了"纯粹统觉"，变成了知性中的先验同一性因素。而"经验"在康德哲学中仅仅表现为意识中的"表象"，它是受先验自我的认识框架统摄的。在此，客观性并不是在作为"表象"的"经验"中，而是在主体的先验思维框架中被发现的。黑格尔认为，康德哲学中的这种先验的自我仍然是不够"客观"的，因为这是知性范围内的自我，知性因素囿于有限性的"经验"内容仍然不能达到纯粹的客观性，仍然是一种主观性，它导致的将是"绝对主观唯心主义"。在黑格尔哲学的"绝对客观唯心主义"辩证理性的思维模式中，"自我"变成了"自我意识"，最终升华为"客观思想"①。这样，客观性被归属到思想的领域，现实的经验世界反而被认为是主观的。

"主体"的这种抽象定位，对辩证法的发展产生了重大影响。首先，在这种思维方式的影响下，整个世界最终被归结为精神运动的产物，认识论、本体论、方法论最终在黑格尔辩证哲学体系中实现了形式上的统一，这对辩证法内容的丰富和结构的成熟起了重要的作用。其次，这种把客观性归于思维的做法，使得辩证法虽然能够关注经验世界，但是现实的经验世界作为"有限"性因素，在辩证法体系中处于不断被扬弃的位置，最终还是要服从精神的抽象同一性统治。

第二，对矛盾观点的最终确认。康德认为，在理性企图认识世界的无条件的东西时，理性会"陷于对同一个对象坚持两个相反的命题"的境地，而且"这两个命题中的每一个都必然被认为有同样的必然性"②。在康德以前的时代，"人们曾经依据旧形而上学的观点假定，如果认识陷于矛盾，这仅仅是一种偶然的差错，是基于推论和论理方面的主观错误。

---

① 〔德〕黑格尔：《逻辑学》，梁志学译，北京，人民出版社，2002，第68页。

② 〔德〕黑格尔：《逻辑学》，梁志学译，北京，人民出版社，2002，第114页。

但在康德看来，思维在想认识无限时陷入矛盾（二律背反），其原因则在思维自身的本性"①。

也就是说，康德开始正式在主体思维形式的领域探讨矛盾现象的根源。康德在《纯粹理性批判》中"先验辩证论"部分的第一句话就是——"我们在前面曾把一般的辩证论称为幻相的逻辑"②。在康德看来，辩证法就是"幻相"的逻辑。这典型地表现在他关于宇宙论的四个"二律背反"的论述之中。康德论证，在关于世界的开端、组成、规律性和原因等问题上，都存在一个正题和一个反题，两者都能得到同等程度的证明，但结论却是完全相反的。这就是作为矛盾的"幻相"。

理性（知性）出现"幻相"或者矛盾，问题并不在于经验世界的"表象"，而是在于人的理性（知性）思维形式本身。康德认为，"在世界的本质中造成矛盾这种污点的，不应被认为是世界的本质，而是这种污点应被认为仅仅属于能思维的理性，属于精神的本质"，"理性只有通过应用范畴，才会陷入矛盾"③。也就是说，使理性（知性）陷入矛盾的内容不可能是作为"经验"世界的表象背后的"自在之物"，它只能是（知性）思维应用于错误的领域所引起的矛盾，"自在之物"不可能是矛盾的。

康德的解决办法在于，矛盾并不是"经验"世界固有的，也不是"自在之物"所固有的，而仅仅是由主体的理性（知性）思维形式所造成的。康德虽然承认矛盾，但矛盾是不应该存在的，它是错误运用理性（知性）的结果。理性（知性）只能运用于经验的表象之内，只能按照知性（打着"先验逻辑"旗号的、经过改装了的形式逻辑）的方式加以运用。如果理性（知性）超出"经验"（表象）的界限，去思考绝对的主体，如灵魂、上帝、自在之物，就会陷入二律背反。换言之，康德的解决办法意味着理性（知性）一旦进入形而上学的领域，就会陷入自相矛盾的境地。为此，康德把理性（知性）的理论运用限制在经验的范围之内。而在实践理性批判中，他却承认超出"经验"世界的普遍的道德律，但这不是通过理性（知性）推出的，而是通过信仰把握的。

与康德不同，从对待矛盾的态度来讲，阿多诺认为辩证思维的含义就是：如果"矛盾的出现充满着强迫，那么，人们就不能满足于否认或消除这些矛盾，而是要把矛盾提升为哲学反思的对象和命题"④。黑格尔哲

---

① 〔德〕黑格尔：《逻辑学》，梁志学译，北京，人民出版社，2002，第115页。
② 〔德〕康德：《纯粹理性批判》，邓晓芒译，北京，人民出版社，2004，第258页。
③ 〔德〕黑格尔：《逻辑学》，梁志学译，北京，人民出版社，2002，第114、115页。
④ 〔德〕阿多诺：《道德哲学的问题》，谢地坤、王彤译，北京，人民出版社，2007，第88页。

学做到了这一点。黑格尔在"矛盾"问题上迈出了关键的一步：一方面肯定了康德对矛盾的发现；另一方面又批判了康德对待矛盾的态度："康德揭示出二律背反，无论如何须被视为对哲学认识的一个很重要的促进，因为这消除了知性形而上学的僵硬的独断论，指出了辩证的思维运动，但必须同时看到，康德即使在这里也是停留于事物的自在东西不可知这个单纯消极的结果，而没有达到对二律背反的真正的、积极意义的认识。一般来说，二律背反的真正的、积极的意义在于，一切现实事物都在自身包含着对立的规定，因此认识一个对象，确切地说，把握一个对象，恰恰意味着意识到这个对象是对立规定的具体统一"①。在黑格尔那里，他不仅承认矛盾，而且把矛盾普遍化了。在康德看来，存在着四个二律背反，而在黑格尔那里，"在一切种类的一切对象中，在一切表象、概念和理念中都有二律背反。要认识这一点和各个对象的这种属性，就属于哲学考察的本质；这种属性构成了那个不断规定其自身为辩证逻辑环节的东西"②。黑格尔认为"二律背反"（矛盾）就是事物（精神事物）发展的动力。这样，在辩证法中，概念或事物内部的矛盾就成了辩证法扬弃运动的动力因。

　　黑格尔的辩证法哲学改变了传统形式逻辑思维对矛盾的看法，确立了"矛盾"在"经验"世界和"精神"世界中的地位，从体系上完善了近代西方认识论转向以来的辩证逻辑思维方式，标志着自启蒙运动以来的现代性哲学——理性哲学——的成熟。在绝对"客观"③唯心主义哲学中，黑格尔以辩证法为主线，把本体论和认识论结合为一体。他用思辨概念表达同一性的世界本原，把辩证运动表现为绝对精神自我展现的整体性的历史过程，力图形成内容与形式相统一的辩证逻辑体系，这也典型地表现出现代性哲学抽象理性设计的特征。然而，这种辩证法的解读模式存在着一个先天的缺陷：由于"精神"是世界的本原，那么作为精神本原的外化——现实的经验世界——最终将被统一到精神中去。实际上，离开现实的社会历史，认识论和本体论的统一从一开始就注定是不会成功的。

三、现代理性辩证法与"经验"世界

　　现代性哲学有三个最基本的特点，即"现代性"的思想核心是理性与

---

① 〔德〕黑格尔：《逻辑学》，梁志学译，北京，人民出版社，2002，第115～116页。
② 〔德〕黑格尔：《逻辑学》，梁志学译，北京，人民出版社，2002，第115页。
③ 黑格尔哲学对"客观"有着不同于常识意义上的理解。在黑格尔哲学中，"客观""现实"都是在"必然性"的意义上被使用的。"必然性"意味着不受限制的。最终，在黑格尔哲学中，只有"精神"才是不受限制的，才是客观的、现实的。

主体；现代性的根本价值是自由；现代性的过程在思想史上表现为一个理性化的过程。黑格尔哲学不但具备了这三个基本特点，其总体性哲学的建立，标志着现代性哲学的成熟——"所谓现代性（Modernity），乃是一个矛盾概念。说它好，因为它是欧洲启蒙学者有关未来社会的一套抽象哲理设计。在此前提下，现代性就是理性，是黑格尔的时代精神（Zeitgeist），它代表人类历史上空前伟大而强劲的变革逻辑"①。在启蒙思想家那里，这种抽象的理性设计表现为一幅理想的社会和世界蓝图。在时代精神上，它代表着新生资本主义的梦想。与中世纪相比，它一扫蒙昧和封建传统的僵滞，不断发布变革的信息，许诺理性解决方案，发誓要把人类带入一个自由的、理性的新世界。然而，现代性的思维模式同样要面对如何处理总体性的抽象理性设计与经验个别之间的关系的问题。现代理性思维方式并没有在一开始就企图忽视或者超越经验世界，而是试图在规定世界发展的逻辑运动中把作为差异性因素的经验世界囊括进来并最终"扬弃"它。

这典型地表现在黑格尔哲学中。在黑格尔辩证法哲学的圆圈运动中，终点最终又回到了起点。在这一过程中，作为差异性、"有限性"因素的经验世界最终不是被"扬弃"了，而是被泯灭了。这主要表现在以下几个方面：

第一，黑格尔对"客观性"有着独特的理解。黑格尔对"客观性"的最简单的定义就是：自己依赖自己。这个定义是以"有限"和"无限"的区分为基础的。有限这一类的概念是不能被称作"客观"的，因为"从形式方面来说，有限是指这样一种东西，这种东西有终结，这种东西是存在的，但在与自己的他物联系起来，从而受到自己的他物的限制时，就不再存在了。所以，有限东西存在于它与它的物的关系中，这个他物是它的否定，并且把自身表现为它的界限"②。与此相反，"无限"恰好满足了黑格尔对"客观性"的要求：思维"存在于其自身，与其自身相关，以其自身为对象……对象是一个他物，一个否定我的东西……纯粹的思维在自身绝没有任何局限"③。这样，黑格尔就把探寻客观性的目光从经验世界转向了思维自身。

"思维"具有客观性，是"客观思想"。黑格尔以抽象化的主体的绝对客观性同化作为差异性因素的客体的客观性："反思导致事物中的普遍东西，但这普遍东西本身是概念的一个环节。说知性和理性存在于世界中，

①　赵一凡：《西方文论讲稿》，北京，生活·读书·新知三联书店，2007，第13页。
②　〔德〕黑格尔：《逻辑学》，梁志学译，北京，人民出版社，2002，第83页。
③　〔德〕黑格尔：《逻辑学》，梁志学译，北京，人民出版社，2002，第83页。

这与客观思想这个词汇的含义是相同的。"①在"有限"与"无限"的区分上，辩证法中的经验世界就已经丧失了"客观性"。

第二，黑格尔对"现实"概念也有着自己的定义。他有一句名言："凡是合理的东西都是现实的，凡是现实的东西都是合理的。"②针对这句话，黑格尔被不少人批评，然而，在黑格尔的哲学体系中，这句话却是顺理成章的。按照他的逻辑，"现实的"并不是意味着"现存的"，而是意味着一种必然性："特定存在一般来说部分地是现象，而只有一部分是现实……偶然的现实存在也不配享有现实东西的美名。"③经验世界与"现实"在此有了天地之遥。

"现实"概念是必然性的概念。"合理的"意味着合乎"最高理性"的，合乎真理的，也就是合乎绝对精神的。因此，这句话，在黑格尔看来无疑是绝对正确的。因为它是一个同义反复："凡是合乎理性（绝对精神）的东西都是必然的，凡是必然的东西都是合乎理性（绝对精神）的。"在此，"黑格尔哲学——作为世俗神正论的一个形式——明目张胆地把'现实性'和'合理性'等同了起来。凭借'充足理由律'（每个事件的发生都是有原因的），黑格尔声称，现存的任何事物都肯定有一个合理的基础或根据。他甚至把这个公理进一步应用到了历史领域"④。于是，在现实性与经验世界的关系上，辩证法中的经验性因素也丧失了立足之地。

第三，黑格尔的辩证法实现了认识论和本体论在唯心主义基础上的统一，实现了辩证法的本体论和认识论的解读范式在形式上的统一，但这种统一的途径——作为中介的"扬弃"运动——最终却是一种"同一"的逻辑，而不是"统一"的逻辑。

在"客观思想"的基础上，黑格尔的辩证法试图把整个经验世界的运动发展包含进自身。经验世界的内容在黑格尔的辩证法中表面上是被肯定地扬弃了，达到了更高级的存在形态，但在最终归属问题上，还是被精神"同一"化了——只有"精神能够从一切外在东西和它自己的外在性、它的定在本身抽象出来，它能够忍受对其个体的直接性的否定，忍受无限的痛苦，就是说，能够在这个否定中肯定地保持自己"⑤。最终，精神性因素成为这场辩证运动中唯一的幸存者。

---

① 〔德〕黑格尔：《逻辑学》，梁志学译，北京，人民出版社，2002，第68页。
② 〔德〕黑格尔：《逻辑学》，梁志学译，北京，人民出版社，2002，第36页。
③ 〔德〕黑格尔：《逻辑学》，梁志学译，北京，人民出版社，2002，第83页。
④ 〔美〕理查德·沃林：《文化批评的观念》，张国清译，北京，商务印书馆，2000，第2页。
⑤ 〔德〕黑格尔：《精神哲学》，杨祖陶译，北京，人民出版社，2006，第20页。

这样，黑格尔的辩证法哲学就成为一种名副其实的"绝对客观唯心主义"。一方面，西方哲学中的辩证思维在黑格尔哲学中实现了体系化；另一方面，辩证法所面对的经验世界最终也被理性精神"同一"化了。同时，这也显现出自文艺复兴以来的西方资本主义时代精神所面临的困境：在现代资本主义社会，在强调个人权利，在人本主义思潮盛行的社会中，如何才能保证个体被尊重？亦即如何处理个体自由和资本逻辑之间的关系？这也是现代理性思维方式面临的一个严峻考验。

总之，在现代性哲学中，辩证法始终面临着这样一个理论困境，那就是如何保证辩证法的革命性、批判性不被体系的强制性所统摄、同化？如何在遵守理性设计的"规律"的同时发挥个体的能动性，如何做到自由和规律的奴隶这双重身份之间的协调？如何实现本体论与认识论、历史与逻辑的双向统一？最终，如何使辩证法既能在逻辑上重构现实的经验世界并最终超越现实资本主义世界？要解决这个问题，就必须把辩证法放在更广阔的平台上并重新建构辩证法。

第二节　"黑格尔—马克思研究路向"的理论澄清

如何看待和处理黑格尔哲学，特别是其思维方式和研究路径，直接关系到马克思主义哲学对西方传统哲学的超越，关系到对马克思所建立的新唯物主义的理解和对资本主义的逻辑超越问题，关系到对社会主义运动及其主体的理解问题。需要指出的是，后来的学者在对黑格尔与马克思辩证法关系的梳理中，较为普遍的观点是认为在马克思与黑格尔那里，存在着一种"黑格尔—马克思研究路向"[①]。这种观点在西方马克思主义代表人物，如卢卡奇、阿多诺那里，都有所指涉。

如果说，马克思仅限于剥取黑格尔辩证法中的"神秘外壳中的合理内核"，以此实现思维路径的颠倒，那么这种路向就是成立的，"经验"在马克思哲学中就仍然属于被抽象超越的领域，就仍然存在着一个超验的领域——这也是阿多诺批判马克思的人类社会发展规律的原因，马克思哲学就仍然属于传统形而上学。这种观点的重大缺陷在于，它在社会超越

---

① "黑格尔—马克思研究路向"是阿多诺对马克思哲学理解的基本视角和立场，我们在下文将会发现，正是由于这个理解视角的问题，才导致马克思哲学被阿多诺边缘化和批判的问题。也正是这个原因，才导致阿多诺哲学与马克思哲学的巨大分歧和原则分裂。这个路向如果不予以清理，阿多诺便有理由顺理成章地把马克思哲学划入传统形而上学。

性的维度过分强调主体性、思辨性或规律性，忽视现实状况的复杂性、社会个体的多元性价值选择及其实现途径。实际上，马克思不但实现了对黑格尔哲学思维路径的颠倒，而且实现了对黑格尔哲学特别是他的辩证法的颠覆。正是在社会实践的基础上，依靠这种颠覆基础之上的重构，马克思主义哲学才能不但在逻辑上超越资本主义，而且把个体主体的价值选择与社会主义运动历史地结合起来。

一、"黑格尔—马克思研究路向"的立论基础

无论是在苏联教科书式的马克思主义哲学解读方式中，还是在西方马克思主义哲学的批判视野中，"黑格尔—马克思研究路向"都是作为一个基本的理论视角而存在的。这种理论视角的基本特征是把马克思的哲学放在黑格尔哲学的基础上进行解读。具体说来，其立论依据有以下方面。

第一，从思维方式上看，马克思的辩证法是对黑格尔辩证法体系的"颠倒"。一方面，青年时期的马克思曾经一度靠近青年黑格尔派，特别是在博士论文期间；另一方面，马克思本人曾经就自己的哲学思维方式与黑格尔辩证法的关系做过如下总结："我的辩证方法，从根本上来说，不仅和黑格尔的辩证方法不同，而且和它截然相反。在黑格尔看来，思维过程，即甚至被他在观念这一名称下转化为独立主体的思维过程，是现实事物的创造主，而现实事物只是思维过程的外部表现。我的看法则相反，观念的东西不外是移入人的头脑并在人的头脑中改造过的物质的东西而已……在他那里，辩证法是倒立着的。必须把它倒过来，以便发现神秘外壳中的合理内核。"①"黑格尔—马克思研究路向"据此认为马克思辩证法是对黑格尔绝对唯心主义辩证法体系的颠倒。故在苏联教科书式的思维中，在确定了"物质第一性"的观点之后，黑格尔辩证法的三大规律被直接引用了。

第二，从体系外观上看，马克思的哲学与黑格尔哲学一样，都是一种总体性理论。除了苏联教科书持这种观点外，西方马克思主义的相关学者普遍也持有相同观点。在《历史与阶级意识》中，卢卡奇在黑格尔哲学的基地上把马克思的辩证法理解为"具体的总体"的范畴，并把无产阶级设定为历史发展的"主体—客体"，最终实现了向黑格尔总体性哲学的复归。阿多诺则在另一个极端上，把马克思的辩证法划归为黑格尔的总

---

① 《资本论》，第 1 卷，北京，人民出版社，2004，第 22 页。

体性哲学范围，试图用绝对的否定和拒绝来改造马克思的辩证法。正是基于这种"黑格尔—马克思研究路向"，马克思的哲学才被排除出"否定的辩证法"的理论视域，被划归在传统的"同一性"哲学范围之内。

第三，从内在的逻辑推演上看，马克思的哲学在中介概念上用"实践"概念代替了黑格尔哲学的"绝对精神"。黑格尔辩证法的能动性原则被马克思批判地继承下来，并在这一点上的确给予黑格尔哲学以充分肯定："黑格尔的《现象学》及其最后成果——辩证法，作为推动原则和创造原则的否定性——的伟大之处首先在于，黑格尔把人的自我产生看作一个过程，把对象化看作非对象化，看作外化和这种外化的扬弃；可见，他抓住了劳动的本质，把对象性的人、现实的因而是真正的人理解为他自己的劳动的结果。"①在苏联教科书中，"实践"概念的阐释被局限于主客体相互作用的"中介"，并以此来理解实践概念在马克思哲学中的首要的基础性地位。

第四，从时代背景上来看，马克思的哲学与黑格尔哲学一样，都是现代性视野之中的哲学方式，都是一种"理性"的思维方式。"黑格尔—马克思研究路向"在上述三个观点的基础上，认为马克思在思维方式上，在实现了对黑格尔哲学的体系颠倒、中介替换后，仍然遵循着自启蒙运动以来的理性设计思维方式。在苏联教科书中，这表现为一种关于社会发展的"铁的规律"。在西方马克思主义那里，持这种观点的阿多诺，为了破除这种理性的统治，提出了"绝对的否定"的崩溃的逻辑，以此来实现对理性思维方式的解构和超越。

以上四点构成了"黑格尔—马克思研究路向"的立论基础。如果说，马克思仅限于剥取黑格尔辩证法中"神秘外壳中的合理内核"，在实现思维路径的颠倒的同时接收了黑格尔哲学的运动机制和总体性思维方式，那么这种路向就是成立的，马克思的哲学仍然属于传统形而上学，西方马克思主义者边缘改造马克思辩证法乃至整个马克思主义哲学的做法就是合理的。如果这一传统成立，那么马克思主义相对于传统哲学的新唯物主义革命意义便不复存在了。

二、"黑格尔—马克思研究路向"的理论困境

在"黑格尔—马克思研究路向"中，马克思主义实际上成为一种强制性的宿命论———一切都是以必然性规律的面孔出现的。在苏联教科书中，

---

① 《马克思恩格斯全集》，第3卷，北京，人民出版社，2002，第319～320页。

这表现为一种自然科学规律式的、强制的"历史必然性";在西方马克思主义那里,这表现为一种新的虚假意识形态——理性的统治。但是,这一研究路向却面临着以下几个理论困境。

第一,辩证法体系的简单颠倒并不能说明马克思哲学新唯物主义的特征。在思维路径最终出发点的问题上,只有两个,或者是从物质现实出发,或者是从意识出发,正是在此问题上,才有了唯物与唯心之分。但是,正如卢卡奇所引用的李凯尔特的话所表明的那样,这仅仅是摆脱传统形而上学的第一步。卢卡奇曾指出,"李凯尔特有一次把唯物主义称作是颠倒过来的柏拉图主义,他的说法是对的。因为只要思维和存在还保持着它们古老的固定不变的对立的话,只要它们在它们自己的结构中及在相互关系的结构中仍保持不变,那么认为思维是头脑的产物和因此是和经验的对象相一致的观点就同回忆说和理念世界一样,都是一种神话"①。在此,李凯尔特的观点是深刻的:如果唯物主义仅仅是对唯心主义的思维和存在关系的颠倒,那么现代唯物主义就不能够超越传统形而上学。

第二,"总体性"辩证法的观点并不能解释费尔巴哈哲学在马克思与黑格尔互动中的历史意义。19世纪40年代前期的马克思在青年黑格尔派的抽象的自我意识哲学与费尔巴哈的感性对象性哲学之间存在着一个多维的互动——马克思借助费尔巴哈哲学实现了对青年黑格尔哲学的超越,在此过程中,他又意识到了费尔巴哈哲学的不足,促使他对费尔巴哈哲学的超越。如果马克思全盘接受了黑格尔辩证法的"总体性"观点,用"实践"代替了"绝对精神",重设了黑格尔辩证法的动力因,无条件地遵循黑格尔辩证法的三大运动原则,那么这种辩证法就仍然是一种理性的辩证法。这就无法从哲学史的角度阐释马克思对费尔巴哈哲学的"感性对象性"向"感性活动"的实践跨越,无法解释马克思一度非常靠近费尔巴哈哲学的理论原因。

第三,"实践"对"绝对精神"的简单置换和现代性理性思维方式的定位,无法解释马克思辩证法哲学中的"逻辑和历史的统一性"问题。"黑格尔—马克思辩证法传统"其实是一种抽象的理性建构的辩证法,本质上仍然是理性为世界运动确定规则,依仗理性的力量来设计未来社会。在这种观点下,马克思关于生产力与生产关系的论断,关于从分工角度进行的对人类社会发展历史阶段的划分,无法得到合理的解释。这种观点更

① 〔匈牙利〕卢卡奇:《历史与阶级意识》,北京,商务印书馆,1996,第295~296页。

无法解释为什么马克思没有对未来社会进行详细描述——因为依照理性建构的思维模式，未来社会按照理性的规则是可以被推断的。

从马克思哲学的思想发展史上来看，我们通常把马克思对待黑格尔哲学的态度理解为一个"扬弃"的过程。黑格尔与马克思确实有着千丝万缕的联系，"黑格尔—马克思研究路向"无疑用继承与改造的观点来看待二者的关系。我们通常认为，黑格尔辩证法中的运动发展的能动性原则被马克思批判地继承了。可是更重要的问题在于，马克思辩证法哲学中有哪些黑格尔所不具备的特点，这也往往是被"黑格尔—马克思研究路向"所忽视的问题。

三、"黑格尔—马克思研究路向"的理论误区

"黑格尔—马克思研究路向"并不是阿多诺哲学一家的理论观点。从某种意义上说，这也是现代主流观点之一。例如，在苏联模式的马克思主义哲学教科书中，关于辩证法的三大规律的认识，仍然没有脱离黑格尔辩证法的基础逻辑特征。这种观点虽然看到了黑格尔与马克思在辩证法问题上的"形似"之处——看到了马克思的哲学与黑格尔哲学之间的关系，但是却没有看到二者之间的本质区别。实质上，马克思的哲学不仅实现了对黑格尔辩证法结构的颠倒，而且实现了对黑格尔哲学立场的颠覆和重构。"黑格尔—马克思研究路向"更多的是看到了一种外观上的相似性，而没有注意到结构上的断裂性和立场上的创新性。

作为马克思哲学的首要的和基本的观点，"实践"概念是马克思实现这一跨越的"中介"。在1840年前后，接近青年黑格尔派而又不满青年黑格尔派唯心主义色彩的马克思，吸收了费尔巴哈哲学"感性对象性"原则，但又对其片面强调受动性表示不满。同时，黑格尔哲学中"历史生成"的原则又深得马克思的赞许："黑格尔的《现象学》及其最后成果——辩证法，作为推动原则和创造原则的否定性——的伟大之处首先在于，黑格尔把人的自我产生看作一个过程，把对象化看作非对象化，看作外化和这种外化的扬弃；可见，他抓住了劳动的本质，把对象性的人、现实的因而是真正的人理解为他自己的劳动的结果。人同作为类存在物的自身发生现实的、能动的关系，或者说，人作为现实的类存在物即作为人的存在物的实现，只有通过下述途径才有可能：人确实显示出自己的全部类力量——这又只有通过人的全部活动、只有作为历史的结果才有可

能……"①

　　最终，马克思以"感性活动"即"实践"概念为基础，在清算青年黑格尔派和费尔巴哈哲学的基础上，试图建立一种"历史科学"②，即通过"实践"概念来重构人类历史发展的辩证逻辑。"黑格尔—马克思研究路向"恰恰忽视了这种重建背后的新的理论维度：在马克思那里，黑格尔的辩证法、德国古典哲学中的自我意识的能动性，得到了批判的"改造"而不仅仅是"保留"。虽然黑格尔唯一知道并承认的劳动是抽象的精神劳动，但是它的能动性原则得到了马克思批判的"改造"乃至"重建"，并在这一点上给予黑格尔的辩证法以充分的肯定。于是，费尔巴哈的"现实的感性对象的人"，在马克思那里完全变换了"本质"——变成了"从事感性活动的现实的个人"。"人"不仅被理解为感性的对象，而且同时是能动的活动者。

　　这同时也意味着一个艰辛的认识过程③。《莱茵报》期间，马克思作为"'莱茵报'的主编，第一次遇到要对所谓物质利益发表意见的难事。莱茵省议会关于林木盗窃……的讨论……是促使我去研究经济问题的最初动因"④。《1844年经济学哲学手稿》就典型地处于马克思思想发展的这一最独特、最变化多端和最错综复杂的关头，这样的状况也是与新世界观"临产前的阵痛"相关联的。梅林在第一次世界大战期间尚不知晓马克思当时(1844年春夏)理论活动的情况下，为了弥补思想史上的空缺，曾引用了卢格致费尔巴哈的一封信(1845年5月)的内容，信中的大意是说："马克思读了很多书，并且正在非常勤奋地写作，但是一无所成；工作总是中断，然后一次又一次地沉没到无边无际的书海里。……马克思变得暴躁易怒了，特别是在他累病了和一连工作三、四夜不睡觉以后。"⑤无论如何，这一描述是与马克思写作《1844年经济学哲学手稿》的状况相吻合的——各种思想材料的广泛汇集、穿插和重铸，理论原则的探索性取舍、斟酌与发挥，以及哲学立场上渐次摆脱依傍的最艰难的创制。正因为如此，所以《1844年经济学哲学手稿》的内容是庞杂的，其理论表达往往是不稳定的、新旧参差的。

----

① 《马克思恩格斯全集》，第3卷，北京，人民出版社，2002，第319~320页。
② 《马克思恩格斯全集》，第3卷，北京，人民出版社，1960，第20页。
③ 吴晓明、王德峰：《马克思的哲学革命及其当代意义——存在论新境域的开启》，北京，人民出版社，2005，第162页。
④ 《马克思恩格斯全集》，第13卷，北京，人民出版社，1962，第7~8页。
⑤ 吴晓明、王德峰：《马克思的哲学革命及其当代意义——存在论新境域的开启》，北京，人民出版社，2005，第162页。

正是在这一过程中，马克思逐渐显示出自身哲学的划时代特点：

第一，马克思的哲学通过"实践"概念重建了黑格尔哲学中的物的维度。在黑格尔哲学中，辩证法的体系表现为一种理性构造体系——在以绝对精神为主体的辩证法体系中，客体只是主体的一个面具，是主体的"外化"，最终还要实现向主体的回归。在这样一个理性构造的思维方式中，"二元对立"的外观只是绝对精神实现自我发展的一个工具，主体与客体并不存在实质上的对立。这是一种"自洽"的理性构造，只是在接触到社会历史问题时，才会出现理论与现实的"二元"对立。与此形成鲜明对比的是，马克思的哲学首先是一种实践的哲学，是一种立足于人类社会的物质生产并科学地解释和分析人类历史发展的理论体系。正是"实践"这种感性对象性的能动活动，这种"人和自然之间的过程，是人以自身的活动来中介、调整和控制人和自然之间的物质变换的过程"①，合理地解释了实践基础上历史生成的人化自然。

第二，马克思的哲学通过"实践"概念重建了黑格尔哲学中的运动规则。在实践的哲学思维方式中，黑格尔哲学神秘体系的强制统一性因素被打破了，作为中介的"绝对精神"并不是被"实践"概念代替了，而是连同它在黑格尔哲学体系中的地位一同被抛弃了。在这种实践生成的辩证逻辑中，客体在人化自然或者说是人的实践活动中得到了合理的解释。人连同"周围的感性世界绝不是某种开天辟地以来就已存在的、始终如一的东西，而是工业和社会状况的产物，是历史的产物，是世世代代活动的结果"②。在《资本论》中，马克思进一步指出，"一切产业部门所处理的对象都是原料，即已被劳动滤过的劳动对象，本身已经是劳动产品"，即使"动物和植物通常被看作自然的产物，实际上……也是经过许多世代、在人的控制下、借助人的劳动不断发生变化的产物"③。在此，是实践的宏观社会形态——分工，促进了人类社会物质文明和精神文明的发展，主体和客体在这一过程中被打上了文明的烙印，具备了社会的形态，成为历史的、社会的、实践的存在物。

第三，马克思的哲学通过"实践"概念重建了黑格尔哲学中的人的维度。"现实的人"及其活动在社会历史中得到真实的展现。人的现实的需求成为推动社会生产发展的前提——"全部人类历史的第一个前提无疑是有生命的个人的存在。因此，第一个需要确认的事实就是这些个人的肉

---

① 《资本论》，第1卷，北京，人民出版社，2004，第207~208页。
② 《马克思恩格斯全集》，第3卷，北京，人民出版社，1960，第48页。
③ 《马克思恩格斯全集》，第23卷，北京，人民出版社，1972，第206页。

体组织以及由此产生的个人对其他自然的关系"①。满足这些需要的对象是从自然界攫取的，因此，人与自然界之间的矛盾是由于现实的人的需要引起的。满足这种需要所进行的活动就是物质生活的再生产，因此，人与自然之间的矛盾最终还需要现实的物质生产活动来解决。"已经得到满足的第一个需要本身、满足需要的活动和已经获得的为满足需要而用的工具又引起新的需要"②，也就是说，随着社会的发展，现实的人的需要是越来越丰富、越来越高级的，于是人与自然之间的矛盾也就随之越来越深化，相应地，无论是广度上还是深度上，解决这一矛盾的物质生产实践的水平也越来越高，由此促进了生产力的发展、文明的发展，丰富了人的本质。

第四，马克思的哲学通过"实践"概念重建了黑格尔哲学的超越性维度。马克思认为人类实践的社会宏观表现形式——分工，即体力劳动和脑力劳动的分离，是自发产生的。受分工制约，因分工而联合起来的个人之间的共同活动产生了一种社会性的力量，即"扩大了的生产力"，这种生产力及其与之伴随的生产关系把每个人紧紧地联系在一起，使得个人作为整个社会化大生产机器的一个零部件参与社会生活。正如马克思所说："这个范围是强加于他的，他不能超出这个范围：他是一个猎人、渔夫或牧人，或者是一个批判的批判者，只要他不想失去生活资料，他就始终应该是这样的人。"③社会活动的这种固定化，现实的个人在社会生产中联合的产物聚合为一种统治他们的、不受他们控制的、甚至与他们愿望背道而驰的并与他们相反对的物质力量，"这是迄今为止历史发展的主要因素之一"④。正是在这个基础上，马克思提出了人类社会发展的三阶段理论，在改变现实社会实践关系的基础上打破现实的资本主义社会关系特别是资本逻辑的束缚，实现人的自由个性和全面发展。

"黑格尔—马克思研究路向"由于没有注意到马克思哲学的这种特有品格而陷入僵化。马克思哲学正是在这种实践生成的辩证法模式中，现实的主体、客体及其中介才获得了合理的形态：否定性因素、不断地运动、暂时性。正是这种实践的生成，才解释了人类社会历史的生成，实现了逻辑和历史的统一，才能使马克思辩证法具有真正的批判性和革命性："辩证法在对现存事物的肯定的理解中同时包含对现存事物的否定的

①　《马克思恩格斯选集》，第1卷，北京，人民出版社，1995，第67页。
②　《马克思恩格斯选集》，第1卷，北京，人民出版社，1995，第79页。
③　《马克思恩格斯全集》，第3卷，北京，人民出版社，1960，第37页。
④　《马克思恩格斯选集》，第1卷，北京，人民出版社，1995，第85页。

理解，即对现存事物的必然灭亡的理解；辩证法对每一种既成的形式都是从不断的运动中，因而也是从它的暂时性方面去理解；辩证法不崇拜任何东西，按其本质来说，它是批判的和革命的。"①

四、"黑格尔—马克思研究路向"的现实启示

从思维方式上来看，"黑格尔—马克思研究路向"归根结底还是一种"理论教条主义"，仍然是一种机械唯物主义的思维方式。它过分地迷恋于概念的辨析和中介的演变，实际上还是局限于理论哲学的范围之内。与之形成鲜明对比的是，中国特色社会主义理论体系每一个时代深化，其背后的直接动因皆是现实实践中出现的新问题、新挑战。对于"什么是社会主义""怎样建设社会主义"等现实问题，"黑格尔—马克思研究路向"虽然能够进行相关领域理论资源的挖掘和梳理，但是并不能提供现实有效的方法论指导。这也是为什么西方马克思主义传入中国几十年，虽然在学界影响颇为广泛，但是却始终未能为中国特色社会主义建设提供直接的方法论指导的深层原因。

从价值定位上来看，"黑格尔—马克思研究路向"是一种立足于抽象的集体主体的社会历史观。这是一种抽象总体性的思维方式。在这种思维方式中，作为社会历史分子的现实的个体主体，只能被动地选择接受或不接受这种强制的社会历史规律。它忽视了个体主体存在方式的多元性和价值选择的多元性。从这个角度来看，它与马克思关于未来社会"每个人的自由发展是一切人的自由发展的条件"②的价值定位发生了严重冲突。而在中国特色社会主义市场经济体制中，在社会现实个体的社会主义市场化生存中，一个重要的时代转变就是生存方式的多样化和价值选择的多样化。在这种复杂的思想局面中形成共同的社会理想和核心价值观，"黑格尔—马克思研究路向"显然只能提供"灌输"式的解决途径。

总之，"黑格尔—马克思研究路向"仍然遵循着西方传统哲学从认识论到实践的传统路径，实际上是一种变相的唯心主义哲学。当代中国，最大的"实践"就是中国特色的社会主义现代化建设。这本身就是一个打破思想束缚、立足实际、探索更好发展道路的历史过程，这本身就要求我们打破传统的教条主义思维方式，破除迷信和盲从，从实际出发面对现实及未来。它也再次启示我们，如果脱离宏观的人民主体、现实的个

① 《马克思恩格斯全集》，第 23 卷，北京，人民出版社，1972，第 24 页。
② 《马克思恩格斯选集》，第 1 卷，北京，人民出版社，1995，第 294 页。

体主体及其由社会实践所产生的重大问题，丧失了价值关切维度，理论终将会丧失对实践和历史的发言权。

第三节　马克思哲学与"西方马克思主义"

马克思哲学诞生后不久，就出现了把马克思哲学教条化、简单化的倾向，特别是出现了把马克思的历史观宣布为一种"一元论理论"，即生产方式成为社会发展的唯一决定性因素的倾向，这使马克思哲学遭到极大的曲解。在其后相当长的一段时间里，特别是苏联哲学教科书为代表的苏联模式的马克思主义，又成了唯一正统和合法的马克思哲学解读模式，使马克思的哲学在一定程度上倒退到旧唯物主义的水平。在这样的时代环境中，以卢卡奇为始祖的西方马克思主义学者，力图摆脱这种僵化的哲学思维模式，从新的视角来理解马克思哲学特别是他的辩证法，探讨在发展了的资本主义环境中如何超越资本主义的问题，从而开创了西方马克思主义的先河。

一、西方马克思主义的辩证法精神

在西方马克思主义的早期代表人物那里，例如，卢卡奇、科尔施和葛兰西，他们开始重新审视马克思主义和资本主义现实之间的关系，以便解开当代资本主义"垂而不死"的秘密。他们较为一致的看法是，资本主义之所以能够几经波折而大难不死，是因为工人阶级的阶级意识还没有觉醒，因此他们无法肩负起推翻资本主义制度的历史使命。只有重新审视意识形态问题，才能使无产阶级形成自觉的阶级意识，才能在革命中自觉团结起来并获得最终胜利。他们认为，在进行无产阶级革命之前，还有一个"觉醒"的阶段——无产阶级需要进行针对资本主义意识形态的认识论革命，在阶级意识上自觉拒斥和批判资本主义。在此意义上，卢卡奇把自己的辩证法著作命名为《历史与阶级意识》。

在这样的时代氛围中，辩证法更多地表现为一种批判的精神。一方面，它是对资本主义社会的批判；另一方面，它也批评苏联模式的马克思主义，"因为苏联将马克思的理论篡改为赋予集团统治以合法性的意识形态"[①]。在这两大阵营的夹缝中，在两次世界大战的时代背景中，西方

---

① 〔德〕格尔哈特·施威蓬豪依塞尔：《阿多诺》，北京，中国人民大学出版社，2008，第26页。

马克思主义的辩证法哲学更多的是以一种意识形态批判的姿态出现。它更多的不是在批判旧世界时宣布新世界，不是正面集中于对革命时机和革命手段问题的探讨，而是在埋头于对旧世界的批判中隐晦朦胧地表达对新世界的向往。西方马克思主义的代表人物并不仅仅局限于马克思的政治经济学，而是更多地从文学、音乐、心理学等角度来利用和改造马克思的哲学特别是他的辩证法。在这一过程中，西方马克思主义哲学总体上在辩证法方面呈现出以下几个特点。

第一，他们更多注重清理黑格尔与马克思的联系。在此过程中，马克思的"实践"观点没有受到充分的重视。实践概念的具体表现如工业和生产，也被忽视了。在卢卡奇的《历史与阶级意识》中，卢卡奇寄希望于工人阶级无产阶级意识的觉醒，从而化身为历史发展的"主体—客体"，以此来实现未来的共产主义社会。阿多诺则激烈地反对一切抽象的一般性概念，马克思的实践观点也不例外。

第二，在离开马克思实践概念的基础上，马克思的资本逻辑被简化为商品逻辑。资本主义生产过程中的剩余劳动生产、商品的生产和流通等社会具体实践过程被忽视了，资本主义被简化为简单的商品交换原则，被归结为缺乏历史性的"物化"理论。

第三，西方马克思主义把辩证法更多地应用于心理分析、文化批判等领域，而不是用来分析资本主义的现实社会历史运动。他们更多的是注重意识形态批判，例如，阿多诺提出的文化工业理论。在这一过程中，弗洛伊德的心理学、西方的文学和音乐理论被引入辩证法。如果说，"资本主义是现代性的名称之一"①，那么西方马克思主义，特别是法兰克福学派则注重从意识形态方面来批判资本主义的现代性。在这一方面，他们试图成为现代无产阶级的精神"摩西"，力图引导无产阶级走出资本主义意识形态的迷局。

第四，在西方马克思主义的辩证法哲学中，相当一部分哲学家，特别是法兰克福学派，始终与共产主义这一社会理想保持着若即若离的暧昧态度。

总之，西方马克思主义各位代表人物，在辩证法上表现出了自己的特点。其中的一个显著的趋势，就是卢卡奇开创的"总体性"哲学的瓦解。这种"总体性"瓦解的一个突出表现是，其对现实的经验世界的分析异常琐碎。阿多诺的《否定的辩证法》就是这种瓦解的最典型的代表。正是在

_____

① 〔法〕利奥塔：《后现代性与公正游戏》，上海，上海人民出版社，1997，第147页。

这个意义上，有学者认为《否定的辩证法》"是第一次世界大战以后由卢卡奇和柯尔施肇始的西方马克思主义传统的终点"①。

二、范式与"否定的辩证法"

关于如何界定辩证法解读范式的问题，历来存在不同的理解，由此形成了许多论争：辩证法存在几种范式？甚至延伸出以下问题：马克思在何种意义上修改了黑格尔的辩证法并与黑格尔的辩证法显现出了本质的不同？马克思辩证法的哲学基础是什么？马克思的辩证法思想与恩格斯的自然辩证法是否存在本质区别？是否真的存在自然辩证法？如此等等。总的说来，从"范式"的角度来看，对马克思辩证法的"传统"②解读可以大体上分为以下几种。

第一，本体论范式的辩证法解读。这种辩证法承认世界的"本原性"或"本源性"③。在以往的正统马克思主义哲学视野中，它主要表现为物质本体论的辩证法解读范式，它直接相对于德国古典唯心主义的精神本体论的辩证法解读范式。这种范式的一个基本逻辑推演路径是：世界是物质的——物质是运动的——物质的运动是有规律的——规律是可以被人通过实践认识的——人在实践中通过正确利用规律进而改造世界。

这样的一种逻辑路径，相比较于黑格尔辩证法哲学以"绝对精神"为起点的思路，无疑是进一步强化了唯物主义的世界观，在更高、更彻底的层面上推进了德国古典哲学以理性代替神性的步伐。然而，这种物质本体论范式的逻辑缺陷也非常明显——人在这样的一个范式中实际上处于下游的地位。这种范式发展到极端，就表现为自然主义范式的辩证法解读范式，即自然本体论范式。按照这一范式，辩证法的理论基础被理解为自在的客观物质世界自身，自在的、客观的物质世界的存在、运动和发展遵循着"辩证的法则"，具有辩证的本性。因此，客观的、自在的辩证法强制性地要求人们用主观的思维对它进行如实地再现和反映，于

① 〔美〕马丁·杰：《阿多诺》，瞿铁鹏、张赛美译，北京，中国社会科学出版社，1992，第75页。

② 此处的"传统"，主要是指马克思的辩证法哲学和以此为主要背景的辩证法哲学，后者可以跨越马克思的时代，但是对马克思哲学的基本立场并无重大颠覆。从这个方面来看，海德格尔哲学意义上的"生存论"的辩证法不在导论讨论的范围之内，但是对海德格尔哲学与阿多诺"否定的辩证法"的关系，在第一章中会有涉及。

③ "本原性"或"本源性"都有"追根溯源"之意，但是"本原"更倾向于指出源头"是"什么，而"本源"还含有动词意义上的"过程"之意。在"本体论"的解读范式的分析中，二者的差异由于辩证法本身的运动性特征，在很大程度上可以共用。

是便形成自觉的辩证法理论。它的典型表述是：所谓辩证法，就是关于自然界、人类社会和思维的一般规律的科学。在很长的时间内，这种自然主义范式在马克思哲学辩证法的解释中占有主导地位，这典型地表现在几十年一贯的哲学原理教科书中。

第二，实践范式的辩证法解读。实践作为一种对象性的活动，这是一种主客体之间的相互作用，它包括主体客体化和客体主体化。正是这种对象性的活动，这种作为"人和自然之间的过程，是以人自身的活动来中介、调整和控制人和自然之间的物质变换的过程"①，才使得人与自然和社会的关系得以和动物区别开来，并有可能达到自觉的统一。20世纪八九十年代以来，国内学界重新理解实践及其地位的热潮兴起，甚至一度就"实践唯物主义"与"实践的唯物主义"展开讨论，有的学者甚至提出了"实践本体论"的旗号。然而，实践本体论只是一种相对于物质本体论的说法，严格来说，它并不是一种本体论。从辩证法的角度来看，它可以被称为实践范式的辩证法解读。目前对实践范式的辩证法的解读，由于对实践的理解不同，存在着两种不同的倾向。

一是从社会分工和历史发展的角度来理解实践概念。在《资本论》中，马克思也强调："一切产业部门所处理的对象都是原料，即已被劳动滤过的劳动对象，本身已经是劳动产品"，即使"动物和植物通常被看作自然的产物，实际上……也是经过许多世代、在人的控制下、借助人的劳动不断发生变化的产物"②。在这个基础上，马克思在《德意志意识形态》中从分工的角度分析了人类历史发展的几种不同社会形态。

二是从亚里士多德的定义去理解实践概念③。有观点认为实践是"人的自我实现、自我规定的生命活动"，把它作为"辩证法的生存论基础"。这样一来，一个显著的优点就是突出了人的生命活动、人的自然本真状态，并在这个基础上去高扬辩证法的革命性、批判性，这也被称为生存论范式的辩证法。但是问题亦随之而来：如果把这种自我规定、自我实现的生命活动规定为"本源性"的，那么，这种本源性的活动与马克思所设想和追求的自由自觉的劳动有何区别？也就是说，这种解读模式有一个重要的问题需要回答，那就是能否把马克思哲学的理论追求当成应然的理论起点，这二者之间是否可以互换？

第三，认识论范式的辩证法解读。改革开放以来，随着对马克思哲

---

① 《资本论》，第1卷，北京，人民出版社，2004，第207~208页。
② 《马克思恩格斯全集》，第23卷，北京，人民出版社，1972，第206页。
③ 贺来：《辩证法的生存论基础》，北京，中国人民大学出版社，2004。

学研究的深入，许多学者提出了认识论范式，以此解释辩证法，其最根本的特点是抓住思维与存在这一哲学的基本问题，以此为出发点来解释马克思的辩证法。按照这种见解，辩证法的真实根基和载体再也不是自在的、与人的思维无关的客观世界，而是处于思维与存在关系之中，具有辩证思维能力的思维性及活动性。基于对辩证法的根基的这种思考，在辩证法的理论本性上，认识论范式认为"辩证法就是认识论"，认识论是辩证法的理论本质。苏联哲学家柯普宁的观点在这里得到了完全的认同，"辩证法力求洞察认识的过程，洞察思维的过程以及在思维中反映客观实在的方法"①，辩证法在本性上就被认为是关于人的认识的内在逻辑。

"否定的辩证法"的一个重要特征在于，它与上述所有范式有巨大不同，但同样令人惊异的是，它又没有脱离传统哲学特别是现代性哲学的范围和基本问题，它所因袭和试图解决的问题以及解决问题的框架都与传统哲学有着千丝万缕的联系。然而，阿多诺的"否定的辩证法"并不因此就可以被证明是现代性哲学，因为它的一个首要目的就是要冲破现代性哲学中的抽象理性设计的思维方式。同样，它也不应被归结为后现代意义上的，因为它仍然试图重建一种区别于现代性抽象理性设计思维方式的认识模式——作为一种思想模式的差异性的"星丛"。

"经验"范式的"否定的辩证法"是在与现代性哲学的碰撞与冲突中展开的，战场就是现代性哲学引以为豪的抽象理性领域。阿多诺认为现代性的困境主要源于启蒙理性对自然和人性的工具性控制，以及同一性思维对偶然的、特殊的东西的压制。他的"否定的辩证法"，通过对理性思维方式的自我反思和批判，来抵制内在于一切理性思维形式中的同一性的强力；他对艺术现代性的探讨，则是寻求新的非压制性、非同一性的思维和认知模式；他对启蒙理性和工具理性的批判，虽然引起了后现代论者的共鸣，但是他的理论初衷是与后现代哲学家截然相反的；他对新的理性和认知模型的寻求，又有助于我们避免后现代论者某些极端性的思维方式。他是现代性的批判者和反对者，但不是后现代论者。

这其中首要的原因在于他的"经验"立场：在认识论上，它表现为概念与概念所表达之物之间不可通约的互动关系，打破理性的"自负"态度；在社会关系上，它表现为力图打破强制性的、压迫性的社会关系，切断

① 〔俄〕柯普宁：《作为认识论和逻辑的辩证法》，上海，华东师范大学出版社，1984，第46页。

理性和社会统治的关系，实现主体的自由。虽然阿多诺曾明确地指出"辩证法不是立场"，但是这句话是在反对"第一哲学"对本原或最高原因的追求中表述的。他认为，传统哲学，特别是黑格尔的辩证法，用概念代替了概念所表达之物，而真实的情况却是"从一开始，辩证法的名称就意味着客体不会一点不落地完全进入客体的概念中，客体是同传统的充足理由律相矛盾的，矛盾并不是黑格尔的绝对理想主义所要达到的东西：它不是赫拉克利特意义上的本质。它表明了同一性的谎言，即概念不能穷尽被表达的事物"①。在传统哲学中，概念代替了概念所表达之物，世界的变化和发展就表现为概念的自相中介和概念之间的逻辑推演，传统理性哲学之所以会这么做，阿多诺认为这根源于理性的傲慢态度——一种虚假的自负。出于这种反对概念"同一性"的立场，阿多诺明确反对第一哲学的"本体论"思维方式②，他认为传统哲学在处理经验中的主客体关系问题上一直是不成功的，因此否定的辩证法非常注重思维路径的反思和批判，以求达到撕破同一性幔帐的"祛魅"状态，揭示现代理性的虚假态度。

"在阿多尔诺看来，辩证法既不是一种方法，也不是一种客观的描写，而是对所有理论图示和一般方法的反对，它坚持现实的复杂性和历史的相互联系性，不将其还原为简单的公式。"③然而，在思维方式上，它仍然表现为一种"方法"，这是一种"模仿"的方法——对经验世界的认识上的"模仿"。如果说，思维是人类的天性，那么，阿多诺并不是要否定思维本身的合法性，而是要指出作为一种思维方式的"同一性"图示的错误所在——"同一性的外观是思想自身、思想的纯形式所固有的。思维就是寻求一致性"④。毋宁说，阿多诺试图指出人类思维方式中的"同一性"倾向，并力图在他所理解的"否定的辩证法"中限制这种思维的"同一

---

① Adorno：*Negative Dialectics*，Translated by E. B. Ashton，London，Routledge & Kegan Paul，1973：5.

② 阿多诺对基础本体论的批判，其批判的对象包括黑格尔哲学、新康德主义、胡塞尔的现象学和海德格尔的本体论。后三者阿多诺称之为"新本体论倾向"（*Negative Dialectics*，pp. 61-65）。阿多诺认为在新本体论的倾向中，把存在或一个意识的还原点这样一个相对模糊的概念作为本体论，反映了一种"他治的秩序"，"本体论越是在不确定的内容上固定下来，它就越像是超自然的"，"胡塞尔的意识——后来在《存在与时间》中被海德格尔变成'存在的'——是全面地预先推定从局部领域直到最高领域原本是什么，其背后的含义是理性的构想可以预先设计一切丰富的存在结构。这是古老的绝对哲学的第二次重演。其第一次重演是后康德的唯心主义"。

③ 〔德〕阿多尔诺：《否定的辩证法》，张峰译，重庆，重庆出版社，1993，第3～4页。

④ Adorno：*Negative Dialectics*，Translated by E. B. Ashton，London，Routledge & Kegan Paul，1973：5.

性"倾向，以求建立思维的同一性与思维对象物的异质性之间不可通约的辩证关系，同时在社会关系方面追寻"同一性"社会制度的思想根源，实现主体的自由。这种不可通约的辩证关系是一种独特的"经验"关系，"必须将经验作为知识的基础，否则就只能回到形而上学那里去"①。在认识论上，辩证法在阿多诺那里更多地表现为一种打破思维"同一性"的手段，而不是建构性的模式化的方法论，其背后隐藏的是一种概念与概念所表达之物、主体与客体的互为"中介"的差异性关系。这是一个祛除了主体的"抽象统治"的"经验"世界，也是阿多诺全部哲学的一个基本的理论立足点。

在反现代性的"经验"视角下，一切基于对本原追求的理论和思想都是值得怀疑的，都是虚假的，由于哲学和理性在人类文明中不惜任何代价去寻求秩序和规律，从而加强了社会的极权主义和民众的盲从主义倾向，形成了社会范围内的"同一性"。在现实的社会体系中，哲学曾经引以为傲的批判的理性精神已经被统治原则同化，成为社会压迫的凶手。必须从思想上抵制这种同一性。因此，激烈的否定性的外观在阿多诺的辩证法中更多地表现为一种策略，而不是目的。然而，这也暴露出阿多诺社会批判理论的视角来源问题，他不是从社会现实过渡到理论，而是从理论批判出发过渡到社会批判。或者更确切地说，是从思维方式批判过渡到意识形态批判。我们在下文将会看到，这种先于历史的逻辑规定导致了他最终无法超越现代性哲学。

在这种"策略"下，否定的辩证法在内容上表现为以下三个特点：第一，它批判了本体论哲学，在对同一性思维的内在逻辑推演过程的分析中强化"经验"因素的内在超越力量。第二，阿多诺并没有完全抛弃现代性哲学，而是对现代性哲学中的基本概念进行了批判，揭示出其内在矛盾，并试图改造它们，力图使这些范畴能够反映以主客体之间的互动关系为基础的客体的差异性。例如，"阿多诺关于黑格尔的研究不仅仅是否定的思维形式的一部分。像他的所有著作一样，也是他的否定的经验观的一部分"②。第三，阿多诺试图用自己的否定的辩证法去干预社会现实，去批判同一化的资本主义社会特别是资本主义意识形态，同时在晦涩的描述中隐藏着自己的社会理想。

基于以上三点，否定的辩证法在逻辑上也表现出了自己与众不同的特点。

---

① 谢永康：《形而上学的批判与拯救》，南京，江苏人民出版社，2008，第20页。

② Shierry Weber Nicholsen and Jeremy J. Shapiro, *Introduction*//Adorno, *Hegel*：*Three Studies*, London, The MIT Press, 1993：xvi.

从逻辑起点上来说，阿多诺的否定的辩证法的逻辑起点是经验中的主体和客体之间不可通约的辩证关系。需要指出的是，主体和客体的关系并不是与思维和存在的关系完全重合的，而是两种不同的范畴："存在"既包括已经进入人的实践——认识领域的感性世界，也包括在人类之前或尚未纳入这一过程的自然世界，"客体"仅仅是指前者，不包括后者，所以"存在"与"客体"不能等同。"主体"只能是实践认识过程中的活生生的有思维能力的人及其集合体，不同于思维。阿多诺虽然极力强调经验客体的地位和作用，但是他仍然力图为主体梳理一种全新的认识方式，最终没有超出传统的"意识哲学"的领域。

从辩证法的主线上看，辩证法的批判性在阿多诺的辩证法体系中具体表现为对"经验"的推崇。阿多诺以此为基础批判理性思维和社会统治对主体和客体的压抑，进而表现出一种激进否定的哲学外观。它进行意识形态批判、资本主义物化现象批判，并引发了开放的真理观、否定的自由观等一系列哲学观点。

从否定的辩证法的理论视域来看，阿多诺对主客体关系的说明是定位于"经验"的范围之内的。他试图在反思批判传统哲学思维方式的基础上，重新审视概念与它所表达之物的关系，并把后者置于第一位，"通过概念的途径努力去超越概念"①，以达到对概念所表达之物的认识，在重新理解客体的同时促进主体意识的觉醒，以求把被"施魅"了的主客体关系还原为异质性的"经验"状态，进而使主体之间的社会关系达到一种摆脱了社会统治的异质性的"经验"状态。

从否定的辩证法的思维路径来看，为了维护阿多诺心目中的理想的、"经验"的主客体关系，阿多诺对传统哲学的思维方式展开了反思与批判，他反对因果性的思维方式，反对体系化、总体化的思维图示，主张从客体的差异性出发的否定性的、非体系的思维方式。在这样的思维方式中，辩证法无法对人类历史做出宏观的把握和进行逻辑再现，辩证法的革命性被弱化。

三、"否定的辩证法"的理论诉求

阿多诺的批判，是空前广泛的，其批判的对象既涉及整个西方传统哲学，也包括马克思哲学。从"经验"立场出发，阿多诺其实在每一个领

---

① Adorno: *Negative Dialectics*, Translated by E. B. Ashton, London, Routledge & Kegan Paul, 1973: 15.

域都得出了与马克思不同的结论。从这个意义上说，虽然阿多诺哲学仍然属于西方马克思主义，但是他的哲学实质上已经与早期马克思主义的代表人物有了质的区别，更与马克思哲学产生了质的区别。为此，在阐述阿多诺"经验"范式的辩证法时，我们将贯穿着阿多诺与马克思在哲学基本问题上的比较研究。这并不是生搬硬套、东拉西扯的"关公战秦琼"，而是立足于阿多诺对马克思批评的基本哲学领域，从辩证法的理论出发点、辩证法的逻辑体系的生成以及辩证法与现实世界的关系方面，展开专项探讨。我们希望，在这种探讨中，能够显现出阿多诺与马克思在辩证法问题上的基本观点以及各自的特点。

对待传统哲学，阿多诺的批判并没有无的放矢、泛泛而谈，而是直抵西方传统哲学一系列"核心概念"①。这同时是阿多诺的哲学显得"支离破碎"的原因之一②。阿多诺这样做，并不是为了彻底抛弃整个西方传统哲学。他并没有离开传统哲学基本主题，例如，真理、自由等问题。他的真实意图是在批判传统哲学的强制性逻辑、同一性体系、还原论视角的基础上，拯救主体与客体的关系，实现二者的真正意义上的统一。正是在这种理论初衷下，阿多诺重新阐释了辩证法，重新定位了辩证法的起点概念，重新理解了辩证逻辑。他试图实现主体与客体在经验范围内的开放的、互动的统一关系。在认识论上，这表现为否定的真理观。在自由问题上，这表现为否定的自由观。在下文中，我们将不得不一次又一次从阿多诺所批判的不同的角度去审视整个传统形而上学，不得不一次又一次回到康德和黑格尔哲学乃至古希腊哲学。阿多诺的"否定的辩证法"从不同方面展开的对传统哲学的批判，特别是对思维方式的批判，是很中肯、很有震撼力的。但是本文出于理论梳理的初衷，在总体上显现阿多诺的"否定的辩证法"的"经验"解读范式的同时，必然要在哲学的基本问题上以及逻辑演进方面与他所批判的哲学特别是马克思哲学，做一个比较研究。在这一过程中，一方面，我们将看到，阿多诺与"马克思主义"到底是什么关系；另一方面，我们也要指出"经验"范式的"否定的辩证法"的理论后果。在阿多诺的"批判哲学"中，"崇拜"已经没有必要，力

---

① 在下文中，在出现阿多诺所批判的西方传统哲学中的核心概念时，将在脚注中予以说明。

② 另一方面，阿多诺为了与他所认为的"同一性哲学"划清界限，有意为之："阿多诺的文体经常明显地有一种不用连接词的排比特征，这种排比拒绝将各种见解和意见以等级有序的方式排列起来，这来自他不愿意赋予力场或星座中的一个因素以优越于另一个因素的特权地位。结果并没有导致毫不相干的因素的相对主义的混乱，而是导致对流动现实形式的既构造又解构的否定的辩证法。"（〔美〕马丁·杰：《阿多诺》，第9页）

图切中要害的分析和"批判"仍大行其道。我们相信，这也是"否定的辩证法"的精髓所在。

本文在阐释"否定的辩证法"的理论模式时，首先从阿多诺"否定的辩证法"的基本立足点——"经验"概念——出发，从认识论上揭示阿多诺所批判的理性的"自负"，在概念与概念所表达之物的互动关系中揭示他的理想的"经验"世界，这也对应了黑格尔起点就是终点的论断。在这一部分中，我们将对现代性哲学的思维方式做一个历史的梳理。在此基础上，我们将进一步阐释否定的辩证法的逻辑模式，从"否定的辩证法"的"崩溃的逻辑"中梳理出其中隐含的"差异性的逻辑"。在第三和第四部分中，我们将看到阿多诺对现代性哲学的基本主题的"重建"，即"否定的辩证法"的两个最基本的理论视域——真理和自由，这也是现实社会对"经验"关系的一个最基本的考验。在最后的一部分中，我们将会分析作为"经验"范式的"否定的辩证法"的社会批判效果。在这一过程中，将始终贯穿着阿多诺和马克思在理论出发点上的比较研究。

阿多诺在"否定的辩证法"中展现出一种新的辩证法解读范式——辩证法的"经验"解读范式，它是在发展了的资本主义环境中对资本主义社会和全部西方哲学的一种理论分析。在这种以"经验"中的理想的主客体关系为理论出发点的辩证法解读模式中，逻辑起点、逻辑构造、理论结构都与以往的辩证法解读范式全然不同。它力图打破所有哲学、所有认识论方法的总体性图示，在批判现代理性的狂妄态度的基础上，使被同一性哲学"施魅"了的客体得到真实的再现，以实现对资本主义社会乃至一切强权社会的批判①。

今天，我们对阿多诺"否定的辩证法"解读范式的探讨至少应该存在三个相互结合的维度：第一，它产生的时代背景与哲学效果；第二，它的现实效果；第三，它在当今社会的意义和作用。在下文中，每一部分的结尾，我们将结合这三个维度对辩证法解读的这种"经验"范式做一个简要的评价。我们希望，对这种"经验"解读范式的分析与探讨，一方面能够帮助我们更深刻地理解现代资本主义社会，特别是它的社会压抑的各种形式；另一方面，在对比中，它的优缺点也能够帮助我们更加深刻地理解马克思哲学中的辩证法思想。

---

①　阿多诺虽然明确地反对一切"统治"关系，但是他也明确地反对"相对主义"。在下文中，我们将会看到，阿多诺对相对主义存在着两个方面的定位。第一，相对主义在认识论上是"直接性"思维方式的产物，在这一点上，阿多诺与黑格尔是相同的；第二，"相对主义"是商品交换原则支配下的资本主义社会唯利是图的本性的反映。

第一章　辩证法起点概念的重构

从逻辑推演的角度看，"起点概念"最"直观"地反映着整个辩证法哲学的理论立足点，反映着辩证法对世界的理论把握方式，暗示着辩证法的理论追求。我们甚至可以这样说，如何确立辩证法的起点概念，反映着辩证法对待整个世界的基本态度。

在《否定的辩证法》①中，阿多诺以子标题的形式明确提出这样一种观点："Dialectics not a standpoint。"②如果直译，"standpoint"无论是译作"观点"抑或"立场"，都不能充分表达作者的本意。我们毋宁把它理解为"辩证法并不带有先天的价值倾向"。只有在此意义上，我们才能理解下文中的"It does not begin by taking a standpoint"③（它一开始并不秉持一种立场）。在阿多诺看来，这种"立场"或"价值倾向"之所以大行其道，起因于对总体性和同一性思维模式前提的无批判的崇拜。它典型地表现为在过分信任"概念"的情况下，依据概念间的逻辑推演来构造一种强制性的理论体系，最终试图以此代替现实世界的丰富性和多样性。

第一节　理性的"自负"：主观构造的思维模式

阿多诺认为，"辩证法的极度痛苦是被上升为一个概念后的［经验］世界的极度痛苦"（Its agony is the world's agony raised to a concept）④。多质化的"经验世界"在传统的理性哲学中最终被缩减为"一个概念"，这本身就表明了传统哲学思维方式的问题——传统哲学，特别是黑格尔的辩证法哲学，高估了理性的能力，助长了抽象理性在对待现实经验世界时

① 在本文中，"否定的辩证法"将有两种表述形式：作为阿多诺著作的《否定的辩证法》（加书名号）和作为阿多诺哲学的基本认识论形式的"否定的辩证法"（加引号）。在本书中，《否定的辩证法》引文主要依据 E. B. Ashton 的英文版 *Negative Dialectics*，参照了重庆出版社 1993 年版的《否定的辩证法》（张峰译）。

② Adorno：*Negative Dialectics*，Translated by E. B. Ashton，London，Routledge & Kegan Paul，1973：4.

③ Adorno：*Negative Dialectics*，Translated by E. B. Ashton，London，Routledge & Kegan Paul，1973：5.

④ Adorno：*Negative Dialectics*，Translated by E. B. Ashton，London，Routledge & Kegan Paul，1973：6.

的傲慢态度，形成了抽象的理性主体对客体的概念上的构建（我们将在下文中称之为"主观构造"①），产生了强制的"同一性"逻辑，掩盖了客体的真实状态，也使主体自身陷入了迷途，为自身所产生的虚假状态所统治。阿多诺认为，"否定的辩证法"的一个重要目标就是要通过在思维方式上重新审视概念和概念所表达之物的关系，打破这种"自负"的态度，正确定位和理解辩证法的起点概念。在下文中，我们将把阿多诺所批判的这种"主观构造"的思维方式加以适度发挥，进一步明了其对传统哲学的剖析和批判。

一、古代神话和哲学中的主观构造思维模式

在讨论古代文化时，我们有必要首先讨论阿多诺对待"启蒙"的定位。在西方的传统语境中，启蒙（the Enlightment）意味着用"理性之光"照亮黑暗、荡除迷信，意味着一个人类文明开化的特定时代。相比较之下，阿多诺对"启蒙"有着复杂的、近乎矛盾的态度。在他的定位中，"启蒙"至少具有两个层面的意义。一是传统意义上的作为一种社会阶段的启蒙运动，主要指涉 17—18 世纪欧洲兴起的反封建、反教会的资产阶级思想文化运动。作为继文艺复兴运动之后欧洲第二次思想解放运动，它为资产阶级革命做了思想准备和舆论宣传。二是在更广义的层面上使用，它指涉作为思维功能的理性的启蒙性。实际上，阿多诺对"启蒙"的态度是在这两个层面"意义混淆"的角度上使用的。为了把"同一性"思维方式批判坚持到底，阿多诺把启蒙理解为"思想的技术化"，"从柏拉图到语义学家的整个被认可的哲学传统都厌恶表现。这一事实符合一切启蒙的特性：惩罚不守纪律的姿态，直至纳入逻辑之中。这是物化意识的一种防卫机

---

① 在唯心主义哲学中，特别是黑格尔哲学中，存在着一种认识论上的"定位取向"。它依靠西方理性哲学借以发挥作用的逻辑必然性过程，把自然界的过程演绎为严格的逻辑系统。在古希腊哲学中，这一必然性过程是超时间的，它采取的是逻辑公理的形态。亚里士多德在《形而上学》（苗力田译，中国人民大学出版社，第 63 页）中曾指出，"必须说明，应该由同一门科学还是由不同的科学来研究数学中所谓的公理和研究实体。显然对于这些东西的研究属于同一门科学，即哲学家的科学"。在这个基础上，他力图去探寻那所有认识的"本原"。因此，在传统唯心主义哲学中，所谓的"富有内容的客观性经验"，不过是主体的自我建构。而在阿多诺看来，真正的认识并不限于将感性材料与思想材料并并有条地纳入逻辑系统，以此去建立一个作为根基的"绝对"。阿多诺认为，认识在有限的意义上始终是一种"自我认识"，是一种主体理性的自我批判，其目的是通过限制认识主体从而尽可能地去展现客体的真实状态，而非胡塞尔的现象学意义上的认识中的"澄明性"。

制"①。与此同时，在阿多诺看来，启蒙又是整个人类文明的不间断行为，而问题正发生在这种不间断行为中。

如果我们沿着"柏拉图"这个关键词和哲学的形式向前追溯，我们会发现，主观构造思维模式作为一种思维传统，至少肇始于古希腊时代——"正如由尼罗河流传到古希腊，源于水与土的创造图景在这里成为物活论的原理和元素一样，所有神话中的魑魅魍魉都被理性化为存在本质的纯粹形式。柏拉图的理念，最终甚至使奥林匹斯山上的神灵家族都被哲学意义上的逻各斯(logos)所浸淫"②。它的直接后果就是导致了主体对自身和客体的概念上的抽象建构。正是在这种思维模式的影响下，作为思维的主体对客体概念展开了长达几千年的统治。在阿多诺晚年的教学活动中，古希腊哲学曾三次被集中探讨。尽管阿多诺没有关于古希腊哲学的专门著作，但古希腊哲学也是阿多诺思想重要的"前提"——"阿多诺的目标是深入形而上学的本质性矛盾之中，实施内部'爆破'，并将问题引出形而上学的问题域"③，在这一过程中，阿多诺实际上把批判的视角伸向了形而上学的思维方式——主观构造。

在传统西方哲学的视野中，经验与理性，二者的地位是不同的。对于二者关系的定位，直接涉及主体与客体的概念关系及其如何统一的问题。最初，苏格拉底提出要为同类的事物寻找定义(普遍性)。柏拉图把这种能够充当定义的东西叫作"理念"。他认为，理念是事物的本质，也是事物的原型。一切从经验中概括得到的知识是不具备普遍必然性的，而由理念所表示的知识则存在于与我们的经验世界所不同的世界里，是最精确的知识。世界上的事物之所以存在，是因为它们"分有"了与之相对应的理念。于是，在柏拉图的哲学里，出现了两个世界，一是我们可感的、经验的、现象的世界；二是作为本质的、不可感的理念的世界。人的整个认识的目的就是追求和把握这个超感性的理念世界。在此，就已经出现了主观与客观、经验与理性的分离与对立。到了亚里士多德那里，就已经出现了两种"存在"，并深深地影响了整个西方传统哲学。

如果我们沿着"语义学家"这个关键词和沿着修辞学的形式往前追溯，我们就会发现，在阿多诺和霍克海默的启蒙辩证法立场中，启蒙和神话

---

① Adorno: *Negative Dialectics*, Translated by E. B. Ashton, London, Routledge & Kegan Paul, 1973: 55～56.

② 〔德〕霍克海默、阿道尔诺：《启蒙辩证法》，渠敬东、曹卫东译，上海，上海人民出版社，2006，第3～4页。

③ 谢永康：《形而上学的批判与拯救》，南京，江苏人民出版社，2008，第21～22页。

非但不对立，而且始终是统一的——主观构造的思维方式始终与人类文化同行。在阿多诺看来，"象形文字表明，文字最初也具有一种图示功能。这个功能后来进入了神话"①。在神话或语言的初级阶段，它们都是对自然的朴素的反映，虽然在这里面有着象征性的祭祀学说或其他原始崇拜，但是语言的本性就在于背弃异质性的自然——"作为一种符号系统，语言若要认识自然，就需要听任计算的摆布，需要抛弃适应自然的要求。作为一种图像，语言若要全面反映自然，就需要听任镜像的安排，需要抛弃认识自然的要求"②。在此，语言的天性就包括抛弃作为反映自身对象的自然界的异质性对象物，谋求作为一种"独立的符号体系"③而存在——"在奥林匹亚丑闻的朦胧面纱中，混淆不清、彼此的困扰以及各种元素间相互冲撞的学说就已经初露端倪，但不久它就把自己确立为科学，把神话变成虚幻的图像"④。

二、近代认识论转向中的主观构造思维模式

在西方近代哲学史上，在近代西方哲学从本体论到认识论的转向中，主观与客观的本体论问题被转化成主体与客体的认识论问题，世界的统一性问题也随之被转变为主体与客体的统一性问题。许多哲学家提出了自己的主张。按照通常的理解，在这一过程中，表面上形成两条在逻辑上截然相反的认识路径：第一条道路以笛卡尔为代表，另外的一条则是以康德为代表。

笛卡尔在认识论上坚持的是一种由"内"而"外"⑤的思维路径。他在"我思故我在"这个命题中，从否定一切、怀疑一切开始，最后找到（个体的）思维这个绝对不可怀疑的出发点，再推出自我、上帝、世界的存在。在这条道路中，产生了一系列的矛盾和困难，因为这条道路归根结底承认"我思"是第一位的，至于如何达到"我思"与世界的统一性，笛卡尔除

---

① 〔德〕霍克海默、阿道尔诺：《启蒙辩证法》，渠敬东、曹卫东译，上海，上海人民出版社，2006，第12页。
② 〔德〕霍克海默、阿道尔诺：《启蒙辩证法》，渠敬东、曹卫东译，上海，上海人民出版社，2006，第15页。
③ 〔德〕霍克海默、阿道尔诺：《启蒙辩证法》，渠敬东、曹卫东译，上海，上海人民出版社，2006，第15页。
④ 〔德〕霍克海默、阿道尔诺：《启蒙辩证法》，渠敬东、曹卫东译，上海，上海人民出版社，2006，第14页。
⑤ 此处的"由'内'而'外'"以及下文中的"由'外'而'内'"，并不是在"精神"和"物质"的层面上被使用的，而是意味着一种思维顺序。特别是在下文康德哲学的"由'外'而'内'"中，这种"外"是相对于中世纪哲学或宗教中的被设定的、最高的"上帝"概念而言的。

了求助于自身也成问题的"上帝"以外，还设想了一个连接灵魂与肉体的"松果腺"。然而，他最终没有能够对世界的统一性问题做出一个合理的解答，人体内设想的连接灵魂与肉体的"松果腺"归根到底也是不存在的。后来，格令克斯在笛卡尔的基础上，为了实现主体与客体的调和，发明了"二时钟"说①（即假定有两个都十分准确的钟，一个钟的针指整点，另一个针就会鸣响警报；精神和肉体也是如此，各自由神上弦，彼此步调一致），也最终被事实否定。这就导致了"笛卡尔那著名的二元论：一方面是由一部在空间中延展的巨大的数学机器构成的世界；另一方面是由没有广延的思想灵魂构成的世界"②。为了将这两个截然不同的世界统一起来，笛卡尔最终只好求助于上帝。近代唯物主义试图克服笛卡尔的二元论，如拉美特利把人归结为一架机器，福格特将人的精神现象归结为纯粹生理现象，等等。他们将精神归结为物质，无视精神现象的特征，从而将问题简单化，甚至庸俗化了。

　　与笛卡尔相反，康德哲学遵循的是一条由"外"而"内"的思维路径。康德的方法是先承认一切，这主要是指自然科学已经取得的成果。他认为物理、数学已经在事实上证明了认识的可能，因而他的任务应该更高一层，要解决认识如何可能的问题。于是他进行了认识论的反思，用他的先验哲学来解释科学知识。经过康德的一系列区分、定义，他指出，归根结底我们的认识只能是现象界而不是"自在之物"，如果我们要把理性应用于自在之物，应用于超验的领域，就会引起悖谬，产生"幻相"，导致二律背反。然而，这个"自在之物"也同样没有让后来的哲学家感到满意。到了现代，很多哲学家也力图解决这个问题，其中最著名的尝试就是胡塞尔及其现象学运动。现象学试图实现康德和笛卡尔这两条不同的思维路径的统一。一方面，以康德当世传人自居的胡塞尔用自己的语言重复了康德的问题："认识如何能够相信自己与自在的事物一致，如何能够'切中'这些事物？"③他力图实现这个目标，他想要在"纯粹的"认识领域寻找那绝对的自明之物——"绝对的、明晰的被给予性，绝对意义上的自身被给予性"④。另一方面，胡塞尔没有离开笛卡尔借助普遍怀疑的

---

① 〔英〕罗素：《西方哲学史》下卷，马元德译，北京，商务印书馆，1976，第84页。

② 〔英〕E. A. 伯特：《近代物理科学的形而上学基础》，徐向东译，北京，北京大学出版社，2003，第95页。

③ 〔德〕埃德蒙德·胡塞尔：《现象学的构成研究——纯粹现象学和现象学哲学的观念》，李幼蒸译，北京，中国人民大学出版社，2004，第4页。

④ 〔德〕埃德蒙德·胡塞尔：《现象学的观念》，倪梁康译，上海，上海译文出版社，1986，第34页。

方法来确定个人认识中绝对明证性的东西的认识途径。然而，胡塞尔及其开创的现象学非但没有实现这个目标，反而重复了笛卡尔的认识如何突破个体而达到主体际性等一系列困难，这也突出表现在后期维特根斯坦的反私人语言论证上。

实际上，无论是由"内"而"外"，还是由"外"而"内"，所面临的一个基本问题在于，如何确认主体的地位。在当时的这种"理论转向"中，这并不仅仅是一个认识论的问题，还是一个价值观的问题。主体在世界中的地位和作用，直接关系着如何对待经院哲学中的"上帝"，关乎对人的"自由"的理解，甚至关乎几个世纪以后西方"上帝死了"的哲学呐喊。在《道德哲学的问题》这部《否定的辩证法》"材料和思想上的准备"①著作中，在阿多诺对康德道德哲学的分析中，我们会看到"因果关系""二律背反"等问题在阿多诺视野中的重要性。这种"重要"，不是在于阿多诺对其的批判，而是在于其概念内部所包含的矛盾和困难——合规律性与自由。"这种双重的困难——既不能给出人的活动范围处在绝对的合规律性中，也不能给出人的活动范围处在绝对的自由中——恰恰就是康德被迫悖论地从自由中去建构因果性的最深层的原因。"②

三、主观构造模式的完善

在论及近代认识论这两种不同的思维模式时，通常的观点认为，这是一种主客二元对立的思维方式，即主体与客体的分离与对立。从近代西方认识论哲学的理论结构——主体与客体的划分——上来说，这是正确的。然而，我们沿着"否定的辩证法"的这种思路深入发掘，我们会发现：在更深层的意义上，从主体与客体自身的概念建构上来说，这种"二元对立"的说法是不确切的。

近代的认识论思维模式，无论是笛卡尔模式还是康德模式，其实都是一种"主观构造"的思维模式。这种"主观构造"阿多诺称之为"概念化"（Conceptualization）③。在这种思维模式中，在对客体进行了主体性的概念建构后，并不存在主体与客体的对立，而是主体对客体的概念上的统摄。因此，在主观构造的范围内，主体与客体的关系是自洽的、一致的。

---

① 〔德〕阿多诺：《道德哲学的问题》，谢地坤、王彤译，北京，人民出版社，2007，第3页。

② 〔德〕阿多诺：《道德哲学的问题》，谢地坤、王彤译，北京，人民出版社，2007，第60～61页。

③ Adorno：*Negative Dialectics*，Translated by E. B. Ashton，London，Routledge & Kegan Paul，1973：11.

这两条表面上截然相反的认识路径实际上表现为主观构造思维模式的一个体系化、完善化的过程。如果在近代的认识论转向中，笛卡尔为理性构造说的体系化迈出了关键性的一步——在思维的领域内寻求客观性。那么接下来，康德哲学又进一步推动了主观构造说的发展——在知性的范围内实现了理性构造说的体系化。

"认识无非是要知道一个对象的特定内容。"①在康德看来，这种内容是经验性的，是派生的。因为我们认识到的仅仅是经验性的"表象"，而不是"自在之物"本身。作为认识的主体对这些表象的规范与统摄，是依靠"纯粹统觉"来完成的。也就是说，作为对象物的经验客体是按照主体固有的先验认识框架被认识的，主体定义概念的思维结构是主体先天具有的一种能力。然而，作为自我意识的同一性因素的各个"范畴"，由于远离了"自在之物"，本身就是一种主观上的假设与建构。因此，康德哲学中的"人为自然界立法"的思想，严格地说，应该是"人的理性为经验或现象世界确立原则"，用康德的话来说就是，"理性只会看出它自己根据自己的策划所产生的东西，它必须带着自己按照不变的法则进行判断的原理走在前面，强迫自然回答它的问题"②。

费希特在思维框架的先验性方面比康德哲学又前进了一大步。"唯心主义清除本质的多样性。这种做法把体系规定为诸如纯粹的过程，最终成为绝对的发生，这就是费希特——从这种意义上说他是哲学的权威的系统化者——所声称的思维"(It eliminates all heterogeneous being. This defines the system as pure becoming, a pure process, and eventually as that absolute engendering which Fichte—in this respect the authentic systematizer of philosophy—declared thinking to be)③。最后，在黑格尔的辩证法哲学中，主观构造说以"理性构造"这种最完备的形式表现出来，但由此也招致了对象世界的激烈反抗——"哲学，包括黑格尔哲学，由于在对材料的概念化方面不可避免地预示着一种唯心主义的决定而招致了全面反对"④。

在康德那里，"自在之物"只是一种空洞的理性抽象，在认识论上它只是一个逻辑上的设定，在认识发生的过程中它并不发挥作用。与康德

---

① 〔德〕黑格尔：《逻辑学》，梁志学译，北京，人民出版社，2002，第111页。
② 〔德〕康德：《纯粹理性批判》，邓晓芒译，北京，人民出版社，2004，第13页。
③ Adorno：*Negative Dialectics*，Translated by E. B. Ashton，London，Routledge & Kegan Paul，1973：26.
④ Adorno：*Negative Dialectics*，Translated by E. B. Ashton，London，Routledge & Kegan Paul，1973：11.

不同的是，黑格尔要求的是要和他的"实质"——"绝对精神"——相符合的抽象，"事物的客观概念构成事物本身"，"就是和我们对世界的认识的实际深化相符合的抽象"①。然而，在黑格尔哲学中，"一般思维规定——普遍性和必然性——是不能在知觉中遇见的，经验事实就其内容和形式而言，都不同于思想规定"②。这样，抽象的理性思维就占据了最高实在者的位置。在这样的思维模式中，黑格尔认为"真"是与自身的普遍概念相符合的，有限事物也就是说经验事物并不是"客观"的，上帝才"是概念与实在的真正符合"③。于是，在思想才是客观的事物的基础上，认识的一切成果连同整个世界都成了理性设计的产物。

如果我们从阿多诺的"概念化"（Conceptualization）的批判角度来考量，从笛卡尔式的思维路径到康德式的思维路径，最后到黑格尔哲学的融合，表面上表现为两条并行的思维路径的最终交汇，实质上却是主观建构模式的体系化、完善化的过程。在这种思维方式中，整个世界在哲学中变成一个封闭的概念体系、一种强制性的世界图示，"那种建立体系的自我原则，先于任何内容的纯方法，一直就是理性（ratio）"④。应该说，阿多诺在"否定的辩证法"中对"概念化"的这种思考和批判是深刻的。从理性构建的思路来看，在西方传统的认识论模式中主体概念与客体概念之间并不直接存在着对象与概念的对立，如果非要说存在着对立的话，也是抽象的理性主体和由它构造的主客体概念与作为概念对象的现实的经验世界之间的对立。

在马克思哲学以前的认识论传统中，这种主观建构的哲学思维方式始终是占据主导地位的。这种思维方式在传统的理性哲学范围内，是自洽的，然而，在涉及社会历史问题、经验世界问题时，就陷入荒谬和无知的理论困境。这其中最根本的原因在于，在这种主观建构的认识论传统中，在主体被抽象化的基础上，主客体概念是为这种抽象的主体所建构的，因此，在这样的思维模式中，主体与客体概念都失去了历史现实性。

---

① 〔德〕黑格尔：《逻辑学》，梁志学译，北京，人民出版社，2002，第88页。

② 〔德〕黑格尔：《逻辑学》，梁志学译，北京，人民出版社，2002，第113页。

③ 〔德〕黑格尔：《逻辑学》，梁志学译，北京，人民出版社，2002，第74页。

④ Adorno：*Negative Dialectics*，Translated by E. B. Ashton，London，Routledge & Kegan Paul，1973：26. 在西方的语境中，"ratio"既有"理性"的意思，又有"比例"的意思。更确切地说，作为"理性"的"ratio"来源于作为"比例"的"ratio"。柏拉图在讨论可感知世界和理性世界关系时，就用了"比例"（ratio）作为例子。在古希腊，"比例理论"的意义远超过数学本身，它力图用ratio理解整个世界。在下文我们将会看到，"否定的辩证法"注意到了数学思维与理性在起源上的一致性。

四、"概念拜物教"及其后果

阿多诺把这种使概念脱离并最终替代被表达之物的主观建构模式称之为"概念拜物教(concept fetishism)"①。在他看来,"所有哲学的原罪是它千方百计地通过概念的手段去把握非概念的东西"②,事实上,概念并不能完全代替概念所反映之物——"一切概念,甚至哲学的概念,都涉及非概念物,因为概念从它们自身的角色来说本身就是现实的特定时刻(moments of the reality),现实首先为了支配自然而需要概念的形态"③。在这一点上,传统哲学一俟完成概念的设定后,就把概念作为逻辑推演的客观之物,以至于忽视了概念所反映之物。它引起了三个方面的后果。

首先,对主体的抽象建构。"主体"被局限于思维的领域,在从笛卡尔的"我思",到康德的"先验统觉",再到黑格尔的"绝对精神"这一过程中,经验的、现实的个人被抽象成了"思维"本身。"思维"代替了现实的个人,成为精神"实体",成了认识的主体,与现实的经验世界彻底地分离。最终,"自我是否定与扬弃了一切特殊东西的纯粹自为存在,是意识的这个最后的、简单的和纯粹的东西……自我与思维是同一个东西……自我是作为能思维者的思维。我在我的意识中具有的东西是为我而存在的……自我不是单纯抽象的普遍性,而是在自身包含一切事物的普遍性……人是思维"④。现实的、活生生的个人成了没有感情的、超验的精神抽象物,主体只剩下了"我思",并被剥夺了情感、感性等一系列经验性的存在特征,成了纯粹的自我,成为向着某种必然性前进的奴隶。

其次,作为对象的客体被抽象的主体建构的抽象的客体概念所代替。在"理性的主体"看来,经验的客体本身由于自身的特殊性,由于作为特殊事物而具有的"界限",并不能成为"客观事物",它必须经过"理性主体"的思维洗礼,上升为思维中的概念、理念,成为思想中的"客观事物",才能获得客观性。在康德哲学中,客体在"表象"中,"表象"本身并不是绝对客观的,相反,对"表象"起着规定作用的人的先验认识框架却是客观的。康德也承认"表象"背后有一个"自在之物",然而这个"表象"

---

① Adorno:*Negative Dialectics*,Translated by E. B. Ashton, London, Routledge & Kegan Paul, 1973:12.

② 〔美〕理查德·沃林:《文化批评的观念》,张国清译,北京,商务印书馆,2000,第117页。

③ Adorno:*Negative Dialectics*,Translated by E. B. Ashton, London, Routledge & Kegan Paul, 1973:11.

④ 〔德〕黑格尔:《逻辑学》,梁志学译,北京,人民出版社,2002,第70~71页。

背后的"自在之物"是"不可知"①的。在黑格尔哲学中，黑格尔干脆就把作为对象的经验客体称为"主观的"。

最后，在主体和客体概念被抽象建构的基础上，"在绝对性概念中统治和讨好混合了，每一者都内在地依赖于另一者"②，哲学由此实现了对体系的抽象建构。在阿多诺看来，"体系不是绝对精神的体系，而是受主体制约的精神的体系，主体甚至不知道在多大程度上占有这些体系"③。体系反过来统治主体的现象，恰恰又是抽象建构思维方式把概念绝对化的结果。由于概念脱离了概念之物，概念本身就是虚假的。以这种虚假的概念为基础而建立起来的思维体系必然也是虚假的，它反过来又会阻碍着对现实世界的正确认识。这是一种认识论上的"乌托邦"。这种乌托邦由于坚持精神或者概念的抽象同一性或原初性，最终发展到了"仇视自身现实化"④的程度，以至于把任何经验性的异质物都力图排除在外。在此基础上，"主体理性的发展和壮大的结果就是现代的合理化的社会，用阿多诺的话说，就是'被宰制的社会'。在这种社会中，非理性被压制下去，或是被排斥到了社会的边缘"⑤。在此，阿多诺的思维路径已经初现眉目，他不是以社会历史为基础去总结思维方式，不是把思维特点看作是特定的社会发展阶段的反映，而是认为，社会现实状况是由主体的思维方式导致的。这样，在"否定的辩证法"中，阿多诺实际上是以"经验"为基础的思维逻辑去规划现实历史的发展，与他的这种"经验"性思维方式相左的所有历史现象都成了他所要批判的对象，这也是他的"否定的辩证法"之所以呈现出"全面批判"的外观的原因。同时，这也是"经验"范式的辩证法的致命症结所在。

---

① 阿多诺对"不可知"有着不同于康德哲学的理解。相对于传统理性哲学认为用概念就可以完全建构和替代客体的做法，否定的辩证法具有不可知论的倾向。即使如此，阿多诺所主张的也不过是主体不可能完全认识客体，不可能一次性把握住客体的全部特征，不能用客体的概念去代替客体自身，而不是说主体没有能力去认识客体。然而，相对于"否定的辩证法"所极力批判的传统哲学的主观构造思维方式来说，它又过度强调了认识过程的非连续性、认识的不完整性和体系的破碎性，过于强调了相对性。因此，世界的可知性在阿多诺那里被弱化为认识的可能性，而且这种可能性过程是无限的，永远也不可能完全把握作为概念对象的事物。

② Adorno：*Negative Dialectics*，Translated by E. B. Ashton，London，Routledge & Kegan Paul，1973：28.

③ Adorno：*Negative Dialectics*，Translated by E. B. Ashton，London，Routledge & Kegan Paul，1973：10.

④ Adorno：*Negative Dialectics*，Translated by E. B. Ashton，London，Routledge & Kegan Paul，1973：11.

⑤ 谢永康：《形而上学的批判与拯救》，南京，江苏人民出版社，2008，第310页。

在阿多诺看来，哲学的反思就是要确保概念中的非概念物不被主体所侵蚀。在传统哲学中，虽然"任何一种哲学，甚至极端的经验主义，都不能把根本无特殊意义的事实(facta bruta)拖拽入哲学中并把它们当作物理学意义上的经验或原子；没有任何一种哲学可以把特殊性直接粘贴进文本，就像有人的绘画会诱使人相信它是真的一样。但它的形式和总体性的论证却采取了一种完全拜物教的概念观，好像概念在它自身的领域内朴实地解释了自身"①。这样，根据康德的名言，概念就是空洞的，最终由于不再是任何事物的概念而变成虚无。因此，打破概念的"自在存在"的幻想，使它趋于非同一性的概念之物，就成为"否定的辩证法"的一个基本的理论诉求。

第二节　辩证法起点概念批判

在主观构造思维模式中，传统哲学的本体论，特别是黑格尔的辩证法中的"绝对精神"，在阿多诺看来"就是事物的虚假状态的本体论，而事物的正确状态却游离于它，无论是体系还是矛盾"②。这种思维方式同样地影响了对辩证法起点概念的定义，这突出地表现在黑格尔哲学把抽象的"存在"概念作为辩证法的起点概念上。

一、辩证法起点概念的意义

我们在考察"否定的辩证法"乃至整个阿多诺哲学时，一个不可忽视的基础性问题就是，阿多诺的哲学在多大程度上是"哲学"的？在阿多诺本人的定位中，他"想成为一名专家型哲学家的愿望甚至弱于他想成为一名专家型社会学家的愿望"③。在这种自我定位中，社会批判的视野与辩证法与生俱来的批判精神自然地走到了一起。与此同时，就阿多诺本人的价值取向来说，他反对任何暴力式的群众性运动。即便是在阿多诺所钟情的与管制型社会决裂的个体领域，他的理论原型一旦在现实中出现，又会招来他的疏远。正像罗尔夫·魏格豪斯所描述的那样："虽然雅恩算是《启蒙辩证法》和《伦理随想录》所期望的一位孤独者，但实际上霍克海

---

① Adorno：*Negative Dialectics*，Translated by E. B. Ashton，London，Routledge & Kegan Paul，1973：11.

② Adorno：*Negative Dialectics*，Translated by E. B. Ashton，London，Routledge & Kegan Paul，1973：11.

③ 〔德〕罗尔夫·魏格豪斯：《法兰克福学派：历史、理论及政治影响》下册，孟登迎等译，上海，人民出版社，2010，第 699 页。

默和阿多诺的确被这类人吓着了。"①这种悖论式的结局之所以发生，一个重要的原因在于，他在对辩证法起点概念的定位中，并没有真正考虑作为真实的个人的存在维度。

辩证法作为一种思维方式，并不是对客观世界的简单反映。辩证法并不能完全等同于辩证逻辑——它包含着辩证逻辑，但是又包含着辩证逻辑所没有的社会立场和价值取向。这也是为什么阿多诺把理性同一性批判与社会批判结合起来的重要原因。在这种情况下，辩证法的起点概念的设定一方面意味着辩证逻辑对世界认识论把握的起点，另一方面也意味着辩证法对人类社会历史把握的基础领域。正是在这种逻辑起点和基础领域的双重视角中，才显现出不同的辩证法解读范式。方法服从于目的，"方法才能够规范思想，指导思想去把握实质，并在实质中保持自身"②。

对辩证法起点概念的设定，所面临的一个重要挑战在于，如何在起点概念中完整地、历史地反映人与世界的关系问题。人类发展的历史，从一个侧面可以理解为自在自然向人化自然不断转化的历史。我们所接触到的自然，完全是人化自然。我们所接触到的对象物，是人类世界中的对象物。在这种情况下，辩证法的起点概念在认识论上就不能仅仅满足于自在自然式的定义，它必须反映出人的主体性的特点。如果背离了这一点，整个人类历史就无法区别于动物界或无机界的自然史。在这一方面，西方哲学中的传统理性辩证法在面对社会历史问题时一次又一次陷入"滑铁卢"式的惨败并一直不能翻身。所以，在辩证法的起点概念中，重要的并不仅仅在于它是否从"客观"世界出发，还在于它如何理解人并如何定位人在世界中的位置。在这个意义上，起点概念兼具有认识论和价值论的重要性。也正是在这个意义上，辩证法的起点概念可以理解为特定形式的辩证法哲学的一面镜子——在这面镜子中，我们将能够看到人与世界关系的最初理论模型。

辩证法的起点概念，预示着整个世界运行方式的逻辑基调。马克思在其早年著作《德意志意识形态》中，提出了"原初历史"的理论模型。如果从历史考古学的角度去论证这一理论，那么任何已知的或将来有可能发现的实证线索都不能直接证明其理论的正确性。因为，任何考古学的线索都不可能直接印证"任何人类历史的第一个前提无疑就是有生命的个人的存在，因此第一个需要确定的具体事实就是这些个人的肉体

---

① 〔德〕罗尔夫·魏格豪斯：《法兰克福学派：历史、理论及政治影响》下册，孟登迎等译，上海，人民出版社，2010，第686页。

② 〔德〕黑格尔：《逻辑学》，梁志学译，北京，人民出版社，2002，第29页。

组织"①。但也恰恰是在这种理论模型中，马克思科学地说明了人类社会历史发展结构性特点，并从这种结构性的变化中说明人类社会历史的发展变化，从而使自己的学说具有了"历史科学"的特点。所以，正是从费尔巴哈式的"感性对象性"到扬弃了黑格尔和费尔巴哈的"感性活动"的前提性转变，使马克思的哲学不再像以往哲学那样试图从外部为人类社会历史注入一种铁的逻辑，而是从人类社会内部的结构性生产实践的变动去说明历史并指出人类社会发展的宏观方向。

在下文中，我们在讨论"否定的辩证法"的"经验"概念的时候，我们将把注意力更多地集中于内部的逻辑特点及结构性不足上，所以在此有必要对"否定的辩证法"所批评的苏联模式的马克思主义予以简要说明。在斯大林那里，马克思关于人类世界的辩证思维方式表现为一种外来输入——"历史唯物主义，就是把辩证唯物主义原理推广去研究社会生活，就是把辩证唯物主义原理应用于社会生活现象，应用于研究社会，应用于研究社会历史"②。在这种视野中，"社会历史，已不复是一种'偶然现象'，因为社会历史已经成为社会的规律性的发展，而社会历史的研究已经成为一种科学"③。这使人类历史发展与自然界发展失去了本质区别。如果说，在马克思、恩格斯和列宁的理解中，直接推动阶级社会发展的阶级斗争是在现实的经济关系中历史地产生的，是理论对阶级社会发展现实进行辩证、超越性的分析、概括和总结的结果，那么，在斯大林式的理解中，这种机制已经变成一种带有公式色彩的自然科学规律。

斯大林这种从外部为社会历史注入逻辑的方法，在今天看来，无疑是非马克思的，也是非马克思主义的。在这种逻辑体系中，世界是运动的，运动是有规律的，规律是可以被认识的，人要自觉认识、服从和利用规律改造世界，造福自身。然而，在这种逻辑体系中，一个最为"纠结"的问题就是，如何进行自然规律和社会历史发展规律的本质区分？"运动是有规律的"中的"规律"是否意味着所有运动形式规律的"同一性"？也正是在这种逻辑体系中，人的地位的问题，人的自由和发展的问题，甚至个人自由与社会公共利益的问题，被寄予一个土豆和一堆土豆式的简单解释。

---

① 《马克思恩格斯全集》，第 3 卷，北京，人民出版社，1960，第 23 页。

② 斯大林：《辩证唯物主义与历史唯物主义》，唯真译校，北京，人民出版社，1949，第 1 页。

③ 斯大林：《辩证唯物主义与历史唯物主义》，唯真译校，北京，人民出版社，1949，第 18 页。

二、传统辩证法起点的概念背叛

在前文中，我们已经不止一次地提及"否定的辩证法"的一个基础概念——"概念化"（Conceptualization）。在阿多诺看来，传统哲学之所以从一开始就走上了不归路，一个直接的原因就在于它把现实的、多质化的对象物进行了抽象的"概念化"处理。

在讨论"概念化"之前，我们有必要简要探讨阿多诺哲学所关注的另外一个概念——"模仿"①。在《启蒙辩证法》中，阿多诺和霍克海默共同分析了前科学时期的这种人与自然的朴素的相互尊重关系——"同科学一样，巫术也有所追求，但是通过一种模仿的方式，而不是通过不断地把自身抽离于客体的方式来实现的"②。这种"模仿"随着西方技术文明的发展逐渐被致力于通过控制自然来实现人的自由的工具理性取代了。阿多诺把这种"模仿"式的认识论方式的最终陨落归结为权力、理性等社会和思维倾向方面的原因。对这些原因的分析，最终被归结为对欧洲文明发展路径的批判——"每一种彻底粉碎自然奴役的尝试都只会在打破自然的过程中，更深地陷入自然的束缚之中。这就是欧洲文明的发展路径。抽象，这种启蒙工具，把它的对象像命运一样，当作它必须予以拒斥的观念而加以彻底清算……正是获得自由的人最终变成了'群氓'，黑格尔称他们是启蒙的结果"③。

黑格尔之所以得出这种结论，是因为在传统的理性哲学中，辩证法起点概念的确立，并不是随意的，它是由哲学的最高目的所决定的。整个理性哲学围绕这个最高目的构建了一整套管控性的逻辑体系，并试图依靠这个体系去理解当下、解释历史和预测未来，而不是从世界自身的真实状态中去发现世界。在黑格尔哲学中，哲学的最高目的是"对于真理的科学认识"④。关于这个最高真理，黑格尔给它起了很多名字。它是自在自为的，它是具体的总体，但是最重要的，它是现实存在的前提："凡是在生活中真实、伟大和神圣的东西，只有通过理念才是这样的东西；哲学的目标是把握理念的真正形态和普遍性。自然界是为此而注定了只用必然性实现理性的；但精神的领域是自由的领域。一切维系人类生活、

---

① 关于"模仿"的具体分析，我们将在讨论"星丛"概念时具体展开。
② 〔德〕霍克海默、阿道尔诺：《启蒙辩证法》，渠敬东、曹卫东译，上海，上海人民出版社，2006，第7页。
③ 〔德〕霍克海默、阿道尔诺：《启蒙辩证法》，渠敬东、曹卫东译，上海，上海人民出版社，2006，第9页。
④ 〔德〕黑格尔：《逻辑学》，梁志学译，北京，人民出版社，2002，第3页。

具有价值和能行得通的东西，都有精神的本性，而这个精神领域也惟有通过对真理和正义的意识，通过对理念的把握，才是现实存在的。"①因此，对于黑格尔来说，最真实的东西就是思想中的"事物"。从这个前提出发，黑格尔从最抽象的"存在"概念出发，得到包罗万象、扬弃经验特殊性的最高普遍性——绝对精神。

在这样的定位中，逻辑最终不是以现实的对象世界为依据的，而是以脱离了现实对象物的概念为起点并妄图去控制世界。以黑格尔为代表的唯心主义总体性辩证法哲学形成这样的一个逻辑体系：抽象的"存在"概念作为起点概念，经过异化为感性自然界，最终又被绝对理性所认识，达到具体的总体，即上升为被认识到了的绝对理性。也就是说，理性本身就是世界运行的法则，经验世界存在的价值只是为了证明绝对精神的最高法则。

三、重新界定起点概念

阿多诺坚决反对黑格尔辩证法把"存在"作为起点概念。为了克服这种主体和客体同时被抽象思维统治的境况，阿多诺认为不应该把"存在"，而应该把"存在物"作为辩证法的起点概念——"没有实际存在物就没有'存在'概念。'某物'作为任何概念——包括存在的概念——是对思维不同一的主题（subject-matter）的最大程度的抽象，一种不能被任何进一步的思想过程所废除的抽象"②。

把"存在物"概念作为辩证法的起点概念，直接导致了黑格尔辩证法思维顺序的颠倒：不是从主体出发，而是从客体出发；不是去主观建构客体概念，而是用客体自身去规范主体的理性。

"存在物"的定义，为阿多诺的辩证法哲学初步打开经验领域。在黑格尔辩证法哲学中，"存在"概念属于形而上的领域。把辩证法的起点概念定义为"存在物"，其意义并不仅仅在于反对黑格尔哲学的辩证法，其矛头更是指向传统西方哲学的"主观构造学说"。在西方传统哲学的逻辑体系中，形式的领域往往成为先验的领域并高于经验的领域。以先验的形式去统摄经验的领域，必然会造成辩证法中先验性对经验性的同一性统治。也就是说，如果把辩证法的起点概念定义为"存在"，那么这就是一个空洞的概念，用这个空洞的概念去推演整个辩证法的体系，必然造

---

① 〔德〕黑格尔：《逻辑学》，梁志学译，北京，人民出版社，2002，第29页。

② Adorno：*Negative Dialectics*，Translated by E. B. Ashton，London，Routledge & Kegan Paul，1973：135.

成辩证法的空洞性。只有以经验中的存在物为起点概念,辩证法才有可能不是空洞的,才有可能实现辩证法概念的自我批判。一旦辩证法限于空洞,它就会僵化,就会"固守它的原则",即主体性的原则、抽象的原则,就会以主体吞噬客体,就会忽视经验物的差别,就会造成整体性哲学。正是在这个意义上,阿多诺认为,辩证法不能始于抽象、空洞的形式概念,因此必须使概念走向"强迫的实在性"①。

在此,"存在物"概念作为否定的辩证法的起点概念,就是要保证作为非概念的经验客体的优先地位:"哲学的思维是在那种受空间和时间规定的特殊事物中结晶的。绝对的存在物的概念只是虚假的存在概念的影子。"②与空洞的"存在"概念相比,"存在物"概念对经验客体的特殊性敞开了大门:"'存在'一词可以具有的任何经验都只能在存在物的构造中表达,而不是靠对存在物的反感来表达。"③同时,以"存在物"概念为辩证法的起点概念,也避免了抽象空洞的历史论证,为把社会性因素引入哲学创造了条件——"主观性、思维本身不是被本身而是被事实,特别是社会事实来解释"④的。

第三节 传统哲学中的"经验"概念

阿多诺在批判了黑格尔辩证法的起点概念之后,便以"存在物"的形式把辩证法植根于"经验"世界。"经验"⑤概念在阿多诺哲学中具有非常重要的地位,某种意义上可以说,它是阿多诺哲学光怪陆离的表面背后

① Adorno:*Negative Dialectics*,Translated by E. B. Ashton,London,Routledge & Kegan Paul,1973:137.
② Adorno:*Negative Dialectics*,Translated by E. B. Ashton,London,Routledge & Kegan Paul,1973:138.
③ Adorno:*Negative Dialectics*,Translated by E. B. Ashton,London,Routledge & Kegan Paul,1973:140.
④ Adorno:*Negative Dialectics*,Translated by E. B. Ashton,London,Routledge & Kegan Paul,1973:140.
⑤ "经验"是阿多诺哲学的基础,也是阿多诺心目中理想的哲学的基础,阿多诺认为,"与科学不同,哲学不知道问题和答案有什么固定次序。哲学的问题必须靠哲学的经验来形成,所以要去把握这种经验。哲学的答案不是既定的,不是做出的,不是制定的:它们是在展开的透明的问题中的突变"(Adorno, *Negative Dialectics*, p. 60)。"经验"在阿多诺哲学中是不能够用传统哲学中的认识逻辑来统摄、同化的,它是一种"突变",并以此成为阿多诺的否定的辩证法、"非同一性哲学"的理论根基。

的一条思想红线①。1931 年，在法兰克福大学的就职演讲——《哲学的现实性》(*The Actuality of Philosophy*)②——中，阿多诺提出了以下几个问题：现有的各种可供选择的哲学模式是依靠什么途径来解释经验的？是什么导致了这些方式的失败？

在亚里士多德那里，"经验"就已经具有重要的作用。亚里士多德把经验置于单纯的感觉之上。他指出，"动物生来具有感觉，它们中有一些从感觉得到了记忆，有些则没有……那些靠表象和记忆生活的动物，很少分有经验……人们从记忆得到经验，同一事物的众多记忆导致单一的经验"③。然而，在亚里士多德的知识序列中，"经验"还处于较低的地位。它只处于表象和记忆之上，而在经验之上，还有技术，在技术之上，还有科学，在普通科学之上，才是形而上学——这才是哲学所要思考的"无条件的东西"④。这样的一种知识排序深深地影响了整个西方哲学。

一、休谟哲学的经验观

经验主义⑤不承认在经验世界之外，还存在着一个理念的世界。经验主义强调"直接性"的思维方式，即强调人的感觉经验的可靠性。他们或者认为普遍的原理是在经验基础上加以抽象的结果，或者认为人所能认知的只是感觉中的东西。总之，根本不存在现象背后的本质这样的东西。从培根起，英国哲学就注重经验事实和归纳法，到洛克的时候，就建立起了以感觉经验为起点的认识论原则。经验主义哲学家认为，一切知识，(除了数学知识)都起源于以感觉为基础的经验。然而，到了休谟那里，经验主义却遇到了莫大的危机。

休谟一方面承认直接性视野中的经验，他认为"对于我们的最概括、最精微的原则，除了我们凭经验知其为实在以外，再也举不出其他的理由。经验也就是一般人的理由，这种理由即使对于最特殊、最奇特的现

---

① 尽管阿多诺强调历史和哲学的辩证关系，他的思想在其成年后的一生中始终保持着令人惊奇的前后一贯。因此，就阿多诺的学术成就来说，用"青年—老年"这样的分期来衡量他是没有太大意义的。但是，阿多诺确实在第二次世界大战前后有一些变化，比如，卢卡奇在《小说理论》序言中对他评价的那样。

② Brian O'Connor, *Adorno's Negative Dialectic*, London, The MIT Press, 2004: 5.

③ 〔古希腊〕亚里士多德：《形而上学》，苗力田译，北京，中国人民大学出版社，2003，第 1~2 页。

④ Theodor W. Adorno, *Against Epistemology: A Metacritique*, Oxford, Blackwell Published Ltd, 1982: 48.

⑤ 阿多诺认为，在现代哲学中，不仅实证主义者采用了这种"直接性"的观点，甚至连实证主义的真正对手——柏格森和胡塞尔也沿用了这种思维方式。

象，也无需经过研究便可以直接发现出来的"①；另一方面，他又指出，虽然我们能观察到一件事物只是随着另一件事物而来，我们并不能观察到任何两件事物之间的关联。因此，因果关系的可靠性就成为经验主义所面临的一个严峻挑战。

阿多诺认为，休谟问题的关键就在于，"在休谟传统（tradition of Hume）的哲学中，直接性——这种直接性是与主体相关的直接性——自身就是概念的原则。经验被设定为当下在场的、当下被给予的、自由的，就像是任何不容置疑的思想的混合物那样"②。因此，在如何处理理性与经验、主体与客体的关系时，以直接性思维方式为基础的经验主义就会陷入困境。在这方面，具有代表性的是"彻底的经验主义"的做法。传统二元论认为，物质和意识是绝对相异的两个对立的实体。在"彻底的经验主义"中，詹姆斯先是力图证明物质和意识是"同质"的，然后再去掉它们的实体性。不过他认为，贝克莱已经很好地消解了物质的实体性，留给他的工作就是否定将意识视为一个实体的存在。为了解决这个问题，詹姆斯引入了"纯粹经验"并将其作为世界上最原始的存在，以消除物质和意识的不可还原性与不可约简性，从而消除它们的本体论意义。这样，通过对同质性的证明以及实体性的消解，传统的二元论就此瓦解。但是，这种做法，不过是在经验和理性、主体和客体的对立之外，另外寻找一个本原。这非但没有解决问题，反而使问题更加复杂化、神秘化了。而且，这种试图证明物质和意识是同质性的做法，从根本上讲，仍然是试图用主体来消解客体的客观性。

二、康德哲学的经验观

除此之外，还存在着第二种态度，即理性主义的态度。休谟的经验主义唤醒了康德独断论的迷梦，康德在综合理性主义和经验主义的基础上，提出自己的"先验论"哲学，力图找到沟通经验与理性的途径。

康德哲学既坚持了经验的内在性原则，又不放弃理性主义对知识的确定性和普遍性的追求，这也是康德哲学的基本出发点。理性主义的独断论实质上是在超越经验的过程中去追寻知识普遍必然的确定性，而康德哲学是在经验之中找到这种确定性。康德努力阐明，存在于"表象"中的经验本身是杂乱无章的，但它由于受到具有普遍必然性认知结构的人

---

① 〔英〕休谟：《人性论》（上册），关文运译，北京，商务印书馆，1980，第9页。
② Adorno：*Hegel：Three Studies*，Translated by Shierry Weber Nicholsen and Jeremy J. Shapiro，London，The MIT Press，1994：57.

的先天认知能力而获得规范性和有效性，杂乱的对象材料为先验主体的认知能力所整合和统摄，从而具有普遍必然的确定性。换言之，是理性主体的先验构架能力将普遍必然性赋予了经验材料。这就造成了这样的一个困境："一方面先验这个概念排除经验，因为先验的认识是理应独立于一切经验的一种认识；但另一方面，自我应当是只能通过某一种经验、某一种觉察才能获得这样的先验。这是一个矛盾。"①

康德所找到的经验与理性间的联系方式，就是人的认识活动先天所具有的先验构架能力，这种先天认识能力或者说认识框架的存在，使事实经验材料能够成为具有普遍必然性的理性认识。这样的主体性仍然是一种"建构起来的主体性"（constitutive subjectivity）亦即康德称之为"自发性"的东西②。在这种"建构起来的主体性"中，"经验"世界在本质上仍然是一个主观的"现象世界"，它背后的"自在之物"是不可认识的。在这样的思维路径的指引下，康德哲学就成为一种绝对的主观唯心主义。从本质上讲，这仍然是一种试图在主体的范围内解决客体的客观性的做法，仍然是一种试图以主体的抽象理性来消解客体客观性的方法。虽然，康德承认了"自在之物"的存在，但它只不过是改了名字的、理性化了的上帝。它不和现象世界发生联系，只能靠神秘的信仰来把握。

因此，传统西方哲学在处理经验问题上，以及随之而来的主客体关系的问题上，一直是不成功的。阿多诺认为③，传统哲学的首要错误就在于简单化地处理了经验中的主体和客体的关系，使客体在主客体关系的整体性中被认为是可以囊入主体的，也就是以抽象的主体理性来建构并同一化关于客体的概念。这样，客体自身的客观性、特殊性、差异性被主体的主观性强行抹杀了。要恢复主体与客体、经验与理性的关系，就必须重新理解"经验"。

三、黑格尔哲学的经验观

黑格尔在思维方式上，看到了知性思维方式片面强调直接性的弱点，他力图超越休谟的经验主义和康德的知性思维方式，从间接性或中介的角度去解释经验。黑格尔非常重视"经验"④，《意识经验的科学》是黑格

① 〔德〕阿多诺：《道德哲学的问题》，谢地坤、王彤译，北京，人民出版社，2007，第88页。
② Brian O'Connor：*Adorno's Negative Dialectic*，London，The MIT Press，2004：106.
③ Brian O'Connor：*Adorno's Negative Dialectic*，London，The MIT Press，2004：5.
④ 黑格尔的"经验"概念是与他的整个哲学体系密切联系的。在下文中，我们将在自由和真理问题上展开黑格尔的"经验"概念。

尔在 1807 年出版他的《精神现象学》时所用的标题①。"经验"在此是从
"自我意识"的角度被理解的，或者说，它是"绝对精神"自我认识的一个
必不可少的环节。

黑格尔认为，一方面，事物的本质只有在思想中才能得到规定，事
物的本质只有能被思想把握才是有意义的；另一方面，经验科学的方法
虽然无法把握像自由、精神和上帝这样的对象。但是人的具有经验性内
容的主观意识在其发展中会上升为客观精神，这两者之间不存在不可逾
越的鸿沟。为此，黑格尔试图在感性经验和超验的领域之间架设一座桥
梁，这座桥梁是以思想的超越性来构造的。在经验的领域里，他用超越
性来论证感性可以上升为理性，然而，他的目的并不在于承认感性经验
对于认识的根源性，而是一旦感性的东西进入超验的领域就要打着"扬
弃""中介"的旗号被否定。理性知识尽管从感性经验知识上升而来，但这
种上升却是对经验世界的否定。也就是说，在精神的超验的领域，黑格
尔所得出的纯粹思维最终还是对经验的否定。在黑格尔借助对感官经验
的描述向人们证明他的理论不是空中楼阁之后，最终又把经验世界否定、
抛弃。

因此，在黑格尔所谓的"思维"和"存在"的同一的论断中，"存在"绝
不是我们人的感觉可以感知的客观存在，而是被思想所认知的本质性的
东西，这种东西是被认知活动消化过了的思想性的东西。更确切地说，
这种同一性，实际上是思想和思想产物的同一，感性经验在这种同一中
已无影无踪。于是，在这种思维范式中，经验世界中的客体，表面上是
被吸收进了主体中，而实际上只不过是打着"思想的客体"的旗号被抛弃
了。同时，主体被规定为抽象的主体，被规定为"绝对精神"。最终，主
体和客体都远离了经验的世界，成为纯粹的精神性的存在。

四、海德格尔对黑格尔经验观的挖掘

海德格尔在《林中路》中专门拿出一个章节的篇幅来分析黑格尔的"经
验"概念。他力图用现象学的方法把黑格尔的"经验"与存在主义的"存在"
结合起来——"'经验'所说的就是'现象学'之所是"②，他以《精神现象
学》中的"导论"为蓝本，开始了这种挖掘的过程。

海德格尔认为，"黑格尔用'意识'和'知识'两个名称来表示同一个东

---

① 〔德〕海德格尔：《林中路》，孙周兴译，上海，上海译文出版社，2004，第 116 页。

② 〔德〕海德格尔：《林中路》，孙周兴译，上海，上海译文出版社，2004，第 116 页。

西。这两个名称是相互阐释的。'意识'表示：在知识状态中存在。知识本身提交、呈现并因此规定着'有意识'（Bewußt-sein）中的'有'（-sein）的方式"①。在此，海德格尔在黑格尔哲学自我意识的领域，试图把"经验"与"存在"结合起来，引申出"现象学之所是"。

在海德格尔的解读中，黑格尔的辩证法是一种关于"存在"的辩证法——"辩证法作为一种显现方式归属于存在，而存在作为存在者的存在状态从在场中展开出来。黑格尔不是辩证地把握经验，而是根据经验的本质来思考辩证法。经验乃是那个作为主体的根据主体性而得到规定的存在者的存在状态。经验的决定性的本质环节在于：意识在经验中获得新的真实对象。这里重要的是作为真理性之发生的新对象的发生，而不在于一个对象被看作某种与认识相对的东西了"②。"经验"在此成了根据，成了把握世界的"始基"。

首先，在海德格尔看来，"经验"意味着一种存在的过程，这个过程本身就是"本质"的——"经验乃是伸展着和通达着的达到。经验乃是一种在场方式，也即一种存在方式。通过经验，显现着的意识本身入于其本己的在场寓于自身而在场。经验把意识聚集于它的本质的聚集之中"③。

其次，"经验"也是存在者存在的方式，是存在者开拓自己的存在领域的途径——"经验乃是在自我表象中成其本质的在场者的在场状态的方式……存在者之存在……显现者之显现，是经验……新的对象无非就是经验本身"④。

最后，在海德格尔看来，"经验是绝对主体的呈现；这个绝对主体乃在再现中成其本质并因而自我完成。经验乃是绝对主体的主体性。作为绝对再现的呈现，经验是绝对者的在场。经验是绝对之绝对性，是绝对在彻底的自行显现中的显现……经验是对其在场中的当前事物的注意"⑤。

由此可见，在海德格尔的这种解释中，黑格尔的"经验"成了"绝对主体"自身的存在方式或者说"在场"方式，是"绝对主体"和"存在者"发展的通道。海德格尔在此对黑格尔哲学中"经验"概念的解释，与黑格尔"经验"与"绝对精神"的关系是非常切近的；与此同时，海德格尔之所以选择《精神现象学》而不是黑格尔的《小逻辑》作为探讨依据，是因为在《小逻

---

① 〔德〕海德格尔：《林中路》，孙周兴译，上海，上海译文出版社，2004，第153页。
② 〔德〕海德格尔：《林中路》，孙周兴译，上海，上海译文出版社，2004，第197～198页。
③ 〔德〕海德格尔：《林中路》，孙周兴译，上海，上海译文出版社，2004，第198页。
④ 〔德〕海德格尔：《林中路》，孙周兴译，上海，上海译文出版社，2004，第198页。
⑤ 〔德〕海德格尔：《林中路》，孙周兴译，上海，上海译文出版社，2004，第199页。

辑》中，显然存在着一个不切合海德格尔"经验"观的领域——作为辩证法开端的"存在"。这种作为世界开端的抽象"存在"，这种"理性的狡黠"显然与海德格尔的"存在"和"经验"是不符的。

五、阿多诺对黑格尔经验观的挖掘

阿多诺批判了关于黑格尔哲学的一些误解，这主要是针对海德格尔的存在主义哲学的。在阿多诺看来，很多人误读了黑格尔哲学，特别是错误地对待了黑格尔哲学中的经验思想。在《关于黑格尔的三个研究》（*Hegel：Three Studies*）中，他专门拿出一个章节的篇幅来讨论黑格尔的"经验"——"黑格尔哲学中的经验内容"①，这与海德格尔《林中路》中的"黑格尔的经验概念"形成了鲜明对照。

阿多诺认为，黑格尔哲学中的经验概念"并不试图去捕获现象学意义上的'切身经验'（ur-experience），也不像海德格尔在《林中路》中解释的那样，是'存在'或'存在者的存在'，它并不试图得到一些本体论上的东西。依照黑格尔自身，他并没有从自己的思想序列中萃取任何一种这样的东西"②。阿多诺声称，黑格尔永远也不赞同海德格尔的从"意识自身的排列过程产生出来的新的客体"（the new object that arises for consciousness in the course of its formation）出发的经验观定义，也就是从主体意识的角度阐发的经验观定义。黑格尔哲学中的经验并不是海德格尔意义上的"存在的模型"（a model of being）。

在阿多诺的视野中，黑格尔不但在世界的经验中抓住了精神，而且在精神的运动中构建了经验③。在黑格尔哲学中，经验并不是一开始就被定义了的，最初的"经验的概念处于未被定义的不明确状态，只有形式可以使它具体化"，而"精神上的经验模型（some models of intellectual experience）诱发了黑格尔哲学，促成了黑格尔哲学的客观化，构成了它的真理性的内容，这并不是生物学或心理学意义上的"④。在另一个层面上，黑格尔哲学中的经验概念也不是休谟哲学意义上的，它并不是在实

---

① Adorno：*Hegel：Three Studies*，Translated by Shierry Weber Nicholsen and Jeremy J. Shapiro，London，The MIT Press，1994：53～88.

② Adorno：*Hegel：Three Studies*，Translated by Shierry Weber Nicholsen and Jeremy J. Shapiro，London，The MIT Press，1994：53.

③ Adorno：*Hegel：Three Studies*，Translated by Shierry Weber Nicholsen and Jeremy J. Shapiro，London，The MIT Press，1994：56.

④ Adorno：*Hegel：Three Studies*，Translated by Shierry Weber Nicholsen and Jeremy J. Shapiro，London，The MIT Press，1994：53.

验性的观察的基础上经过综合性加工处理的产物①。

黑格尔哲学之所以能够做到这一点，是靠他的间接性的"中介"概念来实现的。"总体上来说，黑格尔是站在间接联系的立场上去对待把直接性作为知识的牢固根基的思维图示的"②，他"改变了直接性的概念以及习惯上的经验概念……在黑格尔看来，天地之间没有一种东西不是被中介的"③。针对知性思维方式的"直接性"，黑格尔指出了"直接性"思维方式的缺点——"直接性的形式是片面的，而且任何仅仅被归结为这种形式的内容都带有这类片面性。直接性一般说来是抽象的自相联系，因而同时也是抽象的同一性、抽象的普遍性……直接知识的原则已经倒退到这种现代形而上学当作笛卡尔哲学所采取的那个开端"——特别是"思维与思维者的存在的简单的不可分离性"④。与此同时，黑格尔也并没有摒弃"直接性"，"在黑格尔哲学中直接性与间接性并不是严格对立的。它们彼此之间相互生产和再生产着对方，在整体的统一中，在每个阶段上它们又重新形成、消灭和和解"⑤。

传统的观点认为，黑格尔哲学的体系扼杀了它的革命性的精神，对于现实的"经验"也是如此。在他的"中介"或间接性的思维方式中，黑格尔一方面宣称，"经验原则包含着一个无限重要的规定，那就是为了承认和确信一种内容，人本身必须与这种内容接触，或更确切地说，人应该发现这样的内容与人本身的那种确信是一致的和结合起来的"⑥。另一方面，黑格尔哲学本质上仍然是一个"纯粹理念"的世界，它是由抽象的主体"主观建构"起来的，这就注定了"经验"只是"绝对精神"运动的一个环节。因此，"黑格尔并没有简单地牺牲他的（关于经验的）暂时性原则，如

---

① Adorno：*Hegel*：*Three Studies*，Translated by Shierry Weber Nicholsen and Jeremy J. Shapiro，London，The MIT Press，1994：54.

② Adorno：*Hegel*：*Three Studies*，Translated by Shierry Weber Nicholsen and Jeremy J. Shapiro，London，The MIT Press，1994：55.

③ Adorno：*Hegel*：*Three Studies*，Translated by Shierry Weber Nicholsen and Jeremy J. Shapiro，London，The MIT Press，1994：57.

④ 〔德〕黑格尔：《逻辑学》，梁志学译，北京，人民出版社，2002，第147~148页。在这一点上，阿多诺显然是误读了黑格尔。阿多诺认为，在主体与意识的不可分离性上，黑格尔与康德是一致的——"在黑格尔哲学中，存在和经验的根据是'反映的决心'（de-terminations of reflection），就像康德哲学一样，存在着与主体的生物学意义上的不可分离性"（Adorno：*Hegel*：*Three Studies*，pp.53~54），而"思维与存在者"的不可分离性恰恰是黑格尔所要超越的东西。

⑤ Adorno：*Hegel*：*Three Studies*，Translated by Shierry Weber Nicholsen and Jeremy J. Shapiro，London，The MIT Press，1994：59.

⑥ 〔德〕黑格尔：《逻辑学》，梁志学译，北京，人民出版社，2002，第39页。

果这样，他关于经验的主张就会失去它的理性意义"①，而是试图把经验性的内容包含在绝对精神的运动中，在这种扬弃性的运动中克服经验性内容的缺陷。为此，黑格尔提出了"思维和存在同一性"的观点。

阿多诺并不拒绝对黑格尔哲学强制体系的这种看法："在哲学推理中(in philosophize)绝对性是由基于意识的映射制造出来的，因此绝对性就成为一种客观的总体性。这种总体性的立足点就是与绝对性的关系。外在于绝对性的部分是有限的，它只有通过与其他部分的联系才能存在。作为有限性的孤立的部分是有缺陷的。部分的意义和重要性只有在与总体的一致性中才能显现出来。"②

阿多诺并不仅仅是从上述角度看待黑格尔哲学的。黑格尔哲学还有一个明显的理论指向，那就是"为了解决康德哲学中内容和形式的分裂，黑格尔把任何存在物都同时解释成了精神性的"③。阿多诺试图打破黑格尔哲学的这种总体性的精神体系，他试图从黑格尔哲学内部寻找这种力量，实现黑格尔哲学的自我否定，最终挽救黑格尔哲学的"经验实质"。为此，他把目光集中到了黑格尔哲学中的"经验"概念上："提升精神的激情却诱使自身的力量去抵抗绝对真理，形成了一种对具体化的意识的拒斥。这种具体化的意识，在黑格尔哲学中，一方面被消解，另一方面，在相反的浪漫主义的意义上，作为不可忽视的东西被拯救了出来。"④

这样，黑格尔哲学中的发展动力、否定性逻辑的力量源泉，并不是他的"矛盾"思想，而是其哲学中的"经验实质"——这也是冲破黑格尔哲学强制性体系、同一性思维方式的力量所在。阿多诺认为，黑格尔哲学必然会造成理性和经验的矛盾——"在黑格尔哲学中，对于与人类经验有着互相依赖性的自我意识来说，经验的在先性(experience's advance)在个体经验中起着反向纠正(a retroactive correction)的作用，黑格尔哲学用简明的形式表达了这一点"。简言之，他把"经验"作为克服黑格尔哲学自身局限性的因素，并试图使其成为黑格尔哲学乃至整个唯心主义哲学自我扬弃的理论基础——"就像在黑格尔那里，在那个所有事物最终都将沦

① Adorno：*Hegel：Three Studies*，Translated by Shierry Weber Nicholsen and Jeremy J. Shapiro, London, The MIT Press, 1994：59.
② Adorno：*Hegel：Three Studies*，Translated by Shierry Weber Nicholsen and Jeremy J. Shapiro, London, The MIT Press, 1994：61.
③ Adorno：*Hegel：Three Studies*，Translated by Shierry Weber Nicholsen and Jeremy J. Shapiro, London, The MIT Press, 1994：57.
④ Adorno：*Hegel：Three Studies*，Translated by Shierry Weber Nicholsen and Jeremy J. Shapiro, London, The MIT Press, 1994：62~63.

为绝对精神的主体的状态中，因为在主体被等同为不同的某物、主体的过程中，没有任何差别能得以保存，所以，唯心主义也就取消了自身"①。

坦率地说，阿多诺的"否定的辩证法"并没有离开黑格尔哲学的基地。阿多诺对黑格尔哲学的经验视角解读存在着一种"为我所用"的态度。他明确地指出，"我的主旨是黑格尔哲学中的经验性的实质，而不是黑格尔哲学中的经验性的内容"②。他试图把黑格尔对世界的看法和本质理解尽可能地转译成当代的"经验"，他关心的不是黑格尔如何主观地到达他的教条性的结论的，而是在他的哲学中得到反映并被积淀的作为客观现象强制推动力量的"经验实质"。阿多诺自己也承认，"最大的困难在于找到黑格尔哲学中以经验为哲学自身的出发点和原则的部分，并从中找出经验的内容"③。然而，阿多诺对黑格尔哲学的这种解读是否尊重了黑格尔的原意，仍然是一个值得探讨的问题。

第四节　"否定的辩证法"中的"经验"

"经验"概念在"否定的辩证法"中具有两个维度。一方面，作为"否定的辩证法"的理论起点，它是认识论意义上的，这是一种理想的主客体关系，在这种关系背后，并不存在传统哲学所主张的"本质"。另一方面，作为"否定的辩证法"的理论终点，"经验"也暗示着阿多诺心目中的理想世界，这又是实践意义上的、社会意义上的。在此，"经验"的这两个不同的维度，再一次显现出阿多诺从思维方式转入社会理论的思维路径——在阿多诺看来，由于传统形而上学在"经验"问题上的失误、启蒙理性所带来的新的奴役，反映在社会关系上就是资本主义商品交换原则所带来的强制同一性的社会关系——它扭曲了这种"经验"状态，造成了"物化"。

一、认识论上的"经验"：一种理想的主客体关系

在认识论上，"经验"意味着一种主客体关系，这是主体与客体之间的一种开放的、互动的关系(an open and reciprocal relationship between

---

① Adorno：*Hegel：Three Studies*，Translated by Shierry Weber Nicholsen and Jeremy J. Shapiro，London，The MIT Press，1994：63～64.

② Adorno：*Hegel：Three Studies*，Translated by Shierry Weber Nicholsen and Jeremy J. Shapiro，London，The MIT Press，1994：54.

③ Adorno：*Hegel：Three Studies*，Translated by Shierry Weber Nicholsen and Jeremy J. Shapiro，London，The MIT Press，1994：57.

subject and object)①，它所针对的，就是在传统哲学认识论中被"主观建构"的同一性的主客体关系以及以此为基础的总体性的逻辑图示。

阿多诺用"主体—客体"这个概念来表示主客体关系的这种互动性，这种互动性是平等的，或者更确切地说，相对于传统哲学，客体具有更加优先的地位。同时，"主体—客体"这种双向关系的定义也意味着单独完全定义主客体某一方面的不可能性。也就是说，"阿多诺采用的这种策略表明了两个必要条件，第一，经验使主体与不可通约的客体之间关系成为必要；第二，经验使客体的影响成为必要条件。第一个条件是第二个条件的基础"②。

首先，它意味着"主体"概念的歧义性、角色的多样性。对于主体的多重歧义性角色，阿多诺做了详细区分。主体对于阿多诺来说并不仅仅是指经验世界中活生生的个人，这只是主体的一个方面，阿多诺称之为"个体主体"，我们亦可称之为"经验主体"。除此之外，阿多诺还提出了"先验主体"。阿多诺指出，个体主体具有经验能力，是活生生的有差别的个人，先验主体则不具有经验性，它是对个体主体的共性的抽象："构成经验实体的先验主体是从活生生的个人中抽象出来的。很明显，先验主体的抽象概念——它的各种思想形式，这些思想形式的统一，以及意识的有独创性的生产能力——必须先有允许其产生的东西：现实的有生命的个人。"③我们可以看出，阿多诺所谓的"先验主体"并不是康德哲学意义上的超验的绝对性，而是人的社会性因素（只不过阿多诺更多的是在弗洛伊德主义的视域下运用的）。主体同时兼有经验主体与先验主体这两方面的角色。在既定的社会制度中，先验主体先于个体主体并规训、塑造着个体主体。阿多诺认为，不能用先验主体去吞噬个体主体，也不能用个体主体去吞噬先验主体，它们各自在不同的层面存在着并发挥着作用。

相比之下，对于个体主体和先验主体，阿多诺更加注重的是经验层面而不是形式层面，因为在他看来，传统哲学由于过分注重形式层面而造成了"同一性"的哲学。他认为，经验是个体主体摆脱"同一性"束缚的重要途径，是个体主体的专长："主体在认识上的决定性地位是经验的，而不是形式的；康德所谓的构成物实质上是变形物。知识的这种优先运

---

① Brian O'Connor：*Adorno's Negative Dialectic*，London，The MIT Press，2004：5.

② Brian O'Connor：*Adorno's Negative Dialectic*，London，The MIT Press，2004：57.

③ 上海社会科学院哲学研究所外国哲学研究室编：《法兰克福学派论著选辑》（上卷），北京，商务印书馆，1998，第211页。

用，就是破坏它的正常运用，就是粗暴地对待客体。"①也就是说，在经验的层面上引入先验主体，必然导致主客体关系在个体主体层面上破裂、变形，造成个体主体受先验主体压抑的"精神囚禁"的困境，同时也粗暴地对待了客体，使客体最终被定格在精神层面上，最终被囊入先验主体，造成先验主体对个体主体和客体的"同一性"强制。

阿多诺认为，只要不改变这种把客体完全概念化的做法，哲学在主客体关系方面就不会取得成功。传统哲学在主客体关系方面"借助任意的选择一种意义而且把这种意义看成是比另一意义更基本的方法试图解决这种歧义会重新产生自康德以来一直折磨着思想家的哲学难题。……首先，任何能自圆其说的知识理论必须认识到，不可能发现和它们企图描绘的对象完全吻合的概念……第二，哲学不是从一系列小心界定的前提演绎地出发，它必须深入到事物的实质，从我们现代的历史处境呈示给我们的不完善的东西出发"②。

阿多诺对"主体—客体"的这种分析，暗示的是传统理性思维方式的不可能性。过去，哲学思考的出发点，就是希望像黑格尔哲学所体现的那样，根据抽象概念把现实作为一个总体去把握，体系的各个部分作为一个有机整体为最高的理想服务。但是，阿多诺认为如今这种希望只是一种幻想。阿多诺认为哲学的任务不是去探究隐藏在哲学中的意图，而是"解释无意识的现实"③。这种作为无意识的现实的客体，并不是主体通过概念可以完全把握的，客体与主体永远存在不重合之处。这种作为客体的无意识的现实，与主体是一个不重合的互动的关系。

阿多诺对"主体—客体"的分析也包含着对《历史与阶级意识》的批判。在卢卡奇那里，阶级意识被称作"被赋予的阶级意识"，他给它下的定义是"变成为意识的对阶级历史地位的感觉"④。无疑，这样的关于无产阶级的阶级意识不但是积极的，而且是"被赋予的"。一旦无产阶级意识到这一点，他就会与历史"同一"，从而实现无产阶级革命的胜利。而从阿多诺的视角来看，"主体—客体"的意义更多地在于认识论过程中主客双方的交叉角色，他并没有赋予它意识形态的意义。在阿多诺的眼中，卢

①　上海社会科学院哲学研究所外国哲学研究室编：《法兰克福学派论著选辑》（上卷），北京，商务印书馆，1998，第218页。
②　〔美〕马丁·杰：《阿多诺》，瞿铁鹏、张赛美译，北京，中国社会科学出版社，1992，第86～87页。
③　〔日〕细见和之：《阿多诺：非同一性哲学》，谢海静、李浩原译，石家庄，河北教育出版社，2002，第52～54页。
④　〔匈牙利〕卢卡奇：《历史与阶级意识》，杜章智等译，北京，商务印书馆，1996，第133页。

卡奇无疑是用形式的方面"同一"了经验的层面，从而造成了一种新的"意识形态"的束缚。

阿多诺提出了不同于卢卡奇哲学意义上的"主体—客体"概念。在卢卡奇那里，"主体—客体"概念是带有浓厚的意识形态色彩的。卢卡奇力图用这一概念表明，历史和阶级意识二者实际上是同一的，无产阶级是历史进程中主体和客体的统一体，而无产阶级意识能够到达对社会历史的总体认识——"作为总体的阶级在历史上的重要行动归根结底就是由这一意识，而不是由个别人的思想所决定的，而且只有把握这种意识才能加以辨认"①。在阿多诺那里，"主体—客体"的概念仅仅意味着主体本身的认识论意义上的双重性，即它既是主体又是客体。阿多诺是反对给予"主体—客体"一切意识形态的束缚的——"事实上，主体也是一种客体，主体只不过在它的形式的本质方面忘记了自己是怎样构成和依靠什么构成的，康德的哥白尼革命打击了主客的严格的客体化，打击了物化的现实"。

阿多诺在否定的辩证法中基于充满差异性的主客"经验"立场，试图打破理性一劳永逸地规定和定义客体的思维模式，反对将客体自身削减为客体概念的做法。在他看来，传统哲学的这种用概念代替客体自身的过程表现为将客体"施魅"的过程，它造成了虚假的意识形态。在他的"否定的辩证法"看来，"从一开始，辩证法的名称就意味着客体不会一点不拉地完全进入客体的概念中，客体是同传统的充足理由律相矛盾的，矛盾并不是黑格尔的绝对理想主义所要达到的东西：它不是赫拉克利特意义上的本质。它表明了同一性的谎言，即概念不能穷尽被表达的事物"②。否定的辩证法在处理主客体关系的概念及其相互关系时，就是要从传统哲学内部展开对主体构造客体的思维方式的批判，把客体从传统的客体概念中解放出来，从阿多诺所认为的"同一性"思维方式中解脱出来，以此实现对世界的真实认识，最终来反抗乃至改造压制性的社会关系。

在西方传统哲学中，"在认识论上，'主体'通常被理解为'先验主体'。按照唯心主义的学说，主体既可以沿着康德的路线构成包括未经加工的物质材料在内的客观世界，也可以构成自费希特以来的那种客观世界本身"③，而"康德在他论述心理谬误的逻辑推理的篇章中，试图揭示

---

①　〔匈牙利〕卢卡奇：《历史与阶级意识》，北京，商务印书馆，1996，第105页。

②　Adorno：*Negative Dialectics*，Translated by E. B. Ashton，London，Routledge & Kegan Paul，1973：5.

③　上海社会科学院哲学研究所外国哲学研究室编：《法兰克福学派论著选辑》（上卷），北京，商务印书馆，1998，第210～211页。

先验主体和经验主体的构成成分在等级上的原则差别；但他的著名继承者费希特和黑格尔，还有叔本华，却借助于逻辑的妙用来对付循环论的巨大困难"①。阿多诺指出，面对先验主体和个体主体关系上的"循环论"，康德试图认真地面对这一问题，但是他的后学却试图避开这些问题（在这里，阿多诺以自己的语言重复了古老的哲学问题：那就是如何处理"一般/个别"的关系问题）。

同时这意味"客体"概念的歧义性、角色的多样性。对于客体，阿多诺认为，客体是"认识的对象"，而这些对象都被打上了观察者及其群体或类的烙印。也就是说，"客体"不是纯粹的自然存在，而是渗透着人的主观性的"人化了的自然存在"②。

这样，客体也就具有了主体的色彩。——"如果说主体确实有一个客观的内核，则客体的主观性质就更是客观性的一个要素。客体仅仅由于它是某种确定的东西，它才成其为东西"③。这句话看起来很难理解，其实只要联系到康德哲学，特别是康德的"现象"或"经验"概念，问题就迎刃而解了。在阿多诺那里，"客体"作为一个概念是被意识到的客体自身在主体思维中的反映，它同样要反映的是在经验之中被表象的客体。对于客体自身具有客观性，阿多诺是承认的，但是他也没有去证明客体的客观性，在此，阿多诺又与康德假设物自体的做法是相似的，仅仅依据"间接知觉的间接知觉"就完成了客体的客观性的证明。此处阿多诺的意思是，"客体"概念是主体对客体自身的主观把握，这种把握只有在经验中的主客体关系中，才是有意义的。

阿多诺倡导这种理想的开放的、互动的主客体关系的目的并不仅仅在于反对一切同一性的关系。阿多诺建立"非同一性哲学"的目的，虽然表面上看来是将柏拉图以来的同一性的形而上学反转为"非同一性事物"，但他并不是简单地在过去的"同一性"的位置上放上相反的"非同一性"④，而是暗含着一种主客体关系的重构。

在阿多诺看来，主客体关系应该是一种有差别的"统一"关系，这种关系是一种"辩证"的关系。主体在某种意义上也是客体，客体离开主体

---

① 上海社会科学院哲学研究所外国哲学研究室编：《法兰克福学派论著选辑》（上卷），北京，商务印书馆，1998，第211页。
② 欧力同、张伟：《法兰克福学派研究》，重庆，重庆出版社，1990，第79页。
③ 上海社会科学院哲学研究所外国哲学研究室编：《法兰克福学派论著选辑》（上卷），北京，商务印书馆，1998，第214页。
④ 〔日〕细见和之：《阿多诺：非同一性哲学》，谢海静、李浩原译，石家庄，河北教育出版社，2002，第12页。

便没有意义（而不是不存在）。反之亦然。只有在这种多元性的复杂关系中，才能保证主客体关系的开放性、互动性。主客与客体是统一的关系，而不是"同一"的关系。这是因为，主体与"客体"概念不但在性质上是交叉的，而且在认识过程中也是相互依赖的——"客体，即使衰弱了的客体，也不能没有一个主体。如果客体缺少主观性的要素，它本身的客观性也会变得毫无意义。休谟认识论的软弱无力就是一个臭名昭著的例证"①。

　　总之，"经验"中的主体与客体的关系是有差别的"统一"，而不是强制性的"同一"，即不是用一方去吞噬另一方。主体与客体的分离既是真实的又是虚假的。说它是真实的，因为这两种分离在认识领域表现了实在的分离，表现了人的状况的二分法，表现了一种强制的发展。说它是虚假的，因为这种逐渐形成的分离不能被看成是实体化的，不能神奇地把它看作是一成不变的东西。这样，主体与客体的分离被转移到了认识论。

　　我们可以看出，尽管阿多诺大力批判黑格尔哲学，但是黑格尔的一个基本观点，即在认识过程中，主体和客体、概念和知觉、特殊和普遍之间有一种持久的"中介"的观点，还是被保留了下来。在阿多诺看来，"虽然不能把主体和客体看作是分离的，但是这种分离的假象还是在它们的相互中介中表现出来——主体中介客体，更多的以不同的方式表现为客体中介主体。分离一旦未经中介而直接地得到确认，就成了意识形态，这才是它的常规形式。这时精神就要占有某种绝对独立的位置——精神本身并非绝对独立的……主体一旦完全脱离客体，就把客体纳入它自己的规范；主体吞没客体，很大程度上忘记了它还是客体本身"②。此处，他与黑格尔的最大不同在于，黑格尔还承认"理论活动"意义上的实践，而阿多诺则排除了这个概念。

二、社会意义上的"经验"："物化"的反概念

　　"否定的辩证法"并不仅仅是认识论意义上的，它还展开了广泛的社会批判。这种社会批判的理论切入点是与"否定的辩证法"的认识论批判相一致的，即由对思维方式的同一性批判转向对统治关系的强制同一性

---

①　上海社会科学院哲学研究所外国哲学研究室编：《法兰克福学派论著选辑》（上卷），北京，商务印书馆，1998，第221页。

②　上海社会科学院哲学研究所外国哲学研究室编：《法兰克福学派论著选辑》（上卷），北京，商务印书馆，1998，第209页。

批判。二者都是基于阿多诺对"经验"的理解，阿多诺批判理论的初衷就是切断二者的联系。在此基础上，在社会领域，阿多诺对资本主义的"物化"现象及其一切统治关系展开了激烈的批判。

在阿多诺的社会批判理论中，"经验"——"根据一个评论家的观点，它不是卢卡奇的阶级意识概念，而是物化的反概念"①。阿多诺对马克思的理解主要来源于卢卡奇。卢卡奇在《历史与阶级意识》中关于世界上一切邪恶皆可概括为"物化"，完整的人将抛弃物的本体论地位的思想给阿多诺以深刻的启示，并成为否定的辩证法的一块理论基石②。

在《物化与无产阶级意识》中，卢卡奇提出了资本主义社会的核心问题——"商品结构之谜"，即商品问题。卢卡奇指出，商品问题是"资本主义社会生活各个方面的核心的、结构的问题"，在商品关系的结构中，能"发现资本主义社会一切对象性形式和与此相适应的一切主体性形式的原形……商品结构的本质……基础是，人与人之间的关系获得物的性质，并从而获得一种'幽灵般的对象性'，这种对象性以其严格的、仿佛十全十美和合理的自律性掩盖着它的基本本质、即人与人之间关系的所有痕迹"③。

马克思也讨论过"物化"现象——"资产阶级社会条件下社会关系的物化"④。马克思写道："经济学家们自己就说，人们信赖的是物（货币），而不是作为人的自身。但为什么人们信赖物呢？显然，仅仅是因为这种物是人们互相间的物化的关系，是物化的交换价值，而交换价值无非是人们互相间生产活动的关系……货币所以能拥有社会的属性，只是因为各个人让他们自己的社会关系作为物同他们自己相异化。"⑤社会关系对个人的压制和统治，人的社会关系的这种物化的状态，在马克思那里就已经指出了："一方面显示出，物的社会性离开人而独立，另一方面显示出，在整个生产关系和交往关系对于个人，对于所有个人所表现出来的异己性的这种基础上，商业的活动又使这些物从属于个人。"⑥

卢卡奇不同于马克思的地方，在于他把商品结构作为这种物化现象的基本理论出发点，他注意到了物化现象对主客体关系的影响，并且在

---

① 〔美〕马丁·杰：《阿多诺》，瞿铁鹏、张赛美译，北京，中国社会科学出版社，1992，第109页。

② 见〔德〕阿多尔诺：《否定的辩证法》，张峰译，重庆，重庆出版社，1993，第10页。

③ 〔匈牙利〕卢卡奇：《历史与阶级意识》，杜章智、任力、燕宏远译，北京，商务印书馆，1996，第143～144页。

④ 《马克思恩格斯全集》，第46卷上，北京，人民出版社，1979，第106页。

⑤ 《马克思恩格斯全集》，第46卷上，北京，人民出版社，1979，第107页。

⑥ 《马克思恩格斯全集》，第46卷上，北京，人民出版社，1979，第107页。

解决的具体途径上，他寄希望于无产阶级自我意识的觉醒而导致的无产阶级革命。而马克思则是从社会生产关系亦即实践的角度去理解和解释这种物化现象，并且在社会生产的基础上指出了克服这种现象的途径。应该说，马克思的分析更具有历史可信性。

究竟什么是"物化的反概念"呢？阿多诺的"经验"概念与卢卡奇的"物化"概念有什么异同？

首先，阿多诺继承了卢卡奇在《历史与阶级意识》中的理论视角，即从主客体关系的角度去看待社会关系——"主体和客体的二分法是不能靠还原于人类，甚至还原于绝对孤立的个人来消除的。当今流行的、延续着卢卡奇式马克思主义所有路径的人的问题，都是意识形态的，因为它的纯形式规定着始终如一的可能的回答，即使这种不变性是历史性本身"①。与马克思和卢卡奇不同，社会关系的问题在阿多诺那里最终被缩减为一个关于意识形态的认识论问题。社会关系是一个复杂的概念，这并不是一个单纯的认识论的概念。阿多诺用主客体关系去替代社会关系，试图避开乃至消解本体论。

在传统的本体论哲学中，不可避免地要回答主观和客观的关系问题。而在西方传统哲学中，主观与客观的关系问题是属于本体论关系范畴的。与卢卡奇坚持黑格尔总体性哲学的视角不同，阿多诺反对任何具有强制"同一性"原则的概念。阿多诺有时也使用"物化"概念，但是他的"物化"更多的是强调商品交换原则对人的差异性、个性的泯灭。阿多诺为了避免本体论的纠缠，借助于对经验的重新理解，把主观和客观的问题转换为主体和客体的问题，力图在哲学基本问题上摆脱本体论哲学的影响。

其次，卢卡奇把"商品结构之谜"作为资本主义社会的核心问题，而阿多诺则是把"商品交换原则"作为核心问题。在马克思的《资本论》里，"商品"概念是资本主义分析的起点，而不是辩证法的起点，因为"资本主义生产方式占统治地位的社会的财富，表现为'庞大的商品堆积'，单个的商品表现为这种财富的元素形式"②。"商品"只不过是资本主义生产关系的一个缩影。早在《1857—1858年经济学手稿》中，马克思就指出，"摆在面前的对象，首先是物质生产"③。

更重要的问题在于，阿多诺在解释交换过程的最终根源时也与马克

①　Adorno：*Negative Dialectics*，Translated by E. B. Ashton，London，Routledge & Kegan Paul，1973：51.

②　《资本论》，第1卷，北京，人民出版社，2004，第47页。

③　《马克思恩格斯全集》，第46卷上，北京，人民出版社，1960，第18页。

思和卢卡奇不同，他不是强调在创造商品世界时的异化劳动和抽象劳动的创造性作用，也反对卢卡奇把辩证法还原为"物化"——"人们不能把辩证法还原为物化，也不能把它还原为任何别的孤立的范畴，不管这些范畴多么有争议。同时，在关于物化的抱怨中，人类苦难的原因会被掩盖起来而不是受到揭发"①。阿多诺坚持一个更早的起源，这种起源不是物质的起源，而是思维的起源——理性的"自负"或理性的狂妄。他仿效他的朋友阿尔弗雷德·索恩-雷特尔（Alfred Sohn-Rethel）在《否定的辩证法》中提出这样的观点，即抽象的思维是市场的抽象的功能——"就意识构成客体的可能性来衡量而言，它是总体性的概念反映，是社会中生产行为的合乎逻辑的结合点。由于这种结合，商品的客观性、商品的'对象性特点'才得以形成"②。在实践问题上，他把这种抽象与商品交换原则等同了起来，进而就把分工同主客体的分裂以及主体对客体的统治联系起来：

"抽象——没有它，主体根本不会是一般的构成要素，甚至按照极端的唯心主义者费希特的观点也不会这样——反映来自体力劳动的分裂，从抽象与体力劳动对立就可以知道这一点。马克思在《哥达纲领批判》中告诫拉萨尔派的成员，与流行的社会主义者的习惯性祈祷不同，劳动不是社会财富的唯一源泉……不过是说，劳动既不能以勤劳的双手的形式也不能以精神生产的形式实体化。这种实体化只是扩大了的生产原则占优先地位的幻觉。"③

阿多诺认为，这种"物化"的社会，不过是"第二自然"。在阿多诺的就职演讲中，他从卢卡奇的《小说理论》中引用了"第二自然"的概念。阿多诺认为，卢卡奇的这一概念指的是"被否定的世界，商品的世界"，即由人类的合作而被赋予形状，但对每个人来说却是丧失了意义的"守旧的世界"④。

---

① Adorno：*Negative Dialectics*，Translated by E. B. Ashton，London，Routledge & Kegan Paul，1973：190.
② Adorno：*Negative Dialectics*，Translated by E. B. Ashton，London，Routledge & Kegan Paul，1973：179.
③ Adorno：*Negative Dialectics*，Translated by E. B. Ashton，London，Routledge & Kegan Paul，1973：177~178.
④ 〔日〕细见和之：《阿多诺：非同一性哲学》，谢海静、李浩原译，石家庄，河北教育出版社，2002，第62~64页。阿多诺的"否定的辩证法"中的逻辑可以引申出不同的解释。在细见和之的"阿多诺"中，他说道："假如阿多诺对'奥斯威辛集中营'的批判今天仍有现实性，而小野对抒情短歌的否定只能影响过去那个时代的话，那么，我们就可以说日本对战争责任所采取的不承担、不追究的原因不就在于此吗？"（第23页）

在这种"第二自然"的"幻相"中，"联结整体与个别的纽带是一种内容的东西：社会的总体"①。阿多诺认为，这种"社会的总体"也是一种形式的东西，是一种抽象的合法性——商品交换的合法性。而唯心主义哲学却把这种形式的合法性神秘化了，仿佛给它加了密码，使它不再按照原来的样子显现。而打破这种加密状态的途径就是阿多诺所主张的"经验"："在哲学的经验中，我们不是直接地具有作为现象的一般性；我们抽象地具有它，如同它是客观的一样。我们被迫离开特殊性，又没有忘记我们知道但是并不具有的东西，哲学经验的道路是双重的，像赫拉克利特的道路一样，一方面向上，一方面向下。在确信现象的概念对现象的真正决定作用的前提下，我们的经验不能把这种概念本体论化，如同它是自在的真理一样。"②

作为阿多诺的"物化的反概念"的"经验"，不同于康德哲学的"经验"。康德哲学的"经验"是指"现象世界"，而阿多诺的"经验"概念背后并没有康德哲学的自在之物，在经验的范围内主客体都是具有客观性的，这其实就是一种打破了资本主义商品交换原则，乃至一切社会强制同一性原则的世界。这是一个理想的概念，也表达了一个理想的世界，在这个世界中，由于摈弃了强制的同一性原则，个体的差异性得到了充分的尊重和发展，客体概念也抛弃了同一性的形式从而展现了客体自身的真实面目。

在阿多诺对"物化"的理解中，他一方面看到了马克思早期著作与《资本论》之间的区别，或者更确切地说，看到了青年黑格尔派的自我意识的"中介"概念与"拜物教"思想的区别，看到了"物化"现象背后的商品交换过程的客观性。另一方面，他也批判了卢卡奇所寄希望的克服了资本主义"物化"现象所产生的新的"总体性"社会："早期卢卡奇渴望重新到来的有意义的时代正如他后来证明它只是资产阶级的时代一样，也是物化、非人制度的产物。"③在他看来，"交换作为一个过程既有现实的客观性同时又有客观上的不真实性，违反了它自身的平等原则，这就是为什么它必然产生一种虚假意识，即市场偶像的原因"④。也就是说，在"虚假意

---

① Adorno：*Negative Dialectics*，Translated by E. B. Ashton，London，Routledge & Kegan Paul，1973：47.

② Adorno：*Negative Dialectics*，Translated by E. B. Ashton，London，Routledge & Kegan Paul，1973：47~48.

③ Adorno：*Negative Dialectics*，Translated by E. B. Ashton，London，Routledge & Kegan Paul，1973：191.

④ Adorno：*Negative Dialectics*，Translated by E. B. Ashton，London，Routledge & Kegan Paul，1973：190.

识"这一点上，阿多诺的理论出发点与马克思在《资本论》中关于"商品拜物教"的出发点是一致的，但阿多诺并没有正确处理好马克思与德国古典哲学的关系，特别是"黑格尔—马克思"传统，在注重从思想意识上去揭示"物化"作为一种虚假意识形态的同时，忽视了"物化"现象背后的客观社会生产过程，以至于最终把"物化"现象的克服寄希望于祛除了"意识形态"及其一切统治关系的经验状态。

"经验"概念是一个理想的概念，也只有在"经验"概念的基础上，阿多诺的否定的辩证法才能展开。正如前文所指出的，阿多诺把经验的"存在物"作为否定的辩证法的逻辑起点，以此来表现作为差异性因素的客体。与之形成鲜明对照的是，现实的资本主义社会，却是同一性的商品交换原则主宰的社会。显然，这样的社会制度并不符合阿多诺的"经验"概念。没有"经验"概念作为基础，阿多诺就不可能展开对主客体关系的重新理解。没有对主客体关系的重新理解，"否定的辩证法"就无法展开。与黑格尔的辩证法一样，阿多诺同样也是不自觉地预设了一个理论起点。这个理论起点是非常隐蔽的，在很多情况下，它更多地是以理论诉求的隐晦面貌出现的。阿多诺的"否定的辩证法"同样遵循了黑格尔辩证法的起点和终点的逻辑：起点就是终点①。

三、"经验"立场的理论意义

阿多诺在哲学的基本出发点上，已经与马克思哲学产生了本质的区别。在此，我不赞同类似于"本质上保持着马克思主义哲学传统的阿多诺"的观点。在下文我们将进一步看到，虽然在哲学态度上，特别对资本主义的批判上，阿多诺的哲学保持着批判的外观，从而与马克思的哲学存在着外观上的相似性。实际上，在这种"经验"立场的辩证法中，阿多诺在每一个哲学关键问题上都得出了与马克思哲学不同的、甚至相反的结论。自从西方马克思主义从 20 世纪 80 年代以后逐步在中国学界产生重大影响以来，单纯地简单界定"否定的辩证法"是"马克思的"还是"非马克思的"已经不再具有首要意义。或许让我们更为关注的问题是，否定的辩证法，甚至整个西方马克思主义，在给我们提供了异质性的研究视角

---

① 阿多诺认为黑格尔《逻辑学》的思维结构以提问题的方式暗含着解决办法，而不是在理论推演结束之际展示结果。因此，对黑格尔哲学来说，"每一个判断都是分析性判断，是思想的来回的转折，无须引用它之外的任何东西"(《否定的辩证法》，第 60 页)。此处的起点就是终点与黑格尔哲学存在着不同。如果说，黑格尔是在理性的内部建构过程中遵循"起点就是终点"的思维路径。阿多诺则与此相反，他的起点和终点始终放在概念所表达的外部事物上，并以此为契机，去实现传统形而上学的自我反思与批判。

的同时，还提供给我们什么样的启发和经验？因此，分析阿多诺的哲学与马克思的哲学之间的关系的关键不在于他们是否对资本主义进行了批判，而是在于他们的哲学立场、逻辑推理方式以及哲学最高理想之间的比较研究。

我们必须看到，阿多诺的资本主义寻根之旅在出发点上是存在问题的。阿多诺的这种预设的理论起点——"经验"——面临着一个最根本的问题：理论虽然融入主体和客体，但理论如何切入社会？如何解释社会？它在人类历史中找不到任何原型。最终，这种预设的、缺乏历史事实支撑的理论起点造成了这样的一个困境：否定的辩证法激烈地反对一切对个体性因素、差异性因素进行压制的社会制度，并把这种社会制度宣布为"虚假"的、与自身所标榜的原则相对立的，然而人却为什么始终生活在这样的社会中？于是有人也许会问：阿多诺心目中的理想的社会制度是个什么样子的？对于这一点，阿多诺从来不做正面回答。如果说，马克思是在批判旧世界中发现新世界，那么阿多诺在一定意义上则可以被形容为埋头批判旧世界。他满足于"我们虽然不能指出什么是正确的生活，但我们却能够认识什么是错误的生活；我们不能肯定什么是绝对的善，但我们却可以否定不道德的恶"①。也正是由于这个原因，伦理学在阿多诺的哲学中，也占有重要的地位。

否定的辩证法的逻辑起点，虽然不是抽象的"存在"概念，但却是理想的"存在物"的概念。在这样的"经验"视角下，与"经验"立场不符的现实的社会性因素从一开始就只是作为同一性的余孽而出现的。在阿多诺那里，"辩证法已经失去其实践的成分"②，它远离了现实的社会生产实践关系，仿佛全部人类社会历史都是一个错误。出于对这种"错误"的梳理，阿多诺更加偏重于从认识论的角度，对资本主义社会乃至苏联模式进行批判，与此同时，他又没有指出在社会实践方面的解决路径。但毋庸置疑的是，阿多诺显然是不倾向于马克思或卢卡奇的解决途径的。同时，阿多诺对"经验"和"物化"的重视，源于他对主客体关系的重视，而不是对资本主义社会的历史分析。因此，在阿多诺那里，社会生产、商品结构等社会历史性问题都被降低到了次要甚至批判的角色，他对"物化"现象批判的理论出发点仅仅是一条同一性的压制性"规则"——商品交

---

① 〔德〕阿多诺：《道德哲学的问题》，谢地坤、王彤译，北京，人民出版社，2007，译者前言第 7 页。

② 〔加〕阿格尔：《西方马克思主义概论》，慎之等译，北京，中国人民大学出版社，1991，第 239 页。

换原则，仿佛这种规则是铁一般的规律。应该说，在这一点上，他是缺乏历史性的。

　　除此之外，物化现象的解读，在阿多诺那里又被加上了一层新的视角——弗洛伊德主义。"否定的辩证法"与弗洛伊德主义存在着一个思维方式的共通之处，那就是对传统哲学理性思维方式的拒斥。在阿多诺的哲学中，现实因素的引入已经被弗洛伊德主义心理学"经验"化了、神秘化了。然而，阿多诺越是使用心理分析的方法，他就越多地尝试着不再为社会行为和看法寻找现实的、历史的原因——"这样，弗洛伊德主义就成了认识的缩略词，也就成了社会学的认识障碍——在一个社会的外貌或一个行动的顺序中来判断一个人格缺陷的症状，比起去寻找它们可能的意义，那是要简单多少的呀"①。

　　即便如此，我们还是要承认，"否定的辩证法"具有积极的意义。阿多诺的"否定的辩证法"的产生，有其特定的社会历史背景。在经历了两次世界大战，特别是纳粹对犹太人的种族灭绝政策后，阿多诺想从理论上揭露和反对这种强制性的社会制度。为此，他把自己的理论出发点定义为没有意识形态束缚的"经验"状态。在此基础上，阿多诺认为，资本主义并没有实现它所允诺的"自由""民主"的美好诺言，相反，资本主义带来的是新的强权社会以及新的奴役。为此，阿多诺激烈批判资本主义的各个领域，包括文化批判、音乐批判、艺术批判、社会批判和哲学批判。同时，他的批判也并不仅仅局限于资本主义制度，而是扩张到了他心目中的一切强权制度，乃至一切统治关系。苏联的解体也最终没能从实践上反驳他对苏联模式及那个时代"集体主义"依附关系的疑虑。这也为我们今天的社会主义建设，特别是制度建设提供了一定程度上的借鉴。他为我们展示了资本主义和一切强权社会作为一种意识形态，对社会的全面控制及其这种控制的机制，也为我们当今的思想文化建设提供了理论上的经验教训。特别是近年来阿多诺的著作陆续地被翻译成中文之后，他的影响还将持续下去。

---

①　〔德〕洛伦茨·耶格尔：《阿多诺：一部政治传记》，陈晓春译，上海，上海人民出版社，2007，第128～129页。

第二章　绝对的否定与差异性逻辑

在阿多诺的"经验"视角中，单方面的主体或客体均不能构成"经验"——它必须是双方的共同作用。与此同时，"否定的辩证法"还提出了另外一个"概念"——"精神的经验"或者"心理的经验"（mental experience）。"心理的经验"的提出，并不是对康德哲学"表象"的复制，也不是一种思维方向上的"自由发散"，而是试图依靠"心理的经验"在认识论领域去对抗传统哲学的理性同一性。据此，"否定的辩证法"激烈地批判传统辩证逻辑中一切固定的普遍必然性因素，致力于在认识论上还原一个差异性的"经验"世界。这样的一个差异性的逻辑体系，一方面，对于传统哲学来说，打破了以必然性概念为基础的传统目的论的主观建构思维方式，以"崩溃的逻辑"的面貌出现；另一方面，在更深层的意义上，它实际上是以隐晦的方式描述了"否定的辩证法"所设想的理想社会，这可以被称之为"差异性的逻辑"下的"多质性世界"。

第一节　形而上学的"图示"

"图示"①是一种应符号化的运用而产生的图像。在人类思维发展的最初阶段，"符号和图像是一致的……文字最初也具有一种图示功能"②。理性的"自负"的产物就是形而上学的"图示"。早在古希腊哲学中，世界的本体问题就被赋予了首要的地位，"本体"的运动变化则要遵循一定的规律，即必然性。对这种必然性的理解，在形式上主要有两种，一种是形式逻辑的理解，一种是辩证逻辑的理解。这两种思路深深地影响了整个西方传统哲学。阿多诺在分析这一过程的时候，把哲学、形而上学和自然科学（特别是数学）联系了起来，以此来进行"对逻辑绝对性的批判"

---

① "图示"在阿多诺的定位中是一个中性的概念，本身并不具有贬义的色彩。只有在"管控"的价值导向中，"图示"才会出现将世界简单化、虚假化的贬义倾向。见《启蒙辩证法》，第12页.

② 〔德〕霍克海默、阿道尔诺：《启蒙辩证法》，渠敬东、曹卫东译，上海，上海人民出版社，2006，第12页。

(Critique of Logical Absolution)①。在下文中，我们将立足于阿多诺（以及霍克海默）的启蒙理性批判来分析形而上学"图示"的特点。

一、目的与本原

一般情况下，我们认为，古代先哲对世界"本原"问题的探讨，其意义是积极的——它标志着人们开始逐步打破对世界的神话或迷信的蒙昧理解方式，开始以理性的态度面对世界，特别是自然界，试图从宏观的角度来总结世界的发展变化并总结出其中的"规律"，从而开启了新的文明阶段的起点。在这一过程中，对知识的追求成为人的一种权力，西蒙尼德的定位逐步被推翻——对于世界本原的探讨，是神独享的特权，人没有资格去追求就自身而言的科学。到了亚里士多德，"神"成了知识"权力"的研究对象——"神圣只有两层含义：或者它为神所有；或者对某种神圣东西的知识。只有这一科学（形而上学，作者注）才符合以上两个条件……神是宇宙万物各种原因的始点……一切科学都比它更为必要，但却没有一种科学比它更为高尚"②。于是，"神"从拟人化的偶像变为可以靠知识来把握的"第一原因"。

阿多诺和霍克海默显然不是局限在"启蒙运动"的层面上谈论神话与启蒙的关系的，而是在理性相对于神话时代提供了全新的知识内容和系统的意义上使用"启蒙"概念的。他们在《启蒙辩证法》中有一个著名论断："被启蒙摧毁的神话，却是启蒙自身的产物。"③在此，启蒙和神话并不是上文我们所指出的一种对立的关系，并不是一方取代另一方的关系，而是一种"破茧而出"的关系。神话本来就存在着一种目的化的倾向，这种倾向在"历史被简化为事实，事物被简化为物质"的基础上确立了一种明确的逻辑关系，"本原"④就是这种逻辑推演的概念起点。

在我们所接触的正统的西方哲学史中，认识的前进和上升序列是不容置疑的——虽然也有局部暂时的倒退，但是总体的认识序列无疑是进步的。在这种定位中，自古希腊的第一位哲人泰勒斯提出了世界的本原

① Adorno：*Against Epistemology*：*A Metacritique*，translated by Willis Domingo，Basil Blackwell·Oxford，1982：41.
② 〔古希腊〕亚里士多德：《形而上学》，苗力田译，北京，中国人民大学出版社，2003，第 6 页。
③ 〔德〕霍克海默、阿道尔诺：《启蒙辩证法》，渠敬东、曹卫东译，上海，上海人民出版社，2006，第 5 页。
④ 〔德〕霍克海默、阿道尔诺：《启蒙辩证法》，渠敬东、曹卫东译，上海，上海人民出版社，2006，第 4 页。

是"水"的论断以后，关于世界的本原的探讨层出不穷并日益复杂，如阿那克西美尼和第欧根尼的"气"、毕达哥拉斯学派的"数"等。到了亚里士多德，他提出了"四因说"，即"实体和所以是的是""质料和载体""运动由以发生之点""它是何所为或善"①，来总结前人的各种本原说，如此等等。与之形成鲜明对比的是，阿多诺认为，在这种从神话到理性知识的所谓"更替"中，并没有实质性的改变——目的化和本原是人类思维的固有倾向，在作为人类文明最初阶段的神话中，它就已经开始"试图对本原进行报道、命名和叙述，从而阐述、确定和解释本原"②。在这种朝向立足"本原"、朝向"目的"的逻辑序列中，控制世界、将世界简单化的雏形已经出现了，一种将世界等级化、无视多质性存在现实、预示着不公和压迫的总体性思维方式已经成型了。相对于"哲学史"的教科书式的理解，即使单纯从辩证法的"扬弃"的角度来看，阿多诺的"否定的辩证法"相比较于这种机械式的理解也是更加"辩证"的。

从"哲学史"的角度来看，哲学对"本原"——"第一原因"的探讨是与逻辑密切相关的。在这种关于本原的探讨中，很多时候，辩证逻辑与形式逻辑这两种逻辑形式是交叉的。在苏格拉底和柏拉图③那里，辩证法成为对经验世界纷繁复杂的差异性的一种朴素的、辩证的描述方法。然而，辩证法只是用来否认事物发展的客观因果性和规律性的工具，他们心目中的最高的普遍性或者具有必然性的规律——"善"或"理念"——却是不能够用辩证思维来把握的。这样，辩证思维中的必然性概念就被引向了"外在目的论"，即用"神"的目的来解释自然界的事物和现象的学说。"神"在此是作为一种普遍性和必然性而存在的。在中世纪，外在目的论为宗教神学进一步发挥，成为其核心思想。17—18世纪，外在目的论观点在自然科学理论，特别是在生物学理论中也曾得到广泛传播，正如恩格斯指出的："这时的自然科学所达到的最高的普遍的思想，是关于自然界的安排的合乎某种目的性的思想，是浅薄的沃尔弗式的目的论，根据这种理论，猫被创造出来是为了吃老鼠，老鼠被创造出来是为了给猫吃，而整个自然界被创造出来是为了证明造物主的智慧。"④

---

① 〔古希腊〕亚里士多德：《形而上学》，苗力田译，北京，中国人民大学出版社，2003，第7页。

② 〔德〕霍克海默、阿道尔诺：《启蒙辩证法》，渠敬东、曹卫东译，上海，上海人民出版社，2006，第5页。

③ 亚里士多德认为柏拉图才是第一个接触辩证法的人，见《形而上学》，苗力田译，中国人民大学出版社，2003，第18页。

④ 《马克思恩格斯选集》，第4卷，北京，人民出版社，1995，第265页。

　　与外在目的论并行的，还有内在目的论。在赫拉克利特那里，世界被描述为自身运动、自身发展，于是，整个世界的有规律的运动代替了外部的、永恒的神意。在这种思维框架中，整个世界在这种永恒的必然性面前仍然无能为力。这种绝对的必然性仍然是整个世界的目的，只不过相对于外在目的论而言，这是一种更加精致的目的论。亚里士多德总结了这种目的论的逻辑，他认为在事物本身的必然性中存在着目的性，他把目的规定为自然事物本身的内在决定性。他把存在与目的结合起来，他既肯定事物的存在有其必然性，同时又认为它们一定是有目的的，在由自然产生的东西里面，存在着有目的的活动。这样，目的才是事物存在的真正根据和推动者，必然性是为目的而存在的。总之，在古希腊，目的论的两种形态就已经从对"本原"概念的理解过程中产生出来了，这对以后的西方哲学产生了深远的影响，其最大的影响就是基于目的论的主观建构思维方式。

二、"第一哲学"的幻想

　　在亚里士多德那里，存在有两种形式，即有形体的东西和无形体的东西的存在——"那些把一和宇宙全体当作某种质料的自然，具有形体和大小的人，显然是大错特错了。他们只承认有形体的东西的元素，却不承认无形体的东西的元素。然而无形体的东西同样存在着"[1]。于是，他的"四因说"就被分为两类：作为有形体的"质料和载体"，作为无形体的"实体和所以是的是""运动由以发生之点""它是何所为或善"[2]。显然，后者占据了更为重要的地位，是他的形而上学所关注的重点。因此，比有形的存在更本原的存在，即"作为存在的存在"，就开始成为存在论的主题。因此，世界的开端问题就被赋予了存在论。

　　这种思维方式一直影响着整个西方传统哲学。笛卡尔从怀疑开始，费希特则从自我意识开始。然而，无论是"怀疑"还是"自我意识"，都继承了亚里士多德的"无形体"的本原的传统。到了黑格尔哲学，他更是"打破了以某种具体事物作为第一原因"[3]的幻想，无形体的"存在"概念被赋予了"激情"。在《小逻辑》最初的阶段，黑格尔只是以一个命题开始："纯

---

① 〔古希腊〕亚里士多德：《形而上学》，苗力田译，北京，中国人民大学出版社，2003，第21页。

② 〔古希腊〕亚里士多德：《形而上学》，苗力田译，北京，中国人民大学出版社，2003，第7页。

③ Adorno：*Hegel*：*Three Studies*，Translated by Shierry Weber Nicholsen and Jeremy J. Shapiro，London，The MIT Press，1994：64.

粹的存在构成开端，因为它既是纯粹的思想，也是没有得到规定的、简单的直接东西。"①在黑格尔的逻辑学中，黑格尔花费了大量的篇幅来研究开端的问题，最终他认为，只能以"是"开端，亦即以"存在"开端。在西方，"存在"与"是"，都是同一个动词。虽然它在判断中只起联系作用，但这也是一种活动，它把两个概念联系起来构成一个判断。它内含着哲学的期望，这种期望在以后的逻辑运动中转化为一种能动性。

　　这样，以"存在"为开端的整个《逻辑学》就渗透着这样的一种精神的能动性——"存在"之后的所有概念都是从"存在"的"激情"中能动地发展出来的，"都是这个范畴的变形和自我深入、自我生长，或者说是它的自我展开"②。它是真正意义上的亚里士多德所说的"作为存在的存在"，它已经预先囊括了一切。正是在这个意义上，黑格尔认为"存在"是一种"决心"，即决心成为万物，他称之为"理性的狡黠"。

　　由本原性的、无形体的"存在"到它转化为万物这一过程，黑格尔是通过自己的辩证逻辑体系实现的。这其中贯穿着三大规律：对立统一规律；矛盾互换规律；否定之否定规律。可以说，这是传统辩证法哲学的逻辑规律，也是传统辩证法哲学在逻辑形式方面的基本特点。正是依靠这三条规律，辩证法作为一个总体性的体系才能够存在和发展。

　　在这种思维方式中，必然性和目的性被统一起来。在此，"必然性""规律性"被绝对化了，必然性的归宿被目的化了，而目的最终被神化了，并成为主宰其他一切因素的最高统治者。在这样的思维方式下，哲学也被简单化了。仿佛哲学只是认识这种作为绝对必然性的目的的工具。阿多诺认为，黑格尔这样一个体系，作为同一性哲学的典型代表，是一种目的论。由于黑格尔辩证法立足于"存在"这样一个抽象、空洞的概念，辩证法的逻辑推演就是从纯粹、抽象的主体性概念开始的。这样，即使黑格尔哲学提出了对立统一规律，即矛盾律，这样的矛盾也是思维的矛盾，而不是现实的经验世界中的矛盾，更不是现实的经验个体的矛盾，它"不涉及个体的定义，因此也就没有概念适合于个体"③。这样，辩证法哲学就表现为思维在这样的体系中的逻辑运动，客体的特殊性、差异性因素同样不可避免地被抽象的主体性同化了。

　　在现代存在哲学中，海德格尔在"存在"的能动性问题上与黑格尔是

---

① 〔德〕黑格尔：《逻辑学》，梁志学译，北京，人民出版社，2002，第167页。

② 邓晓芒：《邓晓芒讲黑格尔》，北京，北京大学出版社，2006，第20页。

③ Adorno：*Hegel*：*Three Studies*，Translated by Shierry Weber Nicholsen and Jeremy J. Shapiro，London，The MIT Press，1994：9.

一致的，他也认为"存在"实际上是一个动作，是"存在起来"或"在起来"。因此，"存在"不是一个现成的东西，而是一种行动，是"是起来"的一个行动。也就是说，一个东西，要"是起来"，它才"是"，要"存在起来"，它才能"存在"。因此，"存在"意味着一种能动性。这样，这种能动性就成为先于逻辑而存在的东西，成为一种"本原"或"自在之物"，或者更确切地说，它把自身与存在哲学的逻辑体系割裂了。

在此，阿多诺的批评是中肯的——"如果我们试图实现海德格尔关于存在与在逻辑上已经规定了范围的概念的区分，在我们追溯了存在物及其抽象范畴之后，我们就只剩下一种未知的量，而这种东西并不比康德先验的自在之物概念更有祈求的激情。这样一来，海德格尔不放弃的'思维'一词就成了像被思考的事物一样无内容的思维：没有概念的思维根本不是思维"[1]。对这种离开了实体的、抽象的本原性"存在"的分析，每个人都可以对此给出不同的分析。正如埃马纽埃尔·列维纳斯在《从存在到存在者》中沿着海德格尔的道路所做的那样，坚持"人类精神的本质并不居于我们和构成世界的万物之间的关系之中，而是取决于我们与'有'存在(être)这个纯粹事实，和这个赤裸的纯粹事实建立的关系"[2]。在这个基础上，他也同样有权利要求比海德格尔的"存在"更本原的"存在"——伦理学意义上的"无限"或善，从而使当代哲学中的存在论转向一种纯粹的内在主体性——"我们并不存在，我们自身存在"[3]。因此，如果说，黑格尔的存在是一种抽象的普遍性理性主体，那么在海德格尔的现代存在论哲学中，存在就成了个体的抽象还原，它掏空了"存在"概念的一切经验性内容，成为一种空洞的个体精神反思。

三、哲学的"数学情节"

阿多诺认为，在"第一哲学"对本原的幻想和痴迷追求中还隐含着另外的一个思维图示——数学或自然科学的思维方式。在他看来，形而上

---

[1] Adorno：*Negative Dialectics*，Translated by E. B. Ashton，London，Routledge & Kegan Paul，1973：98.

[2] 〔法〕埃马纽埃尔·列维纳斯：《从存在到存在者》，吴蕙仪译，南京，江苏教育出版社，2006，第 4 页。

[3] 〔法〕埃马纽埃尔·列维纳斯：《从存在到存在者》，吴蕙仪译，南京，江苏教育出版社，2006，第 19 页。

学的概念与数学存在着本质性的内在渊源①："数的本质就是概念的结构的机制，这个机制在概念的定义中有着必不可少的角色。概念自身就包含着概括，并且因此而包含一种数的比例（number ratio）"②。

自然科学，包括数学，早在古希腊就受到极大的重视。亚里士多德曾这样评价当时的数学，数学"并不是为了实用。只有在全部生活必需都已经具备的时候，在那些人们有了闲暇的地方，那些既不提供快乐，也不以满足必需为目的的科学才首次被发现。由此，在埃及地区，数学技术首先形成，在那里僧侣等级被允许有闲暇"③。虽然说亚里士多德忽视了埃及尼罗河水患所引起的土地重新划分对数学发展的影响，但是毕达哥拉斯学派对数学的推崇的确超出了纯粹应用的范围。

在毕达哥拉斯学派那里，"数学上的本原也就是一切存在的本原，既然在各种本原中，数目自然就是最初的，他们认为，在数目中要观察到比火、土、水中更多的与存在着和生成着的东西的相似之点。像公正、灵魂和理智等都不过是数目的某种属性，机遇是另一种属性，他们说其他的事物都与此类似"④。在这种哲学思维中，数学直接与本原性的存在相统一了。

在近代西方哲学传统中，数学的精密性和严格性一直是形而上学效仿的对象。在近代，自然科学获得了突飞猛进的发展，更是进一步刺激了哲学家们——"自伽利略始，自然被看作是用数学语言写成的一本书。对自然的观察研究，必须以数学的词汇来表达。与'伽利略科学'相比，以往的希腊几何学和数学以及自然科学只是一些碎片。一种前所未有的系统理性科学之观念得以形成。这个开端的影响巨大而深远。以后的思想家们（例如，莱布尼茨等）不仅将数理模式运用于自然，甚至也试图运用于整个社会领域"⑤。在培根看来，"知识就是力量"；在康德看来，正是数学真正地维护了形而上学"彻底性"的形象："人们时常听到抱怨当代思维方式的肤浅和彻底科学研究的沦落。但我看不出那些根基坚固的科

---

①　阿多诺在此并没有看到，几何学在埃及人那里是作为一种经验科学而开始的，后来被希腊人变成一种演绎科学。在阿多诺对数学的论述中，他也没有能够将数学和几何学明确区分开来。

②　Adorno：*Against Epistemology：A Metacritique*，translated by Willis Domingo，Basil Blackwell · Oxford，1982：10.

③　〔古希腊〕亚里士多德：《形而上学》，苗力田译，北京，中国人民大学出版社，2003，第 3 页。

④　〔古希腊〕亚里士多德：《形而上学》，苗力田译，北京，中国人民大学出版社，2003，第 13 页。

⑤　倪梁康：《自识与反思》，北京，商务印书馆，2002，第 7 页。

学如数学和物理学等有丝毫值得如此责备的地方，相反，它们维护了彻底性的这种古老的荣誉，而在物理学中甚至超过以往。"①

这正对应了近代科学高度数学化的特征。在伽利略、牛顿等人所奠定的近代自然科学中，他们认为能以数量关系表示的性质是客观的"第一性质"，而不能用数量关系表示的性质只是主观的"第二性质"②。理性也受到了这种科学传统的影响，要求事物"从分散的现象向它们的类的概念的上升"，因而忽视了区别的能力。于是，在这种以自然科学的思维方式为参照物的现代理性思维中，笛卡尔将"成为自然界的主人翁"③作为科学研究的目标，以理性的方式来分析、统摄自然。这在表面上实现了对自然的"祛魅"。然而，这种"祛魅"在阿多诺看来却是不彻底的，它还是一个重新"施魅"的过程，它导致了新的奴役——"在从混沌到文明的进程中，自然条件并不是直接发生作用，而是通过人类意识这个中介，但这丝毫也没有使等价原则发生改变。人与其他一切生物一样，为了这一进步而不得不崇拜曾经奴役他们的事物。在此之前，偶像是服从于等价原则的，而现在等价物本身变成了偶像"④。

在阿多诺看来，"从笛卡尔时代开始，一种矛盾就开始走在了哲学与科学的关系前面，虽然在亚里士多德那里它早已得到了暗示。哲学试图去思考无条件的东西，去超越实在性（positivity），去接受科学的存在方式——专断地致力于孤立客体，使问题与方法僵硬的隔离——使科学的统治与自由自在的真理相对照。现在，哲学以自然科学为典范。科学的工作覆盖了自古以来的形而上学的领域"⑤。在此，阿多诺在近代哲学的开端上把形而上学与自然科学联系了起来。在他看来，"启蒙"理性指导下的科学研究由于注重于对量的分析而导致了对质的区分不足，自笛卡尔开创了科学的定量化分析模式⑥以来，科学研究便有排除质并把质变成可测量的规定性的危险。在这一过程中，量成为贯穿一切的主导因素，

① 〔德〕康德：《纯粹理性批判》，邓晓芒译，北京，人民出版社，2004，第3页。
② 〔法〕笛卡尔：《谈谈方法》，王太庆译，北京，商务印书馆，2000，第49页。
③ 〔英〕丹皮尔：《科学史——及其与哲学和宗教的关系》，李珩译，北京，商务印书馆，1975，第201页。
④ 〔德〕霍克海默、阿道尔诺：《启蒙辩证法》，渠敬东、曹卫东译，上海，上海人民出版社，2006，第12页。
⑤ Adorno：*Against Epistemology：A Metacritique*，translated by Willis Domingo，Basil Blackwell·Oxford，1982：41.
⑥ 与定量化分析的批判形成鲜明对比的是，阿多诺在《权力主义人格》中同样采用了定量化分析的途径。他在评定人们的偏见的性质和程度时，用科学统计的方法对调查对象的认知、情感和行为等成分进行了一系列的测量。

成为高于质并统摄质的思维方式。客体与概念之间的差异性被量化的思维标准忽视，成为促成虚假意识的新的力量。这样，贯穿着科学思维方式的启蒙理性从解放的初衷出发，最终重新回到奴役的怀抱，这也是《启蒙辩证法》所要揭露和批判的现象。

为此，阿多诺激烈地反对启蒙理性的这种"祛魅"表面下的重新"施魅"。在阿多诺看来，问题并不在于用科学的思维方式去代替神学的思维方式，而在于达到正确的思维方式，从而确保认识对象不被主体的认识模式所扭曲。

四、哲学体系的"数学图示"

阿多诺认为，作为概念的机制的"数"与"体系"的起源是"同一"的："数的系列的连续性，从柏拉图对体系的连续性和对完全性的追求的模式中，就已经开始了。笛卡尔主义（Cartesian）的规则，这种为所有具有科学外观的哲学所尊重的规则，即不略过任何一个中间环节，这种规则已可以从它推断出来了……这就是第一哲学的罪过。仅仅是为了实现连续性和完全性，它就必须排除不适合它的判断的每一个东西。最终导致哲学体系成为'妖怪'（bogey）的哲学系统学的贫困，并不是它们衰败的第一个标志，倒是（but is rather）以步骤（procedure）自身为假设的目的论的标志，柏拉图已经要求这种无矛盾的步骤，即德性必须通过还原为像几何形象那样的图表而被论证。"①

在黑格尔哲学中，数学的思想被进一步提升。数学虽然被归结为存在论之"特定的量"的范围之内，但是这种"量"的观点始终贯穿在绝对精神自我运动的每一个环节，并直接渗透进黑格尔的质量互变规律之中。质量互变规律的一个重要意义就在于它解决了形式逻辑思维方式中机械运动的"原动力"问题，开始以世界自身为原因来解释世界的运动、变化和发展，而不是去设想一个"不动的原动者"之类作为原动力，从而为避免陷入神秘主义提供了可能。然而，由于黑格尔辩证法哲学的唯心主义逻辑起点和理论诉求，"绝对精神"成为整个辩证法的万能通用"货币"。这也就意味着，在这样的视角中，黑格尔的辩证法哲学更加注重的是对数学性的"量"的重视，而"质"只不过成为"绝对精神"在不同的发展阶段的暂时的表现形式。

---

① Adorno：*Against Epistemology：A Metacritique*，translated by Willis Domingo，Basil Blackwell · Oxford，1982：10.

于是，在黑格尔的辩证法体系中，质量互变规律成了一个戏法，最终成了达到所谓的"最高"真理的转化工具。在这种唯心主义的质量互变中，经验客体的质的不可还原性被曲解成量的可比较性，从而使经验客体的差异性、具体性最终服从于抽象主体的同一性。因此，阿多诺反对质量互变规律，更加强调经验客体的质的不可还原性①。

最终，存在、本原以及数的原则在黑格尔的辩证逻辑思维方式中构造出一个"第一哲学"的庞大的逻辑体系，量化的思维方式进一步忽视经验客体的终极重要性，使内在目的论以理性的形式完整地表达出来。在这样的思维模式中，辩证法在一开始就预先被设定了一个发展的最终目的，一个终极目标。在此，辩证法再次沦落为一种工具，虽然它表现为一个发展的过程，但是永远也不能离开预设的轨道，辩证法代替了神的安排，最终目的代替了终极审判。

五、阿多诺的"图示"理论与海德格尔的"世界图像"

与阿多诺的"图示"理论同时代的，还有海德格尔的"世界图像"观点。作为阿多诺重要批判对象之一的海德格尔，他的这种观点我们自然不能忽视。虽然说，他们总休上都把现代社会理解为一种总体性"图示/图像"，但是他们的理论出发点以及对历史与现代社会的把握都大相径庭。正是由于这种理论探索上的分道扬镳，海德格尔才招来了阿多诺的激烈批评。

在《林中路》中，海德格尔对"现代"进行了形而上学的反思，指出了现代的四个现象——"科学""机械技术""艺术进入美学的视界""人类活动被当作文化来理解和贯彻"②。其中，海德格尔明确指出，"如若我们来沉思现代，我们就是在追问现代的世界图像"③。他并不是把"图像"视为现实世界的简单的"摹本"，而是把它直接与主体，即"存在者整体"联系起来了——"我们用世界图像一词意指世界本身，即存在者整体，恰如它对我们来说是决定性的和约束性的那样。'图像'在这里并不是指某个摹本，而是指我们在'我们对某物了如指掌'这个习语中可以听出来的东西……'现代世界图像'（Weltbild der Neuzeit）和'现代的世界图像'（neuzeitliches

---

① 虽然在"星丛"概念中，阿多诺也承认客体的形式上的共同性，但是与这种共同性因素相比，客体的差异性无疑更受他的重视。

② 〔德〕海德格尔：《林中路》，孙周兴译，上海，上海译文出版社，2004，第 77 页。

③ 〔德〕海德格尔：《林中路》，孙周兴译，上海，上海译文出版社，2004，第 89 页。

Weltbild)这两个说法讲的是同一回事"①。在海德格尔看来，每一个时代都有自己的图像并构成了这个时代的所有现象的特点。而在阿多诺看来，这种总体性的"世界图像"是不应该存在的，它是一种强制性的同一性"幻相"。

与阿多诺在哲学的起源上把哲学与数学联系起来相反，海德格尔则主张数学，或者更确切地说，以数学支撑起来的现代科学，是我们这个时代所独具的特征，他认为在不同的时代，科学具有不同的意义，不能一概而论——"我们今天使用科学一词，其意思与中世纪的 doctrina［学说］和 scientia［科学］是有区别的，但也是与古希腊的 ἐπιστήμη［知识］大相径庭的。希腊科学从来都不是精确的，而且这是因为，按其本质来看它不可能是精确的，也不需要是精确的……如果我们要理解现代科学之本质，那我们就必须首先抛弃一种习惯，这种习惯按照进步的观点，仅仅在程度上把较新的科学与较老的科学区别开来"②。在这一点上，阿多诺显然没有对不同时期的科学的特点进行区分，而是在数学的基础上把科学的历史发展过程平面化了。其实，在古希腊，"科学"并没有现代科学意义上的"实验"这一步骤，否则很多古希腊时期的自然科学观点在当时就会被推翻。"实验"是现代自然科学所特有的，这是由于当时的历史文化造成的。在中世纪的知识探讨中，"对不同权威的话语和学说意见的探讨具有优先地位……这同时也是当时所采纳的柏拉图和亚里士多德哲学必然成为经院哲学的辩证法的原因所在。如果说罗吉尔·培根要求实验，而且他确实也要求实验，那么，他所指的并不是作为研究的科学的实验，而是要求用 argumentum ex re［根据事物的判断］来代替 argumentum ex verbo［根据语词的判断］，要求用对事物本身的悉心观察，即亚里士多德的 ἐμπετρτα［经验］，来代替对学说的探讨"③。应该说，擅长词源分析的海德格尔在此的探讨更符合科学发展的历代变革。

虽然阿多诺与海德格尔在哲学出发点上势不两立，但是他们也有一个相似的地方，那就是他们都认为"世界图示/图像"是一种主体参与的产物。但是对这一过程的解释他们又是截然不同的。这一过程在海德格尔那里被称作"筹划"——"筹划预先描画出，认识的程式必须以何种方式维系于被开启的区域。这种维系乃是研究的严格性。凭借对基本轮廓的筹

---

① 〔德〕海德格尔：《林中路》，孙周兴译，上海，上海译文出版社，2004，第90～91页。
② 〔德〕海德格尔：《林中路》，孙周兴译，上海，上海译文出版社，2004，第78～79页。
③ 〔德〕海德格尔：《林中路》，孙周兴译，上海，上海译文出版社，2004，第83页。

划和对严格性的规定，程式就在存在领域之内为自己确保了对象区域”①。而在阿多诺那里，这一世界图示的过程则是理性借助于被主观建构了的概念来完成的。更加重要的问题在于，海德格尔认为这样的一种“筹划”的过程及其结果是时代的特点，也就是说这是不可避免的，而在阿多诺那里，这种作为“幻相”的“世界图示”则根源于一个认识论上的错误。

阿多诺之所以与海德格尔在哲学上产生了巨大的分歧，究其根本原因，在于他们在哲学的基本立场上发生了对立。在海德格尔那里，他坚持的是一种“此在”的主体性立场，是用一种现象学直观的方式被体会到的；而在阿多诺那里，则是强调差异性的“经验”立场，这种立场以限制主体性作为自己最显著的理论特点，并且这是通过主体理性的自我反思和限制来实现的。

第二节　打破必然性："崩溃的逻辑"背后的"差异性逻辑"

为了打破传统哲学——包括辩证法哲学——的目的论归宿，破除其对“必然性”概念的迷信，阿多诺展开了对传统形而上学的激烈批判。在批判传统哲学的目的论情结同化了概念与概念所表达之物之间的差异性因素这个层面上，否定的辩证法被形容为“崩溃的逻辑”。然而，从理论的立足点来看，阿多诺则是把辩证法从抽象的思维领域拉回了他所理解的充分容纳了主体与客体自由关系的“经验”领域。阿多诺对传统形而上学认识论的批判，有一个基本的立足点，就是概念与非概念之物的辩证关系，“这也是阿多诺解读形而上学历史的最基本的立足点”②。作为阿多诺“否定的辩证法”起点概念的“经验”，却是“否定的辩证法”的底层理论视域③。只有在阿多诺的“经验”视域中，我们才能梳理出阿多诺的差异性逻辑。我们知道，“经验”概念既涉及主体，也涉及客体，所以这是一个主观性和客观性交叉的领域。相比较于传统的辩证法哲学，阿多诺更加强调“经验”思维方式的非绝对性、开放性。因此，阿多诺的“崩溃的逻辑”的背后，仍然是一种理论建构——概念与概念所表达之物之间不可

---

① 〔德〕海德格尔：《林中路》，孙周兴译，上海，上海译文出版社，2004，第79页。
② 谢永康：《形而上学的批判与拯救》，南京，江苏人民出版社，2008，第53页。
③ 阿多诺的否定的辩证法以一种全面否定性的面目出现，在表面上看，它囊括了整个哲学，从古希腊一直到解构主义之前的现代哲学。这只是一个表层的视域。阿多诺深层的理论视域植根于他“经验”的概念。

通约的"差异性逻辑"的展现。

一、逻辑：图示还是方法？

从思维逻辑的对象上来看，无论是形式逻辑还是辩证逻辑，都面临着一个不可回避的问题，那就是如何对待经验世界，如何处理"一般、普遍/个别、特殊"的关系问题，这种思考的结果造成了一幅"世界图示"，它反过来又指导着人们对世界的认识。

形式逻辑作为一种固定性视角的思维方式，力图在对作为命题内容的现实经验世界的逻辑分析以及以此为基础的命题推理中求得普适性的命题形式，而辩证逻辑则是用发展变化的总体性眼光来看待世界及其发展变化。从本性来说，辩证逻辑并不主张为世界制定一个超验的、普遍的、强制性的图示——"辩证法在对现存事物的肯定的理解中同时包含对现存事物的否定的理解，即对现存事物必然灭亡的理解；辩证法对每一种既成的形式都是从不断的运动中，因而也是从它的暂时性方面去理解；辩证法不崇拜任何东西，按其本质来说，它是批判的和革命的"①。在此，虽然哲学有唯物与唯心之分，辩证法也有唯物与唯心之分，但是与唯心主义片面尊崇抽象理性、追求抽象本质而忽视经验因素不同，辩证思维仍然试图在经验个别与一般抽象之间取得一个合理的平衡点，并寻找一个理论上的历史立足点。正是在这一点上，众多唯心主义的哲学世界观才与自身所采用的辩证逻辑思维形式中的经验性内容产生了理论上的矛盾。

传统的辩证逻辑力图在对具体的经验事物的分析中把握事物发展和变化的规律，形成一幅动态的、开张的"世界图示"，在这种图示中，贯穿着规律的指导和决定作用。当然，在不同形式的辩证法中，"经验"有着不同的"解释"，"规律"也有着不同的表现。但无可置疑的是，"经验"因素在辩证思维的批判性、革命性精神中扮演着不可替代的角色。辩证逻辑认为，正是这种经验视角的存在，才能使逻辑切入现实，才能解释事物发展变化的动力。然而，在西方传统的总体性哲学中，经验因素往往最终被抽象总体性的逻辑图示所统摄或同化。在抽象总体性的辩证法解读范式中，辩证法往往成了一个空洞的、强制的框架，一个消融一切差异性的洪流，最终丧失了它的革命性和批判性，成了附庸风雅的工具——"变戏法"。

---

① 《资本论》，第 1 卷，北京，人民出版社，2004，第 22 页。

一方面，哲学的图示反映了哲学对待本体论和认识论及其相互关系的态度；另一方面，它反映着哲学对待"经验"①世界的态度，反映着人类从整体上理解和把握经验世界特别是人类自身的程度。本体论与认识论的关系，归根到底，就是历史与逻辑的关系。从逻辑上说，从抽象的概念出发，把世界的本原②归结为某一个固定的概念或某一个具体的经验事物，是比较容易形成一个解释世界、描述人类历史的图示的。因为这是一种超历史的解释模式，任何具体的社会现实如果与其不符，就会被当作个别性的例外因素被忽视乃至被抽象扭曲。然而，如果立足于人类社会的具体发展过程，用辩证的思维来实现本体论与认识论、历史与逻辑的统一，则不是一件简单的事情。这需要对人类历史有一个科学合理的理解，需要找到一个贯穿人类社会历史的理论立足点，需要正确地对待人类历史中的经验性因素，特别是现实的个人及其周围的感性世界。只有这样，才有可能克服理性的"自负"，达到本体论与认识论、历史与逻辑的双向统一。

在经验世界中，每一个人、每一个事物都有自己存在的特点和意义，而每一个人、每一个事物都是整个世界的一分子。如何理解和对待"经验个别"与"抽象一般"的关系，反映出了如何理解和对待人类个体与人类社会、人类社会与自然界的关系，反映出了特定的时代精神。特别是在现代性哲学的视野中，关于哲学体系乃至未来社会的抽象理性设计，更是反映出了对资本主义社会及其前途的理解，以及对个人价值的理解和尊重程度。也正是在这种现代性的理性设计和经验现实的矛盾之处或不重合之处，"否定的辩证法"才能展开对现代性的批判。

任何哲学都在对现实世界的图示分析中隐藏着对未来世界的设计与规划，即哲学的最高理想，辩证哲学也不例外。辩证哲学的起点，是立足于人类社会历史，还是"纯粹"的自然物，抑或一般性的抽象概念，直接关系到特定哲学的最高理想，也反映着不同的时代精神。

---

① "经验"世界在哲学史上并不能一概等同于"现实世界"。在以黑格尔为代表的唯心主义哲学中，"经验"并不等同于"现实"。

② "本原哲学"一直是阿多诺哲学所要批判的重点之一。阿多诺认为，黑格尔哲学的思辨辩证法达到了形而上学的系统性与历史性的顶点。哲学自发轫以来，就在致力于建构"存在"的稳固的根基，似乎从这一基础出发，思维才能将个别存在物那据说是紊乱的杂多性归结到借助理性才可以识别的原则上来。这样，"理性"就成了还原主义哲学心目中的万物的本原，而事物反而成了分有"理性"原则的不完全的"存在"。在这个意义上，"否定的"辩证法就表现为对这种唯心主义哲学理性原则的特定的否定，它在认识论上要求将作为概念对象的特殊事物、非同一物从其概念的普遍性、同一性的隶属关系中解放出来，其途径就是理性思维方式的自我批判。

　　在整个西方哲学史中，从一般抽象概念出发的体系哲学往往最终泯灭了作为差异性、个别性的经验因素的地位和作用，使其最终服从于僵化的"世界图示"的逻辑运动，从而使辩证法的批判性和革命性精神被窒息。辩证法的革命性、批判性精神的本质，在认识论上恰恰是要求打破僵化的思维形式，破除片面的、抽象的、固定的哲学体系，正确地看待一般抽象性概念，同时用发展变化的眼光和逻辑来对待差异性、个别性的经验因素，最终赋予经验世界以合理的历史存在形态。

　　在形式逻辑中，矛盾被认为是荒谬的，矛盾没有中间立场，它不可调和，也不应该存在。因此，在形式逻辑的思维方式中，世界表现为一个整体上一成不变的总体性图示。在这种图示中，整个世界都要遵循带有神秘色彩的本原、必然性或者目的的指挥，最终形成一个强制性的逻辑体系。在这样的体系中，由主体的抽象思维所建构起来的概念实现了对作为差异性因素的经验客体的阉割和统摄，从而形成第一哲学的幻想——对本原或者本体论的追求。与之相对比，辩证逻辑，特别是黑格尔的辩证逻辑，它承认矛盾，并且承认矛盾的积极作用。黑格尔认为，正是由于概念内部以及概念间的矛盾和对立，才推动了世界的发展进步。需要指出的是，在黑格尔哲学中，"矛盾"和"对立"是在不同意义上被使用的。"对立"是外在的两个事物之间的关系，而矛盾是内在的，矛盾是自己与自己的对立，是一般的对立所不能概括的。因此，矛盾是对立的极端状态，是一个事物的自相冲突、自我否定。也就是说，在黑格尔的逻辑体系中，"对立的统一性是表面的，而矛盾的同一性在事物的内部，是最终起作用的"①。因此，矛盾在黑格尔的辩证法中成为事物"自我运动"的最终原因。

　　由于黑格尔哲学的唯心主义立场，使得他对"客观性"的理解适得其反。黑格尔认为，只有自身没有界限的事物才能称作是客观的，而经验世界中的事物无疑都是有限的，所以它们是配不上客观性这个美名的。只有精神领域的最高的真理、纯粹的思维才是自因的、不受限制的，才是"客观"的。"逻辑学"就是研究这种"客观"的理念的科学，自然哲学成为研究理念的外化的科学，精神哲学则是研究理念由外化而恢复到自身的科学。后两者就成为"应用逻辑学"。理性在此以自负的态度宣布自身已经包含了整个世界。

　　在阿多诺看来，一方面，矛盾的思想被黑格尔改造成了维护他的绝

---

　　①　邓晓芒：《邓晓芒讲黑格尔》，北京，北京大学出版社，2006，第29页。

对精神体系的强制性工具。在这种"精神"的客观性中，在这种抽象主体的绝对统治中，矛盾是"总体同一化的一个运载工具"①，是强制性的世界图示中的一个秘密警察。另一方面，阿多诺又认为，"矛盾"也是打破黑格尔辩证法哲学强制性思想体系的一个理论契机，当然，这是借助于"经验"来实现的——尽管在黑格尔哲学中矛盾曾一度扮演了同一性同谋的角色，但是黑格尔哲学中的经验实质最终将使矛盾变成"同一化的不可能的推理法"。在此基础上，阿多诺认为，"辩证认识的任务并不像它的对手喜欢指责它的那样是自上而下地解释矛盾，是靠解决矛盾来进步——尽管黑格尔的逻辑经常以这种方式演进；相反，辩证认识是追求思想和事物的不相称性以及在事物中去经验这种不相称性"②。

简言之，对于阿多诺来说，"经验"才是打破体系、挽救思想的最终依靠力量。阿多诺对辩证逻辑中的矛盾有着自己特殊的理解。阿多诺也承认矛盾的存在，但是他反对把矛盾绝对化、普遍化的做法，拒不承认矛盾是解释世界的总体性图示。他把矛盾更多地理解为差异性——"总体矛盾表现出来的仅仅是总体同一性的谎言。矛盾就是非同一性，它与非同一性服从同样的规律"③。这来源于阿多诺反对将逻辑——无论是形式逻辑还是辩证逻辑——作为世界图示的看法。

阿多诺把普遍化了的、总体性的矛盾原则上升为意识形态的高度来批判——"因为用统治原则来衡量，任何不服从统一的原则的东西，不是表现一些不同的逻辑形式，或者是不同的原则，而是表现为对逻辑的侵犯"④。阿多诺认为黑格尔哲学"对立"意义上的矛盾，不是内在性的矛盾，而是与经验世界的主体、客体以及主客体关系之间的客观差异性"经验"状态相吻合的。这种差异性，在阿多诺看来是不可以用主观的抽象概念、特别是强制性地逻辑图示加以还原的。这样，差异性的关系中，就不存在一个统摄矛盾双方的逻辑上的抽象必然性因素。因此，对立统一规律在阿多诺的否定的辩证法中就成为差异性的规律，成为黑格尔意义上的"对立"规律。这就是阿多诺所理解的"事物的辩证法"。

---

① Adorno：*Negative Dialectics*，Translated by E. B. Ashton，London，Routledge & Kegan Paul，1973：153.
② Adorno：*Negative Dialectics*，Translated by E. B. Ashton，London，Routledge & Kegan Paul，1973：53.
③ Adorno：*Negative Dialectics*，Translated by E. B. Ashton，London，Routledge & Kegan Paul，1973：6.
④ Adorno：*Negative Dialectics*，Translated by E. B. Ashton，London，Routledge & Kegan Paul，1973：48.

在这个意义上，由于祛除了传统辩证法矛盾观中的"事物自己与自己相对立"的因素，阿多诺由此否定了辩证法中存在的内在一致性因素。也正是在这个意义上，阿多诺不但反对将"矛盾"普遍化的做法，而且把黑格尔辩证法中肯定性的"否定之否定"变为否定性的"否定之否定"。他认为，在任何一种否定中都不存在一个目的，其上也不存在一个总体性的图示。这种否定性的"否定之否定"，在阿多诺看来是必需的。因为这是辩证法的"经验"实质所要求的，是差异性因素对同一性思维方式的破除，这才是辩证法的力量所在①。

在这样的逻辑思维中，贯穿于黑格尔辩证法乃至所有哲学的辩证法体系中的作为同一性世界图示背后的"必然性"逻辑就被打破了，同时这也意味着传统理性哲学所致力于建构同一性哲学体系的崩溃。正是在这个意义上，阿多诺的绝对的否定被称为"崩溃的逻辑"。因此，逻辑，在阿多诺看来，不是一个强制性的世界图示，而是对经验世界不可还原的差异性因素的一种"模仿"，在这种"模仿"中不存在一个前后一致的强制性力量。从这个意义上说，逻辑是一种方法，而不是一种图示。这就是阿多诺所理解的"作为方法的辩证法"②。

二、否定的辩证法的第一层意义："崩溃的逻辑"

阿多诺认为，传统哲学之所以在认识论问题上陷入失败的境地，就在于它不是从"经验"性的、差异性的"事物的辩证法"出发，而是用"作为方法的辩证法"去强制"事物的辩证法"，试图去建立一个逻辑上的强制性世界图示。在这个意义上，阿多诺展开了对传统形而上学总体性思维方式的批判，他力图祛除传统形而上学思维中一切逻辑上强制的同一性因素，展现事物真正"经验"性的差异状态，即"事物的辩证法"。正是在这个层面上，否定的辩证法表现为"崩溃的逻辑"。

首先，这种绝对否定同一性与连续性的逻辑意味着传统哲学主观建构思维方式在逻辑上的不可能。传统哲学，特别是黑格尔哲学的理性建构思维方式，预设了世界的抽象的本体，并由此出发演出整个世界的体系，"普遍矛盾"就成为这个体系的总体面貌。而在阿多诺的"崩溃的逻辑"的思维方式下，他把否定理解为绝对的、祛除了同一性与内在连续性

---

① Adorno：*Negative Dialectics*，Translated by E. B. Ashton，London，Routledge & Kegan Paul，1973：160.

② Adorno：*Negative Dialectics*，Translated by E. B. Ashton，London，Routledge & Kegan Paul，1973：48.

的否定，把辩证法的起点概念理解为经验世界的客观的、不可还原的差异性存在物。这样，在"经验"世界的发展过程中，就不存在一个绝对的"本原"，不存在一个贯穿始终的连续的"必然性"，更不存在一个解释世界的强制图示。在阿多诺的理解中，在发展变化的过程中，一切事物在否定的逻辑中都丧失了本来的面目，不存在历史的传承性。所谓的历史的传承性只不过是同一性思维方式产生的"幻相"而已。也正是在这个意义上，阿多诺拒斥传统哲学的本体论，认为本体论哲学意味着一种抽象的"同一性"思维的统治。

同时，这种绝对的否定的逻辑，不仅意味着主观建构思维方式中对本原追求的虚幻性，而且还意味着，主体完全把握客体的不可能性。在阿多诺看来，主体与客体的差异是绝对的、不可还原的。因此，主体不可能完全克服主客体之间差异，在概念上完全把握作为概念所表达之物的客体。传统哲学根据必然性概念把经验世界乃至背后的理念世界作为一个总体去把握，体系的各个部分作为一个有机体为最高的理想服务。阿多诺认为，如今这种希望只是一种幻想。在阿多诺看来，没有了必然性的世界，是"无意识的现实"①，是不能预设一个总体性逻辑图示的。这种预设的理论图示只不过是思想奴役的另一个代名词——"一个在客观上被总体性所设定的世界将不会解放人类意识，将不断把人类意识拴在它本想逃脱的地方"②。哲学，特别是逻辑，只能作为一种认识论上的方法来"模仿"这种无意识的现实，只能立足于主客体之间的差异性的互动来解释这种无意识的现实，而无法"规划"这种现实。

其次，在认识论传统上，这种绝对的否定的逻辑意味着对一切崇拜"必然性"旗号的体系和原则的思维方式的反对，特别是对科学思维方式的反对。在哲学领域内，它表现为对传统哲学的"同一性"逻辑及其思维方式的激烈批判。在社会领域内，它表现为对一切同一性社会标准的批判。在科学的领域内，它表现为对启蒙理性的反对。

阿多诺认为，"自笛卡尔的松果腺和斯宾诺莎的公理和定义以来，各种体系的赘生物已经充斥了笛卡尔随后演绎地推演出来的整个理性主义"③。这种理性主义的体系试图把自己描绘成法定的东西，以此获得比

---

① 〔日〕细见和之：《阿多诺：非同一性哲学》，谢海静、李浩原译，石家庄，河北教育出版社，2002，第52～54页。

② Adorno：*Negative Dialectics*，Translated by E. B. Ashton，London，Routledge & Kegan Paul，1973：17.

③ Adorno：*Negative Dialectics*，Translated by E. B. Ashton，London，Routledge & Kegan Paul，1973：22.

自在存在物更高的客观性。这种图示不断升华，最后在认识论中占据了统治地位。在康德哲学中，它表现为道德法则威严的不可抗拒性。在阿多诺看来，这最明显地表现在费希特的"自我"哲学中——费希特把"非我"及一切最终在"自我"看来属于自然的东西都看作是劣等的。在对资本主义社会的批判中，阿多诺强调对商品交换原则的批判，认为商品交换原则是资本主义社会的同一性逻辑——"在商品交换原则的形式中，资产阶级的理性真正接近于它自身与之可以通约的体系"①。这种虚假的体系在阿多诺看来已经蔓延到了资本主义社会的每一个角落，全面地控制了现实的人的思维方式。

为此，在音乐领域，阿多诺反对以基督教为背景的西方传统音乐，主张"无调性音乐"；在文化领域，阿多诺进行了文化工业批判，批判资本主义社会中文化的商业化运作是对个人的一种新的控制，是对文化差异性的一种扼杀。在科学技术领域，阿多诺则直接把自己的"经验"立场与科学对立了起来。在他看来，科学的精神与"经验"的立场也是不相容的，科学理所当然的是一种严密的理论体系。经验对科学来说不过是一种假设的"立场"，是一种功利主义的态度。在阿多诺看来，"经验以毁灭这种立场为生，直到立场浸没在经验之中才会有哲学"②。

总之，"崩溃的逻辑"意味着阿多诺对一切"元"理论思维方式的批判。阿多诺拒不设定一种综合其他一切东西的、成为其他一切理论中心的哲学和社会学元理论，他认为，"如果社会被视作一个封闭的体系，被视作一个相应地不与主体和解的体系。那么只要主体依然是主体，对主体来说，社会就成了太令人不快之物"③。在阿多诺那里，社会"理应"是一种"自由自在"无"统治"关系的差异性的主客体关系，正是因为现实社会和自己的"经验"理想的巨大差别，阿多诺才开展了激烈的、全面的批判——"所谓批判，甚至意味着削减这种作为总体的辩证范畴的无时间的有效性，不管它们现在作为对幼稚的经验主义的矫正物是多么必然。其实，抛弃作为对社会现实恰如其分反映的特殊范畴是否定的辩证法的最

①　Adorno：*Negative Dialectics*，Translated by E. B. Ashton，London，Routledge & Kegan Paul，1973：23.

②　Adorno：*Negative Dialectics*，Translated by E. B. Ashton，London，Routledge & Kegan Paul，1973：30.

③　Adorno：*Negative Dialectics*，Translated by EB. Ashton，London，Routledge & Kegan Paul，1973：24.

终希望"①。

三、否定的辩证法的第二层意义："差异的逻辑"

否定的辩证法的这种"崩溃的逻辑"，是基于阿多诺的"经验"定位下的主体与客体的差异性的辩证关系而阐发的。因此，基于这种目的，"崩溃的逻辑"并不是"解构"意义上的，它同样隐含着一个哲学上的"根"——这就是阿多诺对自己理想的"经验"概念的描述。

在前文我们就已经指出，有学者认为"经验"概念是"物化"概念的反概念。这个观点是深刻的。"物化"概念的典型特点就是资本主义社会的生产关系的物化，是资本主义生产关系的统治。阿多诺的"经验"概念描述的是祛除了强制性社会统治关系的理想社会。这里指的强制性的社会统治关系，在阿多诺看来，既包括资本主义社会的商品交换原则，也包括斯大林统治时期苏联模式的高压政治，甚至包括一切"统治"关系。因此，这种绝对的否定的逻辑，其背后表现出的是对个体价值的肯定，他强调个体的存在、个体的特点以及个体的价值不能被社会中的强制体系所吞噬。

在哲学上，阿多诺认为，传统哲学由于理性建构和目的论的思维方式，使得现实的主体被抽象成了纯粹理性思维的主体，主体的差异被抹杀了。在现实经验世界中，丰富多彩的客体，则被传统的理性哲学忽视、被片面概念化并最终服从于理性建构的哲学体系；在现实的压迫性的社会制度下，个体的价值则被压迫性的"统治"关系，特别是资本主义的商品交换原则扼杀了。

为此，"阿多诺经常直言不讳地宣传个体化的个人主义价值"②。需要指出的是，阿多诺宣扬"个人主义价值"并不意味着它鼓吹资产阶级的"自由主义"。因为在阿多诺的视角下，这种"自由主义"只是市场经济的自由主义，它非但没有摆脱同一性的"商品交换原则"，恰恰相反，它正是以这种"商品交换原则"为基础而建立起来的。"个体化的个人主义价值"反映了阿多诺这种理想的经验状态，这其实是一种充分理解和保障个体性权利的理想的世界。在这样的世界中，一切对个体的强制性同一状态和"统治"关系都被祛除了。可以说，绝对的否定，是对高举"必然性"

---

① 〔美〕马丁·杰：《阿多诺》，瞿铁鹏、张赛美译，北京，中国社会科学出版社，1992，第149页。

② 〔美〕马丁·杰：《阿多诺》，瞿铁鹏、张赛美译，北京，中国社会科学出版社，1992，第23页。

"规律性"旗号的社会强制关系的决不妥协的、绝对否定的态度，而在这种态度背后，其实描述的是一个力图真实展现并充分尊重个体差异性的社会。它力求打破传统哲学的同一性逻辑，把哲学和社会的抽象同一化的原则还原为经验的、差异性的世界，使主体和客体得到解放，从而建立理想的主客体关系。

阿多诺的绝对的否定的逻辑，从对西方哲学的主观逻辑建构的思维传统的反对和批判的角度来说，是一种"崩溃的逻辑"，它涉及对传统理性哲学以必然性为线索建立的哲学体系的批判和解构①；而在更加深层、更加积极的意义上来说，这是一种差异性的逻辑，是一种描述阿多诺理想的"经验"世界的特点的逻辑。这才是我们更需要发掘的。

在崩溃的逻辑中，一切固定的、必然的东西、一切同一化的因素，都被消除掉了。绝对的差异性成为阿多诺的"经验"世界的特点，一切都围绕着当前的具体特点开始。在维护差异性方面，否定的辩证法做到了极致。但是，在这种极端差异性面前，如何实现主体对客体的把握？如何实现二者的统一？同时，这种绝对的否定如何面对人所具有的抽象思维能力？绝对的否定虽然批判了目的论的主观建构的思维方式，但是并不能因此就否定理性抽象思维方式本身的合法性。其实，阿多诺也没有这种意图。在此，阿多诺提出了一种基于差异性的逻辑，也就是新的把握客体的理性思维方式，即"星丛"②理论。

第三节 "星丛"：差异性的外观

"否定性"的逻辑并不是阿多诺刻意追求的唯一东西。"否定性"并不是"否定的辩证法"的唯一面貌，毋宁说，这是阿多诺哲学迫不得已的姿

---

① 由于受到现代性和后现代性争论的强烈吸引，对阿多诺的解构主义解读模式弱化了阿多诺所具有的"西方马克思主义"的特质。这样的一个单纯的视角，割裂了阿多诺反体系的形式与反资本主义的体制之间的内在同一性，片面强调了他与尼采的关系，刻意把他打扮成反宏大叙事、反体系、反同一性和反理性的后现代资产者（张亮：《"崩溃的逻辑"的历史建构》，第49页）。

② 阿多诺的"星丛"概念与本雅明有着密切的联系，它也可以被译为"布置关联"，或者更直接地译为"星座"。它本是本雅明在《德国悲剧根源》一书的"认识论批判的序说"中提出来的。在德语的日常用法中，"星丛"的意思一般为"状况"。本雅明以这个词的原义为基础，在说明理念与事物的关系中，赋予了独特的意义。本雅明说："理念相对于事物的关系，等同于星座相对于星星的关系"，"各种各样的理念是永远的星丛"。转引自《阿多诺：非同一性哲学》（细见和之），第33～34页。

态，是一种通达目的的策略。在阿多诺看来①，只有在主体的反映方式与"经验"客体的丰富性尚未取得一致的情况下，作为"非同一性"的差异的逻辑才会以"否定"的姿态出现，以此防止主体把自身和对象隔离开来，同时更要防止主体用概念代替概念所表达之物。阿多诺虽然强调"经验"状态中的差别，但又力图不使差别绝对化，避免使特殊事物成为绝对的出发点，亦即避免新的强制性解释图示的产生。"星丛"理论就是阿多诺"否定的辩证法"的差异性逻辑的一次正面的运用，它试图在尊重差异性的基础上实现主体对客体的概念上的有限把握，从而解决认识如何可能的问题。

一、还原与差异

阿多诺的问题并没有超出传统的形而上学，特别是黑格尔哲学——"也许，在一个破碎的世界上，若要保持对黑格尔体系化精神的信念，唯一方式就是断然成为非体系性的。在这种意义上，阿多诺的思想是深刻地黑格尔式的……当一切参照体系都被纳入主宰体系本身之内时，用什么语言来描述一种异化的语言，又求助于哪些参照体系？"②在此，阿多诺的否定的辩证法即使以"存在物"概念代替"存在"概念作为辩证法的起点和参照物，也有可能再次进入同一性哲学的范围之内。因为"存在物"毕竟还是一个概念，概念本身意味着主体对客体的抽象的思想把握，而不是事实本身。在阿多诺看来，思想的概念并不能代替经验的事实。因此，绝对否定的逻辑所面临的首要问题，就是如何把这种差异性的逻辑贯彻到思维方式中，也就是如何理解主体对客体的概念把握问题。于是，如何既能保证概念本身和经验存在物之间存在着的差异，又能使概念能够以某种合理的方式尊重和显示这种差异并最终接近客体，就成了对否定的辩证法中概念定义的一个重要考验。只有这样，"经验"的思维方式才成为可能。

为此，阿多诺主张，在哲学上，我们要限制"主体"，要"力图使自己沉浸在丰富多样的事物中，而又不把这些事物放置在预先构想的范畴中"③。为了实现这一目的，阿多诺提出了彼此联系的两个途径：第一，

---

① Adorno: *Negative Dialectics*, Translated by E. B. Ashton, London, Routledge & Kegan Paul, 1973: 31.

② 〔美〕弗雷德里克·詹姆逊：《马克思主义与形式》，李自修译，南昌，百花洲文艺出版社，1995，第39页。

③ Adorno: *Negative Dialectics*, Translated by E. B. Ashton, London, Routledge & Kegan Paul, 1973: 13.

反对传统哲学中的概念定义方法，还原法；第二，与抽象的理性主体的同一性综合相反，通过限制主体、客体优先的途径，最终建立围绕着客体的、祛除了"同一性"因素的、概念的、差异性的认识结果——"星丛"。

在阿多诺看来，传统哲学在定义概念的时候，由于受到科学思维方式的影响，力图把丰富多彩的"经验"现象还原为极少数的"命题"或最终的"本原"，它总是力求把握对象中的本质的东西，力图寻找并把握普遍性，从而把对象的特殊性放到较为次要的地位。这样，传统哲学就形成了一个认识论上的虚假"幻相"——"认为自己拥有一个无限的对象，在这种信念中它成了一种有限的、结论性的哲学"①。这样，经验客体的特殊性和丰富性，最终被主体所形成的还原性概念定义方式所吞噬。最终，关于"事物的辩证法"的逻辑推演被转换成这些概念的纯粹的演变，这些概念起到了全面代表经验客体的作用。

康德哲学一直是阿多诺批判哲学的一个主要矛头，这不仅仅是因为康德纯粹抽象主体的先验思维方式"违背"了阿多诺的"经验"立场，更重要的问题在于，康德曾经宣称自己开创了认识论上的"哥白尼革命"。阿多诺在否定了这种"哥白尼革命"的积极意义、指出了它的"同一性"思维方式以后，同样要面临着康德所提出的问题，重新阐述"认识何以可能"的问题。康德哲学在"经验"（康德的"经验"更多地指"表象"）的范围内是有条件（以"表象"的形式）地承认差异性因素的存在的。在"纯粹理性批判"中，康德哲学把理论理性限制在经验的范围内，用先验概念来统摄"经验"中的差异性因素，由此形成了一个新的强制性世界图示。然而，在实践理性领域，康德却主张自由，为了使自由从世界图示的强制性因果链中解放出来，他把自由安置在"意志"的道德领域之内，使之彻底脱离了经验世界，使得"实践法则仅仅与意志相关，而不管通过意志的原因性做出了什么，而且我们可以把这种原因性（作为属于感官世界的东西）抽象掉，以便纯粹地拥有法则"②。在此，阿多诺对康德哲学的批评是很中肯的："在康德看来，对于客体的每一规定性都是主体性在非质的多样性上的一种投资，并不考虑他视为先验逻辑的自发成就的那些规定性行为是否适应它们本身不是的要素。"③

---

①　Adorno：*Negative Dialectics*，Translated by E. B. Ashton，London，Routledge & Kegan Paul，1973：13.

②　〔德〕康德：《实践理性批判》，邓晓芒译，北京，人民出版社，2003，第24页。

③　Adorno：*Negative Dialectics*，Translated by E. B. Ashton，London，Routledge & Kegan Paul，1973：138.

　　黑格尔哲学也承认差异性的存在，亦即经验中的特定存在物的存在。然而，与康德一样，黑格尔对此同样采取了贬低的态度，认为这只是达到真理的低级环节。在哲学的最高认识中，是不允许差异性因素的存在的。黑格尔认为，之所以不能在经验范围内认识绝对，是因为经验范围内的特定的存在物都有一个他者，特定的存在物因为这个他者的对立是有界限的，"对象是一个他物，一个否定我的东西……纯粹的思维在自身决没有任何局限"①，因此必须突破经验范围内主客体的对立，达到主体的绝对的自由。由此，黑格尔的辩证法最终也抛弃了经验范围内的差异性因素，走上了主体吞噬客体的道路。

　　在阿多诺所批判的"还原"主义的视野中，胡塞尔及其开创的现象学也占有重要的位置。在阿多诺看来，胡塞尔貌似"绝对客观"的现象学还原最终还是引向了"主体第一性"——"一旦客体成为认识的一个对象，它的外部的物理方面通过认识论的翻译而被精神化了，通过总体性的最终还原而被精神化了，这种还原在方法论上一般说来归根到底是由胡塞尔的现象学所规定的"②。在这样的还原论的视角下，"感觉，作为全部认识论的核心，需要被认识论重新解释为一种意识事实，从而与它自身的丰富性相矛盾——尽管这种丰富性是感觉的认识的权威"③。因此，貌似尊重客体的优先性的现象学所主张的这种客体的优先性与阿多诺所主张的优先性有着本质的区别：前者是在肯定的意义上的，即主体第一性前提下的客体优先；后者是在否定意义上的，即否定主体第一性意义上的客体优先。这也对应了阿多诺关于主体与客体相互中介的思想，主体作为"肉体要素"，也具有客体优先的资格，它不能被简单地还原为意识。

　　因此，在辩证法乃至整个西方唯心主义哲学中，作为差异性因素的对象物，处于一个相当尴尬的地位——要么不被承认，要么有名无实。同时，这种处境也使得主体有名无实，在理性吞噬客体概念的同时，主体概念也被抽象化了，"主体施加的魔法同等地被施加于主体自身……主体必须出于这些规定的客观有效性的缘故而把自身冲淡到纯粹一般性的程度……这个对象化的主体缩小成为抽象理性的一点，最终缩小成逻辑

---

① 〔德〕黑格尔：《逻辑学》，梁志学译，北京，人民出版社，2002，第83页。
② Adorno：*Negative Dialectics*，Translated by E. B. Ashton，London，Routledge & Kegan Paul，1973：192.
③ Adorno：*Negative Dialectics*，Translated by E. B. Ashton，London，Routledge & Kegan Paul，1973：193.

的无矛盾性，而这种无矛盾性又只是意味着一种被规定的客体"①，主体只不过是最高的精神、理念、自由等，主体并不关心尘世的生活。这也是与西方传统哲学的最高目标——对真理的认识——密切相关的。在这种模式中，主体和客体都被抽象化的思维同一化了。就是因为没有处理好差异性因素，西方传统哲学一再陷入以主体（高度抽象了的精神主体）吞噬客体、把真理引向主体性的精神的泥淖。

"概念是和谎言、压迫的原则融合在一起的，贬低了认识论批判的尊严"②，必须改变这种同一性的虚假状态，必须在概念中用一般的否定性把认识和特殊事物"焊接"起来，并把它作为自己要拯救的东西。要使概念能够真正地反映客体，至少要做到两点：在主观方面，辩证法不应该把它的对象、经验的对象变成在思想形式下不可改变的东西，不能把它变成始终如一的对象。也就是说，概念无法一劳永逸地完全把握客体，充其量也只是"贯穿"客体，即只是把握到客体中的某一部分特性以及部分形式。在客观方面，辩证法应该重视自身的否定性力量——特殊性因素，也就是尊重特殊性、特殊存在物，从客体出发。个别的也不是最终的，具体客体在内容上虽然要多于抽象的概念，但是这里的"多"并不是强加于具体存在的，而是客体内在的。此外，抽象的概念也并非一无是处，因为它毕竟"贯穿"于具体存在，揭示着极端个别化中的一般要素。

因此，辩证法的终点不是在尊重他者的同时消解概念，而是说，传统哲学的作为对事物本质把握的"概念"，由于错误的方式造成了主体对客体的同一性统治。要达到概念和事物之间的合理的关系，就要重新确立把握概念的方式：尊重差异性因素的基础上去建立概念。这就是否定的辩证法的"星丛理论"。

二、差异：概念的"星丛"

"星丛"是阿多诺从本雅明那里接受过来的一个核心观念，其基本含义是强调构成序列或结构的要素（概念、观念、质料等）之间平等的、共同决定的辩证关系。它是阿多诺基于"经验"立场的一次正面理论描述，它力求打破传统哲学中的抽象主体"同一性"统治下的概念定义方式，建立一种真正反映客体的真实状态的概念定义模式。

---

① Adorno：*Negative Dialectics*，Translated by E. B. Ashton，London，Routledge & Kegan Paul，1973：139.

② Adorno：*Negative Dialectics*，Translated by E. B. Ashton，London，Routledge & Kegan Paul，1973：48.

首先，在"星丛"理论中，概念定义的路径发生了变化。主体不是去建构抽象客体概念，也不是仅仅用经验客体中的普遍性要素去代替丰富多彩的经验客体本身，而是从客体出发，充分尊重并反映经验客体中的特殊性要素。这样，"哲学的实质就存在于客体的多样性之中，这种多样性撞击着哲学和它所寻求的客体，这种丰富性不是由任何图示所制造的"①。这种差异性的"星丛"图示也表现在阿多诺的文体中。阿多诺的文体经常明显地有一种不用连接词的排比特征，这种排比拒绝将各种见解和意见以等级有序的方式排列起来，这来自他不愿意赋予"星丛"中的一个因素优越于另一个因素的特权地位，其结果不是试图导致毫不相干因素的相对主义的混乱，而是力图实现对思维形式的既解构又构造的否定的辩证法。如他曾说的，"事物的极端不同的性质之间的辩证的作用推动思想携带着其最大限度的成果达到它们返回自身之点，而不是限定它们"②。

其次，在上述思路的指引下，反映经验客体的概念更多地具有特殊性的内容，而这不是一个概念就可以把握的，它是通过一连串的概念，形成一个没有中心的概念的"体系"。为了区别于传统的世界图示的"体系"，阿多诺称之为"星丛"。因为概念无法表达事实的全部内容，但它仍然是我们认识客体的唯一方式："因为存在物不是直接的，因为它只是通过（through）了概念，所以我们应该从概念开始，而不是从数据（datum）开始。"③一方面，概念只能反映存在物的一部分特征。即使反映对象物的概念形成了一个概念群，也不能完全反映客体，更不能替代客体本身。这些概念只是以客体为基准，形成了一个暂时的、动态的、概念的"星丛"。另一方面，这种概念的"星丛"也并不会因为部分反映了客体而丧失自身的"客观性"。因为它是对客体的"模仿"，这是借助于语言的特点来实现的——"这种模式是靠语言来实现的。语言没有为认识的功能提供任何纯粹的符号体系。在语言本质上表现为一种语言的地方，在它成为一种表现形式的地方，语言将不会定义它的概念。它通过使概念进入一种关系、集中注意一个事物来为概念提供客观性。因此，语言的意图是使概念完整地表达它意指的东西。星丛只是从外部来表达被概念在内部切

① Adorno：*Negative Dialectics*，Translated by E. B. Ashton，London，Routledge & Kegan Paul，1973：13.

② 〔美〕马丁·杰：《阿多诺》，瞿铁鹏、张赛美译，北京，中国社会科学出版社，1992，第9页。

③ Adorno：*Negative Dialectics*，Translated by E. B. Ashton，London，Routledge & Kegan Paul，1973：153.

掉的东西：即概念非常严肃地想成为但又不能成为的'更多'。概念聚集
在认识的客体的周围，潜在地决定着客体的内部，在思维中达到了必然
从思维中被割去的东西"①。显然，阿多诺此处的语言是指"日常语言"。
它回归到柏拉图的朴素的交谈式的"辩证法"，又抛弃了柏拉图的"理念"
层次。这种没有预先规定"体系"的日常语言，在阿多诺看来，正是建立
概念的"星丛"的必经之路。

再次，"星丛"的形成，并不是一蹴而就的，而是一个认识的过程。
由于一个概念是无法全面地把握客体的，因此，这需要一个概念群。即
使这个概念群中有一个核心概念，也不能具有主观上的同一性，更不能
具有核心的统辖地位。真正的状态是，"语词并不仅仅是概念的固着物，
在一定程度上，语词通过围绕被探寻的中心概念而汇集众多概念，而试
图表达概念所针对的东西，而不是把它限于操作的目的"②，最终达到的
对概念的理解并不处在认识客体的过程的开端，而在探索的终点，阿多
诺称之为"谱写"。

在这种客体的星丛中，"对客体的认识是对客体自身的积淀过程的认
识"③。在这种以客体为中心的主观行为中，"在这些星丛中类似于写作
的东西，是通过语言，通过已经被主观性的思考和收集的东西，同客观
性交往的"④。在阿多诺看来，否定的辩证法的首要任务，是考察事物在
现实之中的样子，而不是考察它属于什么范畴。在这个基础上，才是考
察事物根据自己的范畴应该是什么样子。这才是"星丛"所力图实现的"开
放的体系"。这样的体系"从开端上就是自相矛盾的。它们的基础为它们
自身的不可能性所纠缠"⑤。

阿多诺用"令人眩晕"来形容这样的"星丛"体系。这是一个双向的"流
动性"过程。首先，作为对象物的客体是流动的、变化的，概念不可能一
劳永逸地一次性完成对客体的把握。其次，主体本身的意识在阿多诺看
来也不应该单纯是传统理性的哲学中的那种固定性的、抽象的封闭体系，

① Adorno：*Negative Dialectics*，Translated by E. B. Ashton，London，Routledge &
Kegan Paul，1973：153.
② Adorno：*Negative Dialectics*，Translated by E. B. Ashton，London，Routledge &
Kegan Paul，1973：165～166.
③ Adorno：*Negative Dialectics*，Translated by E. B. Ashton，London，Routledge &
Kegan Paul，1973：163.
④ Adorno：*Negative Dialectics*，Translated by E. B. Ashton，London，Routledge &
Kegan Paul，1973：165.
⑤ Adorno：*Negative Dialectics*，Translated by E. B. Ashton，London，Routledge &
Kegan Paul，1973：21.

它本身也应该是"流动"的——"流动性是意识的本质，它绝不是偶然性因素；它意味着一种双重的行为方式：一是内在的方式，即完全内在的辩证过程；二是走出辩证法的、自由的、无约束的方式"①。这两种方式在相互冲突和批判中才能建立起一个概念的"星丛"，并成为"星丛"谱写过程的动力。

最后，"星丛"的出发点和目标都是指向客体的。"星丛"是围绕着客体的概念的星丛，它揭示了客体的统一性要素，"统一的要素之所以生存，不是靠从概念到更一般的总括性概念的逐步推演过程，而是概念进入了一个星丛。这个星丛阐明了客体的特定的方面。这种特定方面对一种分类方法来说既不是一件无关紧要的事情，也不是一种负担"②。

这并不意味着消灭主体，而是要"限制"主体。或者更加确切地说，是限制传统理性哲学抽象单一的思维方式，以主体的多种方式反映客体，从而恢复主体反应方式的多样性和丰富性，以此构成更加全面的、概念的"星丛"。换言之，在阿多诺的"星丛"中，为了达到主客体的真正的统一性，"星丛"是从概念外部的对象物而不是概念内部来表达被概念内部被切掉的东西，表达概念在贯穿客体时所无法表达的东西。于是，概念聚集在客体的周围，从多个方面用语言的形式来对客体进行诠释，力求把握概念所无力把握的客体的"更多"。

从阿多诺的"星丛"理论中，我们可以看出，虽然阿多诺批判了传统唯心主义哲学的体系，但是他并没有完全否定体系。从阿多诺对"星丛"概念的解释来看，"星丛"仍然是一种"体系"。只不过在阿多诺看来，作为哲学的"体系"存在着两种特性——静态的特性（意识的概括能力）和动态的特性（意识和对象物的流动性）。这两种特性在体系中相互冲突、相互缠绕。唯心主义哲学对待体系的错误之处在于，它片面地强调了静态的特性，结果造成了一个"封闭的体系"。在这样的立场中，哲学如果不会容忍体系之外的任何东西，就会消灭差异性。"星丛"概念正是致力于破除这种"封闭的体系"，解决哲学体系中动态和静态的对立问题。

这是一个开放的体系。在"星丛"的体系中，差异性的逻辑占据了优势地位——"体系的趋势只能生存在否定之中"③。只有这样，体系的一

---

① Adorno：*Negative Dialectics*，Translated by E. B. Ashton，London，Routledge & Kegan Paul，1973：31.

② Adorno：*Negative Dialectics*，Translated by E. B. Ashton，London，Routledge & Kegan Paul，1973：162.

③ Adorno：*Negative Dialectics*，Translated by E. B. Ashton，London，Routledge & Kegan Paul，1973：28.

致性才会崩溃。因此，这样的哲学在形式上将会是"残缺不全的"。因为一旦打破了哲学体系的封闭性，哲学的任务就不再是自上而下地用概念去统摄特殊的事物，而是去解释特殊的事物："能在现象中看到比现象的自身现实更多东西的解释性的态度，使形而上学世俗化了。只有形式上支离破碎的哲学才会给唯心主义虚幻地构想出的单子们以正当的地位。它们会成为概念，特别是那种如此不可思议的总体性的概念。"①

　　阿多诺的"星丛"理论，始终在绝对主义与相对主义之间游移。阿多诺同时反对这两者。对于阿多诺来说，"星丛"既不是相对主义，也不是绝对主义，而是在与相对主义和绝对主义的摩擦和碰撞中生存。在从对象物出发这一点上，它是确定的；在认识是通过间接性概念而达到的这一点上，"星丛"也是与传统哲学一致的。问题在于，在坚持"星丛"理论的开放性以及内部概念之间的不可相互统摄这一点上，它又是不确定的，它内部没有一个一致的逻辑系统。从这个意义上说，它又是零散的、破碎的。阿多诺认为，只有在这样一个相互矛盾和碰撞的体系中，才能正确地对待主体与客体，才能形成关于客体的正确的"概念"。这也是否定的辩证法的主旨——"竭力通过概念来超越概念"②。

第四节　"差异性逻辑"的理论意义

　　阿多诺的"崩溃的逻辑"背后的"差异性逻辑"，在认识论上揭示了主体与客体之间概念上的不可通约性，通过对概念与概念所表达之物间辩证关系的再讨论，揭示了人的认识过程的无终点性和理论对经验世界的终极依赖性。这可谓是一种对西方传统哲学的寻根之旅，无论是清理还是批判的角度，这对传统哲学的思维方式来说无疑是一个重大打击。也正是在这种意义上，有学者把阿多诺划入后现代的范围。虽然这种划分疑点重重、难以成立，但毋庸置疑的是，"差异性"逻辑对主观必然性的这种抵制和批判的确能够对传统哲学依靠必然性建立起来的"世界理性图示"造成"崩溃"后果，维护了客观世界在思维中的地位。虽然我们在此不能妄下"西方传统主体性哲学已经死亡"的论断，但是阿多诺的确指出了这种主体性哲学的致命缺陷——是把握交织着主体与客体的现实，还是

---

① Adorno：*Negative Dialectics*，Translated by E. B. Ashton，London，Routledge & Kegan Paul，1973：28.

② Adorno：*Negative Dialectics*，Translated by E. B. Ashton，London，Routledge & Kegan Paul，1973：15.

忽视经验性的现实去构建逻辑体系？在阿多诺看来，传统的做法显然选择了后者——依靠对"第一本原"的迷信，利用主体化的概念去构建"世界图示"，并产生了主观必然性的逻辑思维方式，造成了"同一性"的灾难。然而，我们同样要看到，这种辩证关系下所追求的理想境界和立足的根基，都根源于阿多诺所设想的"经验"状态。

一、理想主义与现实社会

我们不能用对待传统哲学的立场和态度去解读阿多诺及其"否定的辩证法"，否则我们将只会看到碎片和废墟。阿多诺的逻辑，并不是试图去描述传统哲学意义上的事物的"本质"，它也否认这种"本质"的存在合法性。相反，它认为事物的本质就是"经验"状态中的客体（主体在某种层面上也是客体），认识的任务就是要摒弃传统哲学中的总体性的思维方式，在限制主体抽象理性的基础上"试图依靠逻辑一致性的手段，用那种不被同一性所控制的差异性逻辑来代替同一性的原则，去代替具有至高无上地位的概念，运用主体的力量来打破本质上的主观性的谬见"①。在这种哲学立场中，我们可以说，现代理性哲学所建立起来的抽象理性大厦崩塌了。

阿多诺"绝对的否定"的逻辑在表面上是"崩溃的逻辑"，是对一切同一性、必然性原则的批判和反对。如果说，这种"崩溃"的效果是破坏性的，那么这也是一种无可奈何的选择。因为对任何已有文化成果的批判都表现出了对理性同一性文化载体的攻击，而且这种文化载体及其背后的文化组织形式从来也没有停止过对现实世界的意识形态的扭曲和控制——"阿多诺企图瓦解社会和推理之间某种心照不宣的联盟，那个联盟表现在对于非同一性事物的共同敌视中"②。如果从更加积极的意义上看，阿多诺的"否定的逻辑"则是一种"差异性的逻辑"，是一种建设性的逻辑。之所以说它是建设性的，是因为它是对阿多诺理想的"经验"世界的正面的、虽然也是隐晦的描述。在这一点上，阿多诺的传记作者耶格尔单纯把否定性的批判理论与犹太教的古老传统联系起来，以表明阿多诺只重视批判而不正面刻画理想社会的看法——犹太教"禁止画像的古老遗嘱的想法，被理解为批判理论的精髓：不该生动而形象地描写公正社

---

① Adorno：*Negative Dialectics*，Translated by E. B. Ashton，London，Routledge & Kegan Paul，1973：xx.

② 〔美〕理查德·沃林：《文化批评的观念》，张国清译，北京，商务印书馆，2000，第117页。

会这一乌托邦"①。这显然是不全面的。阿多诺在自己的批判性的逻辑中就已经隐晦地从正面刻画了他心目中的公正社会。问题在于，这种"乌托邦"是从作为一种理论预设的"经验"状态中引申出来的，而不是从现实的历史中引申出来的。

阿多诺批判了现实社会，描述了理想社会，或者勉强地说，他在批判旧社会中隐晦地描述了新社会的影子。然而，真正的问题是，这种认识论上的"觉醒"并不能直接导致通达理想社会的任何现实途径，这也是阿多诺的"否定的辩证法"乃至他的整个批判理论的软肋。这同样根源于他对"经验"概念的理解。阿多诺"否定的辩证法"的"经验"视角是一种理想的差异性的视角，他的"否定的辩证法"就是立足于这种视角来反对一切对差异性因素的抽象同一性统治的，他的"否定的辩证法"的逻辑致力于建立这样一个理想的、差异性的"经验"性世界。

在这样的视角下，阿多诺实际上把"否定的辩证法"的起点概念定义为"经验"视角中的"存在物"。这样的一个概念，仍然是一个抽象的概念。因为主体是存在物，客体也是存在物，对主客体关系造成同一性压制的社会具体现实因素也可以被称为"存在物"。这样的"存在物"概念由于过于强调差异性，脱离了现实的社会关系，成为超历史的、理想化的概念。社会关系本身既是一种普遍联系，在历史发展的不同阶段具有时代性，也可以作为差异性因素。人类社会在历史上是具有延续性的，而"绝对的否定"的逻辑或差异的逻辑是不能论证人类历史的连续性的。以非历史的概念去解释人类历史，去规划理想的人类社会，就必然会陷入理想主义的窠臼。当理想与现实有天地之遥的时候，悲观主义的情绪就可能会填补这个空隙。

二、阿多诺的"经验"与马克思的"实践"

在马克思那里，对人类历史的辩证分析植根于人类的历史实践活动。在人类历史活动的社会结构中，马克思指出了"实践"概念的历史存在形式——"分工"，正是在对分工的历史总结和分析中，马克思指出了人类社会生产方式的不同发展阶段及其特点，指出了阶级的对立，找到了人类社会发展的现实动因，并把对新社会的希望寄托于现代社会的历史主体——无产阶级。

① 〔德〕洛伦茨·耶格尔：《阿多诺：一部政治传记》，陈晓春译，上海，上海人民出版社，2007，第 63 页。

阿多诺之所以拒斥马克思的"实践"概念，是因为从阿多诺的经验视角来看，"实践"是一个贯穿人类历史的"普遍性"概念，一方面，它同样造就了一种总体性的世界图示，同样是一个"认识的封闭空间"，因此是与他主张的差异性视角不相容的；另一方面，阿多诺对"阶级"概念是持保留态度的。在他就职后的首次讲课上，小心地对辩证唯物主义和历史唯物主义做了委婉的表述。为了有利于他所主张的"辩证法的实践"，他认为应该抛弃"认识的封闭空间"。在他看来，思想才是第一位的，思想会"强迫"实践的产生——哲学问题只能在变化了的现实中解决："对发现的现实做解释并将它们保留下来，这两者是相互关联着的。并不是在概念中保存现实，但是从实际人物的结构中，突然出现了对改变现实的要求。"[1]对其他人来说，这样的背叛阶级斗争学说更是一种逃避。无可置疑的是，人类不是在思想中存活下来的，而是在实践活动中生存和发展的，现实社会历史确实存在着实践这样的连续性因素，只不过阿多诺对实践概念的理解出现了偏差。在马克思那里，实践概念本身就是基于具体社会现实状况的、反映特定时代特征的开放的、发展的概念。阿多诺在思想上批判同一性社会的同时，丧失了现实的社会基础。

离开了贯穿人类历史的"实践"概念，人类历史便无法在"否定的辩证法"中得到合理的解释，虽然它对苏联模式的马克思主义给予了非常深刻的批判。阿多诺指出"主体和客体范畴本身就是从历史中产生的"[2]，但是阿多诺对历史的理解偏离了"现实的人"的实践活动。于是，在对人类历史的解释中，阿多诺的"否定性的逻辑"无法获得历史的支撑，在对待历史的态度上就表现为破坏性的一面：对一切固定性因素的破坏，因此他就不能够解释人类历史的传承性。在此基础上，人类历史上的一切成果，一切固定的东西，在这种否定的逻辑中，都被消灭了。虽然阿多诺明确地反对相对主义，但是这种否定的逻辑所带来的后果比相对主义要严重，它不是去怀疑一个世界，而是去连续不断地摧毁所有的世界。这是与他的初衷相反的。这也是为什么阿多诺在提出"大拒绝"的口号后又反对学生运动的原因之一——就算学生运动胜利了，所建立起来的新社会及其途径也是不符合阿多诺的要求的。一旦他的否定的逻辑突破哲学范围而现实化，就连他自己都接受不了，他宁愿去接受现实的资本主义

---

① 〔德〕洛伦茨·耶格尔：《阿多诺：一部政治传记》，陈晓春译，上海，上海人民出版社，2007，第99～100页。

② 〔德〕阿多诺：《克尔凯郭尔：审美对象的建构》，李理译，北京，人民出版社，2008，第31页。

制度。另一个更重要的原因在于，在"差异性"逻辑的基础上，一切集团性的活动，特别是暴力和激进运动，在他看来，都是盲从主义和集权主义，都会造成新的社会强权，都是"奥斯威辛事件"的继续。在此，差异性的逻辑变相接近于抽象的人道主义，最终从逻辑和事实上演变为"反共产主义"——"20世纪50年代弗朗茨·诺伊曼公开站到反共产主义立场上，而此期间，霍克海默和阿多诺对反共主义的态度也比马尔库塞的明显"①。由于缺乏对资本主义社会的深层理解，在这种人道主义的视域内，阿多诺便把资本主义的法律提升到新的"同一性"的地位。因此，他只是在理论上力图批判强权社会，但在现实上反对任何改变现存暴力社会的暴力行为。最终，"否定的辩证法"的激进逻辑最终背叛了它的内在意图。因此，阿多诺最失败的地方并不是在于他反对学生运动，而是在于他的革命的理论外观丧失了现实和历史的基础。

其次，没有了现实的社会历史根基，任何理论预设都是一种"前见"。阿多诺不是从现实世界出发去总结逻辑规则，而是从自己理想的"经验"概念出发，从自己的哲学需要出发去为世界规定逻辑规则。阿多诺所谓的"从客体出发"，只是从认识的客体出发，可是在出发之时他便为客体规定了优先性，同样为自己的辩证法设定了目标，而没有看到"辩证法是活生生的、多方面的（方面和数目永远增加着的）认识，其中包含着无数的各式各样观察现实、接近现实的成分（包含着从每个成分发展成的整个哲学体系）"②。这同样是一种新的强制性思维逻辑。阿多诺不但把辩证逻辑简单化了，而且同样把逻辑神秘化了、抽象化了，仿佛它只是规范世界的抽象规则，而没有意识到"逻辑是对世界的认识的历史的总计、总和、结论"③。从这个意义上说，阿多诺虽然激烈地批判黑格尔哲学，但是他仍然没有离开黑格尔哲学——他只是部分"颠倒了"黑格尔哲学的逻辑，并得出了相反的结论。在这种"颠倒"中，肯定性的"否定的否定"变成了"绝对的否定"。在这个围绕着保存经验客体的差异性的"否定的辩证法"中，阿多诺从反对传统哲学特别是唯心主义哲学的同一性思维方式中走向了另一个极端：不可通约的差异性。

最后，辩证逻辑的简单化带来的后果，是一种新的"同一"性。这种否定的、崩溃的逻辑所带来的逻辑后果也是阿多诺没有料到的，或者说

---

① 〔瑞士〕埃米尔·瓦尔特-布什：《法兰克福学派史——评判理论与政治》，郭力译，北京，社会科学文献出版社，2014，第280页。

② 《列宁全集》，第38卷，北京，人民出版社，1959，第411页。

③ 《列宁全集》，第38卷，北京，人民出版社，1959，第90页。

是他不想去料到的。一方面，"逻辑"在"否定的辩证法"中其实崩溃了，同时又被极端地单一化了，它只剩下了否定。就像阿多诺所极力反对的"同一性的统治"一样，现在"否定性"取代了前者的地位。在这种绝对的、不断的否定中，否定的对象不仅仅是"同一性"的形式，虽然它的初衷是维持差异性，保全个别事物，但是在这种不断否定的毁灭的逻辑中，经验事物最终也被否定了，因为它丧失了物质存在的连续性和历史的延续性。虽然他在"星丛"概念中也承认客体的普遍的形式的因素，但是这种普遍性的形式在他的辩证法体系中的地位就像在他所批评的特殊性在唯心主义哲学中的地位一样，被另一方同化了。如果说，传统哲学在忽视差异性的同时建立起了同一性的统治，那么阿多诺的"否定的辩证法"则是在消灭了同一性的同时也消灭了差异性，最终所剩下的只是"否定性"本身。

列宁曾经指出，"个别就是一般。在这里就已经有了辩证法"①。在列宁的辩证法思维模式中，一般只能在个别中存在，只能通过个别而存在，任何一般都是个别的（一部分、一方面或本质）。阿多诺为了打破唯心主义哲学中一般对个别的吞噬，不惜在概念的星丛中消解一般，消解统一性因素（虽然在表面上他也承认统一性因素，但是在否定的逻辑推演中它最终还是被消灭了）。于是，在"否定的辩证法"的概念的"星丛"中，个别和一般就成了一个土豆和一堆土豆的关系。

三、"真理"与"自由"

作为把握世界的一种思维方式，辩证法从来就不仅仅是一种单纯的认识论方法，还贯穿着本体论与认识论，并且渗透着社会历史观。在此，辩证法的目标最终指向认识的真理性和主体的自由性。相应地，阿多诺虽然在认识论领域讨论主体与客体的关系问题，但交织着理论与现实双重维度的主体与客体的统一性问题被提上了议程。问题在于，如果不存在这种统一性，那么客体就是不可认识的。如果存在着这种统一性，差异性的逻辑如何在实现这种统一的同时达到对传统真理观的超越？也就是说，如何才能够实现逻辑与历史的哪怕是最低限度的统一？如果不能实现这一点，就所谓理论的指导性和预见性而言，哲学就没有任何存在的价值。

关于"逻辑与历史的统一性"问题，是特定哲学形态现实穿透力和理

---

① 《列宁全集》，第 38 卷，北京，人民出版社，1959，第 409 页。

论生命力的最直观的标杆。在此问题中，涉及了两个很难被定义的概念："历史"和"逻辑"。在西方文明史上，最大的特点即理性成为主流的思维逻辑。近代西方哲学中的"理性"概念经历了一个概念发展和体系成熟的过程，总体上表现为从以康德为代表的主观唯心主义形式逻辑向以黑格尔为代表的客观唯心主义辩证逻辑的理性思维方式的演变。辩证逻辑思维方式的成熟，形成对世界历史发展认识的整体性思维图示。然而，即使在实现了从形式逻辑向辩证逻辑的跨越后，传统哲学仍然没有找到将其现实化的途径。认识论范围内主客之间的二元对立，由于缺乏合理的中介途径，最终造成了主体建构客体的思维方式。

"否定的辩证法"的"经验"视角对主观构造思维方式批判的一个重要成果在于，它不再拘泥于理性主导下的"同一性"或"总体性"，而是专注于对主体与客体双方关系的尊重和分析。如果我们把它应用于社会历史领域，那么它所呈现出的并不是简单的非此即彼的事实判断，也不是僵硬的历史更替，而是对微观领域中发生的"事件"的重视，亦即对社会历史发展的经验总结，亦即对历史事件的梳理。在浩如烟海的历史事件中，历史学家针对如何看待历史、如何写作历史展开了漫长的争论。实际上，每一部历史著作，都是以历史事件为基础的，而不是以预先设定的历史图示为基础的。除去时间序列的安排和对历史文本真实性的争论，历史事件的排列，也渗透着历史写作者的自身思维方式。在此，从思维路径上看，传统理性的逻辑与历史经验的逻辑在思维途径上并不是完全一致的。前者更注重理性思维方式自身的逻辑建构，以致在近代哲学的认识论转向中转向主体自身，这更多的是一种从主体到客体的思维方式；后者虽然在历史事件的解读中和筛选上渗入了主体的主观性因素，但总体上并不能脱离基本的历史事实，因此这更多的是一种从客体到主体的思维方式。在缺乏中介性概念的情况下，传统哲学的历史观自然会陷入主客二元对立的思维方式。

在马克思的哲学中，如果从"实践"的角度去解读马克思哲学的逻辑的话，我们或许可以把它理解为对主体通过自身活动（在马克思那里，这主要表现为物质生活和生产实践）而引发的与客观世界相互作用机理的逻辑重构。马克思的"实践"，并不是预先设定的。它并不修订历史，而是在对历史发展的分析中生成、变化和发展的。从"起源"上看，它是一种"生成的逻辑"。对马克思来说，社会发展"规律"，亦即"逻辑与历史的统一"，意味着"在社会实践中生成"的逻辑与社会发展历史的统一。在此，马克思不是依靠逻辑去规定历史，而是在历史发展的过程中去重现历史发展中的社会结构及其变化，并从中预见未来社会的发展趋势。这种逻辑不是某种单纯的思维的逻辑，而是基于社会历史实践结构的动态的逻辑。马克思从来没有在"纯理论"的范围内讨论过社会发展"规律"，他的"实践"是与现实的、受社会制约的历史主体紧密相连的——"个人怎样表现自己的生活，他们自己也就怎样。因此，他们是什么样的，这同他们的生产是一致的——既和他们生产什么一致，又和他们怎样生产一致。因而，个人是什么样的，这取决于他们进行生产的物质条件"①。在此，从现实性上来说，实践并不是一种"自由、自觉"的活动，也不是理想的主客体关系。在现实的历史过程中，实践者的意图与社会的意图并不是一致的。相反，由于现实的、具体的历史条件和社会关系的制约，现实的物质生产及其派生的物质生产关系反而成了制约个人自由发展的根本性因素。马克思哲学正是在同时承认这种事实的进步性与现实的缺陷性的基础上，从历史内部寻找超越现存社会的途径。

在此前提下，正是现实与理论的差距，正是人的现实的历史的实践活动的这种不完满性、不自觉性和异化状态，才使得马克思的社会革命和发展理论有了合法性基础。对资本主义异化劳动以及资本主义制度的扬弃，构成了马克思哲学的理论使命。因此，对于马克思来说，"实践"不是一种理想的状态，而是我们置身于其中的、证明我们自身力量的和能够改变我们处境的存在方式。这不是一种简单的抽象，而是整个马克思主义哲学、整个科学社会主义理论得以存在的基础，也是即使在今天对资本主义的分析和批判也绕不开马克思哲学的一个重要原因。问题在于，当时苏联对社会历史发展规律的机械式的自然规律使用方式，实际上在"逻辑与历史的统一性"问题上造成了一个悖论：如果历史是按照某种逻辑形式按部就班地发展着的，那么，任何改变现存社会制度的努力和斗争都将是徒劳的，因为历史会自行发展到它应该发展到的阶段；如果历史不是按照某种逻辑形式发展的，那么，任何对未来社会的设想与规划都丧失了合法性的根基，因为思维形式与思维对象在此不是统一的。在这种两难困境中，哲学在剖析、分析、总结历史的同时又不能脱离历史，否则就会变为恣意道说，哲学的思辨与空想就会被混为一谈。

从讨论的细节上看，阿多诺对"差异性逻辑"的探讨虽然主要集中在认识论领域，但是在对意识形态的分析中，社会历史领域也是一个重要的组成部分。实际上，无论是"崩溃的逻辑"还是"差异性的逻辑"，针对

① 《马克思恩格斯全集》，第3卷，北京，人民出版社，1960，第24页。

的正是他所处的那个时代。在体验了反犹主义、纳粹主义和发达资本主义的种种社会运动之后，阿多诺一直秉持的"否定的辩证法"一直都是具有强烈的现实针对性的。这当然包括对苏联模式社会主义的批判。虽然他的直接目标是实现"概念的觉醒"①，以此来从内部爆破传统形而上学特别是传统辩证法哲学（如果可能的话）。然而，从他批判的同一性逻辑的现实载体特别是他并未脱离传统哲学的基本问题域的角度来看，他的理论又不可能是"纯"认识论的，他不可避免地要对人和他置身于其中的世界所面临的时代问题做出自己的回答，虽然有时他极力避免对此做出明确的回答。即使在理想的交织着自由和尊重的主客体关系的"经验"状态中，阿多诺也要对主体与客体、个体主体与社会世界的在何种程度上、通过什么途径实现统一性的问题做出回答。与此同时，在这种限制主体性的差异性逻辑中，如何实现主体的解放？这是一个比单纯的真理观更加复杂的问题。因为如果要论述自由问题，首先就要实现差异性逻辑与现实社会历史的一致性。如果阿多诺的逻辑做不到这一点，他就不能正确地对现实社会中的主体进行历史定位，进而他的解放理论就是虚假的。

我们接下来将会看到，阿多诺在传统哲学的这两个领域基本上采取了认同的态度。与此同时，他并没有认同传统形而上学对"自由"和"真理"问题的定义以及达到这种定义的思维方式。在"经验"概念以及由此延伸出的"差异性"逻辑的基础上，他批判了传统形而上学主观建构的思维方式，阐发了"否定的真理观"和"否定的自由观"。

---

① Adorno：*Negative Dialectics*，Translated by E. B. Ashton，London，Routledge & Kegan Paul，1973：11.

第三章　"否定的"真理观

在西方传统的理性哲学中，"真理"一直是一个过于崇高和复杂的概念。在通常的理解中，真理通常被定位为与"事实"或"实在"相一致，并在此基础上能够提供某种程度上的前瞻性"知识"。与此同时，又没有任何一个关于真理的特定定义被学者们所共同接受。我们甚至可以这样说，纵观整个哲学史的认识论问题，几乎所有的哲学家都在诉说两个问题——如何去定义和达到真理？问题不仅在于他们从来就没有达成关于真理的一致看法，更加在于——为什么他们从来就没有达成某种一致性？

"否定的辩证法"中的差异性逻辑在对待"真理"问题时，把卢卡奇在《历史与阶级意识》中的"主体—客体"辩证法逻辑推到反向极端——任何形式的总体性框架都被摒弃了，主体与客体的差异性都得到极端化的强调。甚至于为了保持这种差异性，阿多诺不惜冒不可知论的风险，执意打碎传统哲学中的所有抽象同一性的形式。这并不意味着阿多诺要抛弃整个传统形而上学，因为他的基本问题仍然是在传统形而上学的范围之内被讨论的。与其说阿多诺拒斥一切形而上学，倒不如说他试图从传统形而上学内部批判中寻找解脱之道。因此，问题也随之而来，如何在认识论问题上实现主客体的统一？即使在最低限度上，"否定的辩证法"如何解释人类认识的相对固定性？为此，阿多诺在差异性逻辑的基础上重新解释"真理"，提出了"否定的真理观"。

第一节　"实体性"视野中的真理观

"否定的辩证法"主要针对的并不仅仅是形式逻辑中的"符合论"意义上的真理观，它把触角伸得更宽、更远——整个哲学思维方式中对待真理的"实体性"态度（其中也包括同时代的苏联官方哲学）。

在正式进入"否定的辩证法"所批判的真理观之前，我们有必要对传统西方哲学真理观的态度做一个简要分析。我们在此之所以将其形容为"实体性"的态度，是因为它始终没有处理好与形式逻辑的关系——处理好与"实体性"的"真"的关系。从这个方面来说，在对真理概念进行的众多解说背后，是不同的逻辑形式的交锋。在下文中我们将会分析，在形式逻辑中就已经出现的关于真理的两种不同的态度——经验的和先验的背后，就已经出现了这个问题；在康德哲学的先验逻辑中，这种倾向进一步明显化了。黑格尔哲学的辩证逻辑在试图克服这两种对立倾向的同时进一步丰富了真理的内容，但是却陷入了更加神秘的境遇。苏联模式的马克思主义在试图把自然因素注入真理观后，却又重新陷入了真理问题的"实体化"泥淖。

一、"真理"问题的"实体化"

在讨论"真理"问题的"实体化"之前，首先需要对"真理"与"真"的问题做一个简要界定。"真理"不同于"真"，它比"真"的意义更宽泛。在通常的意义上，"真"是可以通过形式逻辑的判断给出的，是可以经验的。我们可以简略地定义，"真"就是经验世界中主体的认识内容与认识对象的符合。亚里士多德认为，"作为真实的存在和作为虚假的不存在，由于依赖于结合与分离，一起与对立部分的安排有关（因为，在结合中得到肯定，在分离中得到否定，否则和这种安排相反。至于怎样去和思想结合和分离，那是另外的问题。我所说的结合与分离不是连续的，而是某种一次生成的东西），在事物中并没有真与假……而是在思想之中"①。这一般是通过形式逻辑来实现的。

形式逻辑探讨的是命题的真假，它要对命题做出非此即彼的判断，而判断的结果则用"真"或"假"这种明确的、可经验性的结果来表达。在传统西方理性哲学中，关于"真"（true），"貌似"并没有太大的争论，但是，上述的这种思路却存在着巨大的问题。形式逻辑中的"真"是在认识的"片段"中发生的，是在特定的时间和空间内发生的。这又分为两种情况：在认识的对象是自然对象时，这种"真"的结果在特定的条件下是可以被"复制"并重现的，这尤其以"科学实验"最为明显。在这种情况下，关于自然界的各种"规律"逐步被发现和更正，人们对自然界的认识也越来越深入，这尤其以"自然科学"最为明显②。问题在于，当认识的对象涉及作为实践活动的主体的"人"时，上述的这种认识模式却不能完全解决问题。

---

① 〔古希腊〕亚里士多德：《形而上学》，苗力田译，北京，中国人民大学出版社，2003，第125页。

② 这并不是唯一的，也有观点对"自然科学"的客观研究模式及其结果表示质疑。这方面的突出代表是科学知识社会学（Sociology of Scientific Knowledge, SSK）。科学知识社会学以爱丁堡学派的巴恩斯和布鲁尔为代表，深受现代科学哲学中相对主义思潮的影响，把科学知识看作是由社会建构的，把他们的纲领定位为"相对主义知识观"。

传统西方哲学，在对待"人"的问题的态度上，首先面临的是如何定义"人"的问题。暂且抛开各种定义的唯物与唯心、全面与片面的分歧不谈，任何社会事件的发生，其"主体"（现实的参与者）都是某一时期的特定的个体，这些社会事件由于社会条件的唯一性和参与者的唯一性，结果不可能像自然科学的"实验"那样在满足特定条件的情况下实现相同结果的复制和再现。也就是说，人类历史的时间性维度是单向的、不可逆的，我们不可能套用自然科学的思路来研究人类历史，来认识人类自身。鉴于其结果的唯一性，这造成了一个双重的问题：在我们对以往历史事件真实性和细节性的认识仍处于讨论阶段的时候，我们如何能够从这些"成问题"的历史事件的逻辑梳理中预测未来发展的趋势甚至事件？

从上述角度来看，关于历史事实和对自然界研究的每一个陈述或分析，都包含着对"永久性"的"真"的期待。在这个意义上，"真理"是一个指引人类认识活动的超越性目标——它不仅要满足事实判断的基本标准，而且还要满足未来判断的标准。因此，在西方传统哲学中，"真理"（truth）是一个很高尚的字眼，它被赋予了过高的期望。可以说，"真理"是人类的追求，是对世界普遍规律的追求。"真理"一定是"真"的，而"真"的却未必都是"真理"。"真理"相对于"真"，具有更高级层面上的普遍性和适用性。在"真理"的视野中，历史、当下及未来是同时起作用的。问题在于，如何通过"真"而达到"真理"？

阿多诺在批判传统理性哲学的认识论模式时，实际上是指出了西方传统哲学的抽象同一性的思维方式造成的一种"实体性"的真理观。我们可以把"实体"（substance）概念理解为变化着的事物背后永恒不变的基础。如果从"真理"的广泛性和普遍性的角度来看，在传统西方哲学中，"真理"就是对"实体"的认识。在唯物与唯心的不同视角中，我们可以说，唯物主义把这种"实体"定位为物质，唯心主义把"实体"定位于精神。二者各自从自身的逻辑中演绎着对"真理"的认识。从这个意义上看，"否定的辩证法"对"本原""第一哲学"的否定和回避，反衬出其认识论上的最大批判对象就是这种带有"实体"性色彩的传统形而上学。

在这种"实体"性哲学的大背景中，在马克思以前的关于人的思考中，往往满足于关于人的抽象的议论，这里一个重要的原因就在于这些哲学家"从外在的特性方面寻找人作为一个'类'与自然和其他动物的不同，于是便有了人是政治动物、人是理性动物、人是制造工具的动物等种种说法"①。这种思路的一个根本的缺陷，就是把人当成一个非历史的存在物来考察。在这种抽象的哲学思考中，哲学家们总是力图从某一类事物中总结出"一般本质""实体"，为此他们提出了一个又一个庞大的、抽象的概念，但是这些抽象的概念往往只是对事物的某一方面的抽象把握，如何从这种抽象上升到更高级的具体，就成了对人的哲学理解的不可回避的问题。

马克思和恩格斯②是在批判德国唯心主义哲学特别是青年黑格尔派的理论背景下阐述自身的哲学观点的。针对当时的"绝对精神""唯一者"③等"实体"性哲学的代名词，马克思甚至提出了"消灭哲学"④的口号。对于"消灭哲学"这样的口号，我们可以从"哲学必须走出自己狭隘的思想牢笼，投身到现实中去"这个角度去认识。在此过程中，并不仅仅是马克思哲学"实践"概念的出场，它更是"人"的"问题"（不能仅仅从"概念"的角度去理解）的出场。如果单纯从概念上来看，人"在其现实性上，它是一切社会关系的总和"⑤这种定义无疑是空洞的和无意义的，它并没有给我们提供任何具体内容。它之所以是深刻的并不断引起后来者的共鸣，是因为它打开了一扇传统实体性哲学以往并不热心也无力解决的问题域——人类社会、人与人之间的现实交往关系及其合理逻辑再现。人开始具有了自己的时代特色而不仅仅是一种抽象，而这种时代特色又是源于他自身所处的社会发展水平——生产力所处的社会历史发展阶段，而人与人之间的社会差别又直接来源于他在社会生产关系系统中所处的不同位置。在此，"人"不再是抽象的，而是具体的，它虽然没有冠之以"张三""李四"式的某个具体的人的姓名，但是在其语境中每一个现实的个人都能与之形成直接关联。

马克思、恩格斯相继逝世以后，便出现了将马克思哲学简单化、教

---

①　袁贵仁：《马克思的人学思想》，北京，北京师范大学出版社，1996，第2页。

②　在"否定的辩证法"乃至整个阿多诺哲学中，阿多诺对马克思哲学、马克思主义哲学始终抱着一种非常复杂的态度。一方面，他在马克思哲学的语境中使用了一些基本概念或理念，例如，阶级、商品拜物教等；另一方面，他又对苏联模式的马克思主义表示出了强烈不满，认为这会导致强权、泯灭"真"和"真理"。

③　《马克思恩格斯全集》，第3卷，北京，人民出版社，1960，第119页。

④　《马克思恩格斯选集》，第1卷，北京，人民出版社，1995，第8页。

⑤　《马克思恩格斯选集》，第1卷，北京，人民出版社，1995，第60页。

条化的倾向①。这种做法实际上不但重新"实体"化了马克思主义，而且混淆了自然与社会两个不同领域的区别。布哈林就曾经提出这样的观点："事件的日期和历史进程的速度是不能预见的，因为我们'还没有'关于它们的量变规律的认识"②。在此意义上，即使是苏联模式的马克思主义也没有克服这种"实体性"的倾向。体系化了的苏联模式的马克思主义实际上对马克思哲学的核心概念进行了一个"巧妙"的"置换"——用"阶级"的概念替代了"现实的人"或"现实的个人"的概念。一方面，这种替换在现实操作的层面具有极大的"可行性"——在建立"自由人的联合体"不可行的情况下，建立个人对集体绝对依附的简单公有制则是可行的。另一方面，这也为高度集中的计划经济体制做了意识形态上的铺垫——个人既然完全从属于阶级，那么建立高度集权的社会管理体制也是顺理成章的，因为只有具有强烈阶级区分色彩的"集体"才是个体利益的唯一代表。这种情况不仅仅在苏联出现，而且在几乎所有社会主义国家建立初期都曾大规模实行。而紧随其后的"阶级斗争扩大化"的政策及其带来的惨重后果，我们并不能简单地完全从"领导人"个人好恶的角度加以解释。从社会意识形态的角度来看，"阶级"抽象化的同时必然带来对个体自由及权益的漠视。

二、"真理"的两种思维路径

在"实体性"真理观的研究视野下，即使是辩证逻辑，其对预设的、外在性逻辑的设定，也必然使其逻辑演绎处于一种低于辩证逻辑的水平，虽然它为超越形式逻辑指出了一条可能的路向。因为在不能实现逻辑与历史相统一的情况下，辩证逻辑关于社会历史的分析甚至还达不到形式逻辑思维方式所能实现的可信性，更别提自然领域了——包括黑格尔哲学在内，其关于自然逻辑演进的学说构造均成为巨大败笔，这引起了包括"权威"性的自然科学家在内众多自然科学家的抗议或不屑。因此，在真理问题的讨论中，首要的问题并不是去探讨辩证逻辑下的真理观的演进史，而是要讨论形式逻辑中真理追求路径的演进史。只有在明确了形

---

① 即使是现在，学界也存在着对马克思主义"决定论"的研究路向。这种路向尤以"历史决定论"的观点最为突出。笔者认为，这种"历史决定论"即使从生产力和生产关系、实践的角度去阐释，其中的强制性逻辑与人的主体性问题仍然是一个没有解决的理论困难。这种"历史决定论"实际上仍然把所有的个人假设为一个"实体"。这种貌似内生逻辑的强制逻辑定位没有看到马克思哲学对人的问题给予的应有尊重。

② 〔法〕莫里斯·梅洛-庞蒂：《辩证法的历险》，杨大春、张尧均译，上海，上海译文出版社，2009，第55页。

式逻辑真理观基本特征的基础上，才有可能讨论辩证逻辑的真理观。

在西方理性哲学中，对"真理"的最早的、系统的思考方式是形式逻辑的思考方式。"经验"在哲学史上一直处于一个非常尴尬的地位——哲学离不开它，却无时无刻地想抛弃它。我们通过形式逻辑来理解"真"，但是并不意味着形式逻辑就是单纯的关于经验的逻辑。表面上看，用形式逻辑的方式来理解真理，真理就会等同于"真"，就会把真理限制在经验世界的范围之内。事实却并不是如此。在形式逻辑的内部区分与推理中，就已经包含着对"普世"的"真理"的追求。同时，"经验"也一直成为哲学的一个噩梦，几乎所有的超越性哲学最终都被"经验"否定。在古希腊哲学中，就已经出现了这种情况。

在形式逻辑对命题内容与命题形式的区分中，已经预示着两种倾向：一是形式逻辑与经验世界的相结合，二是在思维内部寻找逻辑的规律性亦即真理性。这两种倾向，直接导致了两种不同的思维路径：经验的和先验的。形式逻辑区分了命题形式与命题内容。命题内容是经验性的，而命题形式则具有普遍性。形式逻辑不研究具体命题及其内容，只研究命题形式，并且特别强调研究由命题形式所组成的正确的推理形式。虽然说，这种推理形式是从经验命题中抽象出来的，它离不开经验性的命题内容，但是在这里已经出现了关于"真"的经验性（具体性）与超验性（普遍性）两种不同的倾向。这两种倾向，在形式逻辑的创始人——亚里士多德——那里就已经暴露出来了：亚里士多德一方面主张"真理是思想与物的符合"，但是他又断言最高真理是思维和理念形式的一致。

从形式逻辑的思维路径来说，对"必然性"追求也加剧了从"真"到"真理"的转化。亚里士多德的逻辑体系的核心就是形式推理学说，亦即三段论学说，他认为，"推理是一种论证，其中有些被设定为前提，另外的判断则必然地由它们发生"[①]，"三段论是一种论证，其中只要确定某些论断，某些异于它们的事物便可以必然地从如此确定的论断中推出"[②]。在此，亚里士多德把推理分为两部分，一部分是规定下来的，另一部分是推理出来的。如果把前者理解为前提 p，后者理解为结论 q，那么，从前提到结论的推论不是随便进行的，必须是"必然得出的"，才能称之为"推理"或"三段论"。

---

① 〔古希腊〕亚里士多德：《亚里士多德全集》，第 1 卷，苗力田译，北京，中国人民大学出版社，1997，第 353 页。

② 〔古希腊〕亚里士多德：《工具论》（上），余纪元等译，北京，中国人民大学出版社，2003，第 85 页。

亚里士多德认为逻辑的主要任务是研究必然性。为凸显必然性，亚里士多德第一个把变项引入逻辑，对三段论进行了形式的强调，从而使亚里士多德三段论的必然性结论的推出不是依赖于前提的内容，而是依赖于前提的形式及其组合。这样，不管构成三段论的变相的经验内容如何改变，在同一个三段论中，从前提到结论的推论关系都是必然的。这就使我们有可能在一定条件下可以暂时抛开三段论的具体经验内容，亦即抛开经验的"真"，去深入地研究三段论的形式结构，从而也更有利于实现结论的必然性。

在形式逻辑思维方式的指导下，对事物普遍必然性的认识就意味着对"真理"的追求。而逻辑学正是研究这种形式必然性的，这就使通过逻辑学探求真理成为可能。在这种思维方式的指引下，逻辑（形式）上的"真"就开始取代了事实（经验）上的"真"。正是由于对这种逻辑（形式）上的"真"的强调，引出了后来的一系列的悖论。

对于形式逻辑思维方式的特点，列宁的批评是很中肯的："亚里士多德处处都把客观逻辑和主观逻辑混合起来，而且混合得处处都显出客观逻辑来。对于认识的客观性没有怀疑。对于理性的力量，对于认识的力量、能力和客观真理性抱着天真的信仰。并且在一般与个别的辩证法，即概念与感觉得到的个别对象、事物、现象的实在性的辩证法上陷入稚气的混乱状态。"[1]对"真理"的认识上的分歧一直贯穿于整个西方哲学史。一种观点是坚持经验性因素是真理的标准。例如，伊壁鸠鲁、卢克莱修等人认为感性经验是真理的标准。与之形成鲜明对比的另一种观点是试图靠摆脱经验的途径来寻找真理和真理的标准，这典型地反映在柏拉图的"回忆说"中。虽然柏拉图的思维方式已经具备辩证思维的萌芽，但是他对"理念"的定义仍然遵循着形式逻辑的思维方式。柏拉图认为，真理性的知识、我们对外界的认识和学习其实都是回忆。我们对外界的感性认识当然是由外界给予我们的，但那是不可靠的（这也是柏拉图使用"辩证法"的理论动机），我们要从外界所给予我们的感性认识中回忆出其中所包含的理念。只有理念才是真理性的知识。他的这种观点直接影响到近代理性论对真理的认识。中世纪的经院哲学更是把真理看成上帝的属性。

这两种分歧最明显地出现在双重真理观中（在西方哲学史中的所谓双重真理观，是中世纪的伊本·路西德提出的，后来为西格尔、邓·司各

---

[1] 《列宁全集》，第38卷，北京，人民出版社，1959，第416页。

脱、奥康的威廉和培根等人所赞同）。双重真理论认为真理有两种不同的形式和来源：一种是哲学和科学的真理，是从经验和科学实验中得来的，一种是神学的真理，是从神的启示、从信仰中得来的。这两种真理互不干涉，同时并存。

这种分歧的延续就是近代唯理论和经验论的长期争论①——"唯理论者把经验论者看作是道德低下的，经验论者则认为唯理论者没有常识"②。近代唯理论是由笛卡尔创立的，以莱布尼茨、斯宾诺莎和沃尔夫等人为代表。唯理论强调先验的观点，认为数学知识是一切知识的原型，理性是知识的源泉。它认为人心中具有某些先验的观念，人是通过这些观念去获得知识、把握真理的。也就是说，我们心中固有一些直接的知识，所以认识和把握对象实际上是由我们心中固有的先验观念造成的，这就是真理的依据。我们要想发现真理，就必须依靠演绎逻辑。

与此相对立的近代经验论是由培根开创的，并以霍布斯、洛克、贝克莱、休谟等人为代表。经验论注重从感性经验和感觉里面获得真理性的知识，推崇"归纳推论"③的思维方式。总体上来说，经验论在贝克莱、休谟之前基本上是一种朴素的唯物主义，承认我们的知识来自外界的客观实在对我们感官的作用，像洛克、霍布斯就属于这一类。然而，贝克莱，特别是休谟把经验论推向了极端，对知识的真理性问题构成巨大挑战。

休谟认为，一切离开我们直觉所获得的印象、知觉的知识，其真理性都是值得怀疑的。据此，休谟对基于经验的因果性的可靠性进行了解构。他认为，因果性并不是一种真理性的知识，并不是客观规律，而只是一种习惯性的联想，只是一种心理事实而不是一种客观事实。

休谟对因果性知识的真理性的否定，直接威胁到形式逻辑真理观存在的合法性。亚里士多德的形而上学之所以要建立起第一哲学，是因为要探讨事物的原因。亚里士多德依照形式逻辑的思维方式提出了"四因说"，他认为一个事物有四种原因，即形式因、目的因、原料因和动力因。这四种原因最后归结为原料和形式。这种思维方式深刻地影响了西方科学，西方科学的精神体现在为事物寻求它的原因上。休谟的怀疑论的挑战，使形式逻辑下的真理观受到巨大威胁，而唯理论对此又束手无策。在此，形式逻辑的真理观陷入前所未有的理论困境。

---

①　邓晓芒：《康德哲学讲演录》，桂林，广西师范大学出版社，2006，第2～8页。
②　〔德〕H. 赖欣巴哈：《科学哲学的兴起》，伯尼译，北京，商务印书馆，1996，第65页。
③　〔德〕H. 赖欣巴哈：《科学哲学的兴起》，伯尼译，北京，商务印书馆，1996，第68页。

三、卢卡奇的突破性尝试

在此突然"插入"卢卡奇，难免有上下难以衔接之嫌。但如果我们联系上文所讨论的"实体"性的真理观，我们就会发现，第二国际，甚至一定程度上的苏联哲学，实际上都没有突破传统哲学"实体性"的真理观。这种"真理"观的视角非但没有达到马克思哲学的水平，反而不同程度地退回到了旧唯物主义的水平。在这种情况下，唯物主义再次变得"敌视人了"①。

卢卡奇在《历史与阶级意识》中，试图给予马克思的辩证法哲学以一种不同于第二国际的、真正"辩证"的解释。虽然他利用了黑格尔哲学的总体性概念，甚至某种程度上有用"无产阶级"这个"概念"替代黑格尔哲学中的"绝对精神"之嫌，但是他开启了一个尝试打破"实体性"思维方式之路：在这个辩证体系中，所有一切的因素都被赋予一种历史变化和扬弃的"辩证"色彩。在这一过程中，不再有永恒的权威和教条。

《历史与阶级意识》之所以引起复杂争议，部分原因在于它并没有仅仅满足于这种"快一步"②的理论觉悟层面的定位，他仍然试图去建构一种"逻辑秩序"。它的关于"党"的理论的基本定位，无疑对当时苏联模式的社会主义产生了质疑。这也能解释为什么"卢卡奇的尝试受到了正统派非常恶劣的对待"③。相比较于当时其他的马克思主义解读方式，《历史与阶级意识》的一个重要特点并不在于强调"阶级"概念，而是实现了"阶级"概念的最终置换。这就是"党"的问题的出场——"如果说孟什维主义的党是无产阶级的意识形态危机的组织形式，那么共产党就是对这种飞跃的有意识态度的组织形式，从而是走向自由王国的第一个有意识的步骤"④。"党"的问题的出场，是当时的那个时代的一个重要议题。它不是《历史与阶级意识》的独创——"理论家走在无产阶级前面，但正如列宁所说，仅仅领先一步而已，这就是说，群众从来都不是在他们背后酝酿出来的宏大政治的简单工具。群众是被引导而非被操纵的，他们为党的政

---

① 《马克思恩格斯全集》，第 2 卷，北京，人民出版社，1957，第 164 页。

② 〔法〕莫里斯·梅洛-庞蒂：《辩证法的历险》，杨大春、张尧均译，上海，上海译文出版社，2009，第 55 页。

③ 〔法〕莫里斯·梅洛-庞蒂：《辩证法的历险》，杨大春、张尧均译，上海，上海译文出版社，2009，第 63 页。

④ 〔匈牙利〕卢卡奇：《历史与阶级意识》，杜章智、任立、燕宏远译，北京，商务印书馆，1992，第 407 页。

治提供了真理的印章"①。

如果说，在这种定位中，党和群众是在历史发展的同一个方向上的有着先后之分的不同主体，那么卢卡奇的尝试的一个重要意义在于，它开始从整体的、结构的角度来探讨这个现实和理论问题——"组织是理论和实践之间的中介形式"②。从这个角度，"党"被引入了辩证法的讨论。他以自己的理论视角探讨了马克思早年所提出的理论和现实的距离问题："第二国际在这些决议中有意回避了一切组织结论，它能够在理论上从事许多事情，而丝毫不感到必须在实践中和任何具体路线联系起来。"③最终他提出了自己的主张："共产党是一种为革命利益服务的无产阶级意识的独立形式。应该按这种双重的辩证关系从理论上正确地理解它……它既是一种独立现象，又是一种从属现象。"④这种做法，无疑是挑战了当时苏联共产党的"真理"性权威，这无疑为批评苏联进行了理论上的可行性论证。他进一步指出，在苏共"夺取政权以后，在他们在公开的阶级战争中推翻了资产阶级以后，列宁所说的'共产党员的狂妄自大'就有可能变得与他们早先对资产阶级表现的孟什维克的懦弱一样危险"⑤。

卢卡奇虽然采取了黑格尔的方式在一定程度上恢复了马克思哲学的生命力，唤起了当时部分知识分子（特别是法兰克福学派）对此问题的思考和深入探讨，不自觉中开启了一条不同于传统马克思主义的研究路径。在此过程中，第二国际的僵化带有"实体"性色彩的马克思主义开始逐渐黯淡，苏联模式的马克思主义则在国家权力的庇佑下开始逐步成型，并愈发带有这种"实体"性真理观的色彩。从历史的角度来看，虽然苏联创始人列宁认识到了这个问题，但是他并没有能够领导苏联克服这个问题。在列宁逝世以后，斯大林及以后历届领导人，在自身历史定位和自我评价的问题上，无疑采取了一种"永恒化"的实体性认识论态度，秉持着一种实体性的真理观（例如，大搞个人崇拜）。

问题在于，"卢卡奇并未像马克思那样，整整超越黑格尔哲学，而只

---

① 〔法〕莫里斯·梅洛-庞蒂：《辩证法的历险》，杨大春、张尧均译，上海，上海译文出版社，2009，第55页。
② 〔匈牙利〕卢卡奇：《历史与阶级意识》，杜章智、任立、燕宏远译，北京，商务印书馆，1992，第389页。
③ 〔匈牙利〕卢卡奇：《历史与阶级意识》，杜章智、任立、燕宏远译，北京，商务印书馆，1992，第392页。
④ 〔匈牙利〕卢卡奇：《历史与阶级意识》，杜章智、任立、燕宏远译，北京，商务印书馆，1992，第424页。
⑤ 〔匈牙利〕卢卡奇：《历史与阶级意识》，杜章智、任立、燕宏远译，北京，商务印书馆，1992，第428页。

是以一种偏颇的方式恢复了马克思主义哲学'能动的方面',而且,由于过多地依赖于黑格尔思辨的总体性辩证法,这种恢复在理论论证上也不能说是成功的"①。另外,也并不像梅洛-庞蒂所认为的那样,《历史与阶级意识》仅仅是"只想要发展马克思主义辩证法的书"②,它同样是一部试图从理论上"纠正"当时社会主义政党及其行为(特别是组织问题)的原理论述。在下文中,我们将会看到,沿着这条思路,"否定的辩证法"对《历史与阶级意识》中一切带有"实体性"色彩的主体进行了解构,它开始致力于拨除意识形态外衣,致力于消解一切强制性逻辑。

第二节 "先验性"视野中的真理观

在西方传统哲学内部,对传统实体性真理观突破的尝试也从来没有停止过。然而,在突破的过程中,西方传统的理性哲学家始终面临的一个基础性的问题是如何突破形式逻辑的思维特点。面对休谟对传统实体性真理观的挑战,康德尝试着发掘新的出路——构建一种新的思维逻辑。与形式逻辑所引发的"实体性"真理观不同,康德认识到了这种"实体"的问题(康德称之为"物自体"或"自在之物",实际上是把它降低到不存在认识合法性的地位)。在采取逻辑上的"悬置"态度之后,他把注意力集中在主体"表象"的领域。这样,一方面,他承认亚里士多德的形式逻辑思维方式的重要性——"逻辑学大概是自古以来就已经走上这条可靠的道路了……它从亚里士多德以来已经不允许作任何退步了……它直到今天也不能迈出任何前进的步子"③;另一方面,康德又承认休谟对自己的影响——休谟打破了他的教条主义的迷梦,试图在先验逻辑的基础上,重新构筑一种确定性——哪怕它混淆了"真"与"真理"。这就是康德的先验逻辑。

一、先验逻辑与形式逻辑

康德称自己的哲学为"哥白尼革命"。哥白尼在解释行星运动时发现,如果从观察者是静止的观点出发,很多天文现象不能得到合理解释。于是,他反其道而行之——假设太阳是静止的,而观察者是运动的。在这

---

① 王南湜:《我们心中的纠结:走进还是超离卢卡奇》,《哲学动态》2012 年第 12 期。
② 〔法〕莫里斯·梅洛-庞蒂:《辩证法的历险》,杨大春、张尧均译,上海,上海译文出版社,2009,第 63 页。
③ 〔德〕康德:《纯粹理性批判》,邓晓芒译,北京,人民出版社,2004,第 10 页。

样的逻辑序列下，哥白尼提出了日心说。康德也采用了类似于哥白尼的思维路径。他认为，我们以前之所以在真理问题上陷入困境，是因为我们重复了哥白尼之前的错误——我们总是试图从外界对象出发去寻找必然性。为此，康德一改前人的思维方式，从主体自身出发，从主体的思维、理性出发，去寻找必然性，在主体的认识范畴中去论证必然性。

在形式逻辑的形式思维中，逻辑上的必然性等同于"真"，最终被导向"真理"。虽然休谟的怀疑论对此形成巨大冲击，但是康德对这一点进行了限制和改造，从而使这种形式上的"真"在康德的先验逻辑中得到了进一步的发挥。他以先验逻辑来定义真理，以此来实现"真理"与"真"的区分。形式逻辑中的"必然性"是不允许有矛盾存在的，而在康德看来，理性之所以在思维领域中遇到矛盾，是因为理性的理论运用超出经验的领域，去追求不可认识的"自在之物"。一方面，他承认形式逻辑以"经验"为基本出发点的立场——"在时间上，我们没有任何知识先于经验，一切知识都从经验开始"①；另一方面，康德又认为，"尽管我们的一切知识都以经验开始，它们却并不因此就都生自经验"②。为此，康德列出了四组二律背反，认为正是理性的这种超验的理论应用，才导致了思维的矛盾，而他解决矛盾的方法，就是把理性的理论运用限制在经验的范围之内。

先验逻辑与形式逻辑一样，也做了两种区分：判断形式与判断内容。先验逻辑所说的判断，相当于形式逻辑的命题。先验逻辑所说的判断形式，相当于形式逻辑的命题形式。与形式逻辑不同之处在于，关于判断的内容，先验逻辑做出了不同的解释。康德认为，概念有两种，一种是经验概念，另一种是纯概念或先验概念。经验概念来源于感性内容；纯概念不是由感性内容抽象出来的，而是来源于知性或思想本身(纯概念具有先验的综合作用，这种先验的综合作用规定了判断形式，也表现于判断形式。相应于不同的纯概念，亦即范畴，就有不同的判断形式)。

康德重新解释了"主观"与"客观"两个概念。康德哲学中的主观概念与客观概念本质上是重合的。因为在康德哲学中客观性是在主观性的基础上建立起来的，是主体认识过程中具有固定性与普遍性的认识框架与图示，而他的主观性又是先验规定下来的具有"普遍性"的东西，并不是某个人可以违背、可以抵消的。在康德哲学中，无论是"真理"还是"真"，

---

① 《康德全集》，第3卷，李秋零主编，北京，中国人民大学出版社，2004，第26页。
② 《康德全集》，第3卷，李秋零主编，北京，中国人民大学出版社，2004，第26页。

都是主观建构的产物。

在此我们可以看出，康德的先验逻辑，其实是改造过了的形式逻辑，它与形式逻辑的不同不仅体现在改变了寻求必然性的方向与途径，更体现在它限制了形式逻辑的作用范围——主体的意识领域。然而，先验逻辑并没有克服形式逻辑内部的真理与真的分裂，相反，却把这种分裂进一步体系化了。但是，相对于形式逻辑所导致的"实体性"倾向而言，康德哲学又在一定程度上规避了对"实体"的追求，使得哲学的全部注意力集中在"表象"的领域。

二、主体与真理

康德的《纯粹理性批判》曾经叫"理性本体论批判"，在历史上叫作"对沃尔夫本体论的批判"，"这一本体论要经受它的最艰难的考验，即经受在范畴上不可推倒的直观材料的偶然性的考验"①。对此，康德认为，认识的对象只能是现象，本体属于人永远不能认识的范围，真理也就表现为思维同它的先验形式的一致："无感性则不会有对象给予我们，无知性则没有对象被思维。"②这种坚持先验的思维形式与经验的表象内容的符合论，相比于形式逻辑而言，范围进一步缩小了：如果说坚持了形式逻辑的旧形而上学还以朴素的方式承认本体的可知性的话，康德的先验逻辑则把一切都限制在了思维、纯主观性的范围之内。于是，真理的"可靠性"大打折扣。真理虽然具有先验的形式，却不能穿透现象，直达本体。正是在这个意义上，黑格尔认为，坚持形式逻辑的旧形而上学比后来的康德批判哲学在思维方式上站得更高：它不仅假定有限事物是可以认识的，而且假定思维本身也是可以认识的③。

然而，在《实践理性批判》中，康德却想突破现象的限制，去设想本体，即"自在之物"。在这里，上帝、具有普遍性和必然性的道德律成了真理的化身。然而，这种真理超出了形式逻辑乃至康德的先验逻辑的能力范围，只能靠信仰去把握。为此，康德一改在《纯粹理性批判》中的论证方式，直接从"理性的实践运用是纯粹的"这个假设出发，从而背离了亚里士多德的逻辑学。原因很简单，在康德看来，自由或者上帝、绝对命令，自身是不能够存在界限的，如果存在着界限，就是不纯粹的，受

---

① 〔德〕阿多诺：《克尔凯郭尔：审美对象的建构》，李理译，北京，人民出版社，2008，第 90 页。

② 〔德〕康德：《纯粹理性批判》，邓晓芒译，北京，人民出版社，2004，第 52 页。

③ 〔德〕黑格尔：《逻辑学》，梁志学译，北京，人民出版社，2002，第 83 页。

外部事物的控制的，因此它将不能形成绝对的道德律。因此，至于"康德为什么需要他的自在之物，那是很容易明白的：他想建立一个领域来应用他的道德宗教原理。科学通过它的因果决定论剥夺了人类行动自由和上帝统治世界的余地，在康德看来，这就危及了道德和宗教的基础。把科学限制在一种低等的实在中，从之把自在之物从现象界事物的决定论中提出来，似乎可以成为一条出路。康德的综合先天判断的主观倾向竭力要做出这样的解释：如果因果性规律和几何学只是由人的思维外加在一个绝对实在之上，那么这个实在本身就是自由的，可不受阻止地服从道德律而不服从因果律"①。在论述经验世界时，他是遵循形式逻辑的，而在论述超验的实践理性时，他却从假设开始。

在康德的这种纯粹的主观性哲学中，无论是真理还是真，都被严格地限定在认识论的领域，如果说，坚持形式逻辑的旧形而上学还以朴素的方式承认本体论，承认本体论与认识论的统一的话，那么，康德哲学在此实现了认识论与本体论的断裂。在真理观问题上，真理被定义为纯主观性的范围：在表象的范围之内，真理与真是可以互换的；而在道德伦理的范围之内，真理却是只能信仰的。与此同时，康德哲学对真理问题的一大贡献在于，他开始把主体性因素引入真理观。真理不再是外在的，而是与主体密不可分的。

然而，康德和其他的哲学家遇到了同样的一个问题：经验的"真"与形式的"真"是否能够完全等同？如何去确保形式的"真"？康德在寻求自己的真理的时候，最终选择了形式的"真"，因为在他看来，真理的第一条规定就应该是不受限制的，即自由的。另外，无论是先验逻辑还是形式逻辑，有一个共同的特点，就是存在着"终极真理观"的倾向。在这种倾向下，真理被设想为无限的、永恒的、绝对的，亦即真理是存在于人类社会之外、人类只能认识而不能改变的铁的逻辑。在这种真理观面前，人，归根结底，只是奴隶。在马克思主义哲学产生之前，这种终极真理观一直占据着统治地位，并且在黑格尔哲学中达到了顶峰。

三、先验"真理"观所面临的挑战

康德的先验逻辑及其衍生的先验真理观，相对于以往的外在"实体"性真理观而言，在主观唯心主义的视域中高扬了主体的能动性，使"真理"问题不再像自然科学的规律那样，对人不再表现出一种外在的、机械

---

① 〔德〕H. 赖欣巴哈：《科学哲学的兴起》，伯尼译，北京，商务印书馆，1996，第55页。

的强制性。然而，这种先验真理观也面临着几个重大的挑战。

首先，如何把这种"先验"真理观运用于社会历史的问题。像康德之前的所有哲学一样，对世界特别是人类社会的逻辑总结都面临着如何与现实的社会历史一致的问题。虽然说，康德哲学并没有像后来的黑格尔哲学一样，直接"规定"自然界和人类世界的运动的逻辑规律，然而，"实践理性批判"并不能弥补社会历史领域内的视角缺失。也正是这种缺失，更加使得康德哲学始终局限于"主观唯心主义"的领域之内。

其次，如何把"主体"融入先验真理的逻辑之中的问题。康德哲学在"表象"的领域内讨论了认识的确定性的问题。在此问题上，即使实现了真理与真的混淆，主体本身的活动，特别是社会生产及交往活动如何归置的问题，也始终是一个悬而未决的问题。如果，康德的先验逻辑只注重于探讨认识如何可能的问题的话，那么这种先验性逻辑的进一步延伸应该可以看到其社会历史视角的应用，但是令人遗憾的是，这个任务在唯心主义的领域内由黑格尔的唯心主义逻辑接手了。

最后，在这种先验逻辑中，真或真理最终根源的确定仍然是一个悬而未决的问题。这个问题不解决，任何认识的确定性问题就不可能得到真正的解决。单纯的一个不可认识的"自在之物"的解释非但不能通达认识的澄明之境，反而有可能再次导致神秘主义的倾向。故有观点认为，在康德《纯粹理性批判》中被扫地出门的上帝，被他在《实践理性批判》中悄悄打开窗子接了回来。

正是由于康德先验逻辑在诸多领域内导致的问题，黑格尔哲学才以一种更彻底的逻辑和宏大叙事粉墨登场。

第三节 唯心主义辩证逻辑中的真理观

黑格尔的唯心主义辩证逻辑尝试在一种全新的逻辑基地上解决康德哲学甚至以往全部哲学的问题。在黑格尔的逻辑体系中，实际上包含着对既有思维方式的继承和改造。这其中，既包括传统的形式逻辑，也包括康德的先验逻辑。在这种"集大成"的理论视野中，世界的运动性、复杂性即使在唯心主义的体系中也呈现出了异常精彩的形象。

一、逻辑的三个阶段

黑格尔哲学真正地开始在辩证逻辑的思路下讨论"真理"问题。与形式逻辑直接关联命题内容的思维方式不同，"辩证思维是思维的二次乘方，是对思维自身的思维。在这种思维过程中，心灵必须像处理自己加工的材料那样，处理自己的思维过程；而在这种过程中，所涉及的特定内容以及适合内容的思维方式，必须同时在心灵里结合起来"①。因此，辩证思维具有深刻的比较性，比较则包含着差异，是从一种原材料到另一种似乎和它不相干的原材料的不断转化。这样的一个过程，在黑格尔看来包括三个阶段，"逻辑的东西就形式而言有三个方面：α)抽象的或知性的方面，β)辩证的或否定性理性的方面，γ)思辨的或肯定性理性的方面"②。黑格尔认为，包括康德哲学在内的以往哲学形式大部分都停留于第一个方面或部分地停留于第二个方面，而没有能够上升到肯定性的否定方面，因此，关于必然性的真理在这些哲学中都只能是一种朦胧的意识或猜想。

首先，"抽象的或知性的方面"是一切思维形式不可跨越的阶段。知性活动赋予认识内容以普遍性的形式，是我们认识和区分事物的前提，"如果没有知性，无论在理论领域还是在实践领域，都不会得到任何确定性和规定性"③。在这一方面，黑格尔认为康德哲学做出了巨大的贡献。

在此基础上，"思维首先是知性思维，然而思维却并不停留在知性阶段，而且概念也不是单纯的知性规定"④，思维要求自身上升到第二个层面——"辩证的或否定性理性的方面"。

在此，黑格尔做了"有限"与"无限"的区分。"真理"是绝对的、无限的。在认识真理的过程中，"有限"是一个陷阱，一个引人误入歧途的路标。"有限"这一类的经验性的概念是不能表达无限即关于绝对的知识的。一个经验事物是"有限"的，意味着它不能承担真理的重任。之所以不能在经验范围内认识"真理"，是因为经验范围内的特定的存在物都有一个"他者"、一个界限："从形式方面来说，有限是指这样一种东西，这种东西有终结，这种东西是存在的，但在与自己的他物联系起来，从而受到自己的他物的限制时，就不再存在了。所以，有限东西存在于它与它的他物的关系中，这个他物是它的否定，并且把自身表现为它的界限。"⑤以有限的思维去推论无限的思维，就会使"辩证的或否定性理性的方面"变成单纯的否定性，变成怀疑论。因为在有限的否定中，知性不能发现有限事物中的肯定性因素，不能变成肯定性的"否定之否定"。

---

① 〔美〕弗雷德里克·詹姆逊：《马克思主义与形式》，李自修译，南昌，百花洲文艺出版社，1995，第35～36页。

② 〔德〕黑格尔：《逻辑学》，梁志学译，北京，人民出版社，2002，第151～152页。

③ 〔德〕黑格尔：《逻辑学》，梁志学译，北京，人民出版社，2002，第153页。

④ 〔德〕黑格尔：《逻辑学》，梁志学译，北京，人民出版社，2002，第152页。

⑤ 〔德〕黑格尔：《逻辑学》，梁志学译，北京，人民出版社，2002，第83页。

"无限"则不然。"无限"恰好满足了黑格尔的突破经验范围内的有限性，从而达到绝对的真理这个要求：思维"存在于其自身，与其自身相关，以其自身为对象……对象是一个他物，一个否定我的东西……纯粹的思维在自身决没有任何局限。只有在思维停留在一些有局限的规定里，认为它是至极的东西时，思维才是有限的"①。没有界限，也就没有否定。最终，"无限"作为"肯定的东西把自己所从出的否定的东西作为得到扬弃的环节包含到了自身之内，如果没有这种否定的东西，肯定的东西也就不能存在。但这就是逻辑东西的第三个形式的基本规定，即思辨的东西或肯定性理性的东西的基本规定"②。

黑格尔采取了"倒虚为实"的思维路径，他把寻找客观性的途径从外部事物转向了思维自身。他认为，单纯地从知性思维上升到辩证思维并不意味着一定能够发现真理。他认为有两种不同的中介运动。一种是以他物为内容的中介运动，另一种是以自身为内容的中介运动。因为以有限事物为内容的中介运动本身还是有限的，它并不建立起一种绝对必然性的普遍联系，"必定会害怕怀疑论，而不能抵抗怀疑论"③。而以自身为内容的中介运动则能够把怀疑论作为辩证的环节包含到自身之内。怀疑论是停留在辩证法中的单纯否定的环节，并固执地坚持这种抽象的否定，而不能坚持肯定性的否定。其根本原因就在于，它没有能够实现中介运动内容的提升，这就是以自身为内容的中介——"只有一种内容不是以他物为中介，不是有限的，就是说，它是自己以自己为中介，因而与中介性统一起来，是直接的自相联系，它才能被认为是真理"④。

在黑格尔看来，知性思维方式的对象是"有限"的事物，是经验事物，"知性设定的普遍东西是抽象的普遍东西，它本身是与特殊东西对立起来加以坚持的，因而也就同时又被规定为特殊东西"⑤，"知性被推向极端，就会转化为自己的反面"⑥。这就是康德哲学的"二律背反"。黑格尔认为，知性的思维方式之所以不能解决"二律背反"，是因为在知性思维方式中的事物、概念是被孤立地分析的，是一种"单纯的自相联系"⑦。在黑格尔哲学中，"辩证法是现实世界中一切运动、一切生命和一切活动的

---

① 〔德〕黑格尔：《逻辑学》，梁志学译，北京，人民出版社，2002，第 83 页。
② 〔德〕黑格尔：《逻辑学》，梁志学译，北京，人民出版社，2002，第 159 页。
③ 〔德〕黑格尔：《逻辑学》，梁志学译，北京，人民出版社，2002，第 159 页。
④ 〔德〕黑格尔：《逻辑学》，梁志学译，北京，人民出版社，2002，第 147 页。
⑤ 〔德〕黑格尔：《逻辑学》，梁志学译，北京，人民出版社，2002，第 152 页。
⑥ 〔德〕黑格尔：《逻辑学》，梁志学译，北京，人民出版社，2002，第 154 页。
⑦ 〔德〕黑格尔：《逻辑学》，梁志学译，北京，人民出版社，2002，第 153 页。

原则。同样，辩证法也是一切真正科学认识的灵魂……有限事物不单纯从外面受到限制，而且由于自己固有的本性而扬弃自己，并通过自身的活动过渡到自己的反面"①。世界本身就是辩证的，因此就需要辩证的思维方式用不受限制的概念来把握这个世界。在此，康德哲学中的"二律背反"就被黑格尔辩证法哲学中"扬弃"性的中介运动消解了。

这样，黑格尔的辩证逻辑必然要在"真理"问题上反对亚里士多德的形式逻辑，因为亚里士多德的形式逻辑的形式本身就是有限的，它所研究逻辑的形式不过是有限的经验世界的形式，形式逻辑的"判断由于其形式使然，总是片面的，就此而言也是假的"②。在此，在黑格尔的辩证法中，形式逻辑中的"一切差异都在中间阶段融合，一切对立都经过中间环节而相互转移……旧的形而上学的思维方法不再够用了"③。黑格尔通过中介概念去解决矛盾，从而使事物实现更高层次上的发展。

在此，黑格尔提出了认识真理的最高的思维层次——"思辨的或肯定性理性的方面"。这种肯定性辩证首先给自己确定了一个主体——"精神"。"对我们来说，精神以自然为它的前提，而精神则是自然的真理，因而是自然的绝对第一性的东西。在这个真理中自然消逝了，而精神则表明自己是达到了其自为存在的理念。"④因此，以精神贯穿的"各种对象，无论外在自然还是内在天性，总而言之，自在存在的客体，都是像它们作为所思的东西存在那样存在的，因此思维是各种客观东西的真理"⑤。

二、发展的、具体的真理观

在解决了以自身为中介内容的主体以后，真理的面纱也就被揭开了。它是"绝对精神"或"客观思想"，黑格尔展开了对肯定性否定的论述。于是在黑格尔看来，在精神的自我扬弃运的运动中，精神就能够保持自己的具体性从而保证内容的丰富性。在这个基础上，黑格尔哲学认为精神作为"真理"具有"发展"和"具体"的特征，提出了"真理是过程"和"真理是具体的"的思想。黑格尔指出，"真正的、思辨的东西恰恰是这样一种东西，这种东西在自身决没有任何这样的片面规定，也不能被片面规定所

---

① 〔德〕黑格尔：《逻辑学》，梁志学译，北京，人民出版社，2002，第156页。
② 〔德〕黑格尔：《逻辑学》，梁志学译，北京，人民出版社，2002，第83页。
③ 《马克思恩格斯选集》，第4卷，北京，人民出版社，1995，第318页。
④ 〔德〕黑格尔：《精神哲学》，杨祖陶译，北京，人民出版社，2006，第10页。
⑤ 〔德〕黑格尔：《逻辑学》，梁志学译，北京，人民出版社，2002，第67页。

穷尽，而是作为总体包含着许多自身统一的规定，它们在分离开的情况下被独断论视为固定的、真正的东西……实际上，片面的东西并不是固定的、独自持续存在的东西，而是作为被扬弃了的东西，包含在整体之内。知性形而上学的独断论在于坚持孤立的、片面的思想规定，反之，思辨哲学的唯心论则拥有总体性原则，并表明自己能够超越抽象知性规定的片面性……理性的斗争就在于克服知性已经固定起来的东西"①。

黑格尔哲学以前的大部分"真理"观中，"真理"一般是一个静止的概念，而在黑格尔哲学中，它成为一个具有丰富内容并不断扬弃自身的过程，从而使它具有一个以往的逻辑思维形式中所不具有的特点，即认识论与本体论的自觉结合。在这个"客观思想"或"真理"的基础上，自然史和人类史就具有统一性的外观，黑格尔的辩证逻辑才能够把历史融入真理观，试图在历史的发展过程中阐述真理的实现。在这种辩证逻辑的思维模式下，真理开始具有丰富的内容和发展的形式。

这是黑格尔哲学对"真理"观的一大贡献。然而，最终结果却是，经验性的内容在黑格尔的辩证法中不是被扬弃了，而是被抛弃了，辩证法在黑格尔哲学中成了一种扬弃性的运动，成了精神自己否定自己、自己发展自己的辩证运动过程。黑格尔虽然"知道他同自己的思维的对象的距离有多么远，然而他谈起来却总像是他完全占有了他的思维的对象"②。最终，黑格尔的辩证法成了"绝对精神"自编自演的一场闹剧："精神能够从一切外在东西和它自己的外在性、它的定在本身抽象出来；它能够忍受对其个体的直接性的否定，忍受无限的痛苦，就是说，能够在这个否定中肯定地保持自己。"③在阿多诺看来，在黑格尔哲学中，这种否定性的相互联系，仅仅意味着一种理性的绝对性，"通过与绝对性的这种联系，映射（reflection）的作用被终止了，只有联系存留了下来，成为认识中的唯一的现实的东西"④。历史最终成为单纯的精神的历史，黑格尔哲学由于自己的唯心主义立场，没有能够在真理问题上实现历史和逻辑的真正的统一。

在这场经验与形式的较量中，真理最终服从了精神运动的形式，成了抽象理性主体的一个空洞的符号。传统的唯心主义理性哲学同时把形

---

① 〔德〕黑格尔：《逻辑学》，梁志学译，北京，人民出版社，2002，第87～88页。

② Adorno：*Negative Dialectics*，Translated by E. B. Ashton，London，Routledge & Kegan Paul，1973：14.

③ 〔德〕黑格尔：《精神哲学》，杨祖陶译，北京，人民出版社，2006，第20页。

④ Adorno：*Hegel：Three Studies*，Translated by Shierry Weber Nicholsen and Jeremy J. Shapiro，London，The MIT Press，1993：61.

式逻辑和辩证逻辑推向了极端，最终使它们脱离了经验世界，成为超验的东西，最终也使哲学脱离了经验的世界，成为一种空洞的思维。在这种思维方式的指引下，辩证法也仅仅是概念的、抽象主体的辩证法，而不是真正意义上的主客体之间的辩证法。

第四节　"差异性"逻辑中的真理观

"否定的辩证法"所张扬的是一种"差异性"的逻辑。这种差异性逻辑直接针对的是传统诸逻辑视野中的外在的、强制的规定性，从尊重对象自身特点的基础上，真正实现认识的主体和客体在认识逻辑中的平等和和谐。从这一点我们也可以看出，"否定的辩证法"的这种真理观，实际上仍然把真理问题的讨论限制在了"真"的范围之内。

一、客观性与外在性

阿多诺认为，传统哲学在对"真理"的分析过程中，片面地强调了抽象的主体，亦即先验的主体，而忽视了主体和客体的经验层面，最终把经验的领域清除掉了。因此，在唯心主义哲学中，客观性并不意味着外在性，它是主体自身虚假状态的反映，是主体自身所建构的强制同一性，一旦这种"客观性征服了主体，内在性就会成为主体的避难所"[1]。在阿多诺看来，先验的主体是以经验的主体为前提的，思想的综合功能是以区别的能力为前提的，抽象的统一是以现实的差异为前提的。真理所力图认识和把握的对象"不过是以概念为中介的完全不可还原的经验"[2]。传统哲学的真理观由于忽视了这一点，而陷入决定论的因果链深渊之中，这只能是一种"分析的真理——潜在的同义反复"。在这种同义反复中，我们的思想被同一性束缚，不但不能达到真理，反而被这种形式的同一性束缚住思想。在这种同一性思想的束缚下，我们看不到主客体之间、客体之间的区别，这使我们相信世界存在着"始基"，并使我们屈从于幻想的世界的"逻各斯"，从而导致了思想上的"循环往复的不自由"。而阿多诺认为，现实世界的分裂和矛盾意味着传统哲学和谐融洽地设想出来

---

① 〔德〕阿多诺：《克尔凯郭尔：审美对象的建构》，李理译，北京，人民出版社，2008，第 43 页。

② Adorno：*Negative Dialectics*，Translated by E. B. Ashton，London，Routledge & Kegan Paul，1973：13.

的这种方法论不可能充分地适合于对象①，因此作为"始基"的本体论②是对现状的辩解，是维护秩序的工具，是掩饰真实状态的魔法。

如果《历史与阶级意识》张扬的是人的主体性和革命性的主观方面，这使辩证法曾一度被第二国际遮蔽的主体向度得以凸显出来的话，那么，面对已经过度膨胀的主体理性及其暴力，阿多诺则试图通过展现真实的"客体"本身以修复被主体性"施魅"的理性，"重新回到历史辩证法的客体向度"③。于是，在"否定的辩证法"的差异性逻辑中，主体与客体的差异性都得到极端化的强调，甚至为了保持这种差异性，阿多诺不惜打碎传统哲学中的抽象同一性的形式。但是问题也随之而来，那就是如何在认识论问题上实现主客体的统一。

阿多诺为"真理"规定一个势力范围。为了打破传统真理观中先验主体的抽象同一性统治，就像康德给理性的理论应用划定一个范围一样，阿多诺也给"真理"划定了一个范围。这就是经验的范围。在经验的范围内，阿多诺承认真理的客观性："真理是客观的……当人们不再为真理所基于的经验而辩护，而是让真理进入有助于使它明显起来或证明它的贫乏的构造或因果关联中时，真理就失去了这种特征。"④

把"真理"规定为"经验"的范围之内，而且拒不承认"同一"性、总体性形式的存在，在相当大的程度上就等于把"真理"等同于"真"。然而，就算把"真理"等同于"真"，阿多诺的差异性逻辑思维方式还是面临着一个非常巨大的理论困难，那就是："真"也是一个认识论的概念，如何保证概念中的差异性因素在差异性逻辑中不被总体的抽象所同化？

二、"思想模式"分析

阿多诺提出了达到"真理"的途径——"模式"分析。阿多诺认为，差异性的逻辑打破了哲学自上而下的统摄模式和哲学的封闭模式。阿多诺并不完全反对体系，而是反对封闭的体系，他认为，提出不靠封闭的"体

---

① 〔美〕马丁·杰：《阿多诺》，瞿铁鹏、张赛美译，北京，中国社会科学出版社，1992，第70页。

② 在阿多诺看来，这种本体论的幻想主要表现在两个方面。第一，胡塞尔的现象学。追求主体内部的直接意向的状态并以此作为出发点。第二，海德格尔的存在哲学。这是一种"在直接意向和间接意向之外，在主体和客体之外，在概念和实体之外而盛行的存在学说"(*Negative Dialectics*, p. 66)。

③ 张亮：《"崩溃的逻辑"的历史建构》，北京，中央编译出版社，2003，第72页。

④ Adorno: *Negative Dialectics*, Translated by E. B. Ashton, London, Routledge & Kegan Paul, 1973: 41~42.

系而把论证结合起来的要求也就是提出思维模式的要求"①。

阿多诺认为，差异性逻辑的思维方式为人们提供了开放的思维模式，摆出了相对于传统哲学对待经验世界中的差异性因素更加宽容乃至纵容的态度。虽然开放的思想不能为真理提供保证，但是"开放思想的表现的一致性、结构的严密性有助于思想切中目标"②。这种"表现得一致性、组织的严密性"在阿多诺看来就是"模式"分析。

"一个模式不仅包含特定之物，而且多于特定之物，同时又不会使特定之物消失在它更一般的总括概念中。哲学的思维是和有模式的思维一样的，否定的辩证法是模式分析的一个整体。如果哲学自欺欺人地认为它必须从外部给它的对象注入它在内部使其运动之物，那么哲学就会普遍降低成一种肯定性的安慰。"③这种"模式"分析，不是从外部给对象强加上一个绝对原则，而是坚持从对象出发，从经验中的对象出发来认识对象的认识路径，坚持主体和客体在经验中互动、开放的原则，能够达到"真理"的认识。

阿多诺的"模式"理论，与他的"星丛"理论在很大程度上是同构的。这种差异性的"模式"分析与"星丛"理论有很大的相似之处。这不是理论的偶然，而是理论的必然。因为这两种提法有着共同的理论基础和逻辑规则——"经验"概念和差异性逻辑。

星丛，"阿多诺用它来指吸引和排斥的相互联系的作用，这种吸引和排斥的相互作用构成复杂现象的动力的、相互转换的结构"④。在形成"星丛"概念的"谱写"过程中，客体的差异性得到了保存和正确的反映，从而为认识客体提供了可能。这是一个概念的"星丛"，也是一个发展的"星丛"。在这个概念的"星丛"的体系中，所有的概念都从某个方面反映客体的特殊性，每一个概念都不能够占据绝对的优势地位，每一个概念都不能完全代替客体。同样，在阿多诺的"模式"分析中，每一个概念的"星丛"都不能代替另外一个"星丛"，每一个"星丛"都有着自身特殊的、不可替代的差异性，"真理"就存在于"星丛"之间的"可能"的一致性中。

---

① Adorno：*Negative Dialectics*，Translated by E. B. Ashton，London，Routledge & Kegan Paul，1973：29.

② Adorno：*Negative Dialectics*，Translated by E. B. Ashton，London，Routledge & Kegan Paul，1973：35.

③ Adorno：*Negative Dialectics*，Translated by E. B. Ashton，London，Routledge & Kegan Paul，1973：29.

④ 〔美〕马丁·杰：《阿多诺》，瞿铁鹏、张赛美译，北京，中国社会科学出版社，1992，第 8 页。

因此，在阿多诺看来，"真理"是一种可能，而不是一种必然。因为"否定的辩证法"所追求的是一种差异性的逻辑，而不是一种追求绝对必然性规律的逻辑。从这个意义上说，阿多诺的"真理观"相对于传统哲学承认真理的必然存在而言，它是"否定性"的，它只是一种可能。

在这种经验领域的否定的"真理"观中，为了实现主客体之间开放的、互惠的关系，阿多诺主张哲学思考路径的方向应该发生变化。他认为，不应该从先验的主体出发去思考具体事物，而应该从具体事物出发进行哲学思考，哲学思考的出发点应该发生变化。以经验中的具体事物为根据去思考真理，而具体事物又是变化发展着的，所以真理也不是僵化的，而是随着具体事物的发展而发展变化的，所以真理就存在着"开放性"和"时效性"的特点。"真理因其时间的内容是飘荡的和脆弱的。"①

在此，真理是具体的，不存在超越时间的永恒的真理，它是有实效性的，真理的标准就是变化着的客体。这涉及对时间的理解问题。首先，在阿多诺看来，流动的时间在先验哲学的框架中是不能存活的。在康德那里，时间与空间，作为感性认识的纯形式，构成了先天知识的原则——"时间是所有一般现象的先天形式条件。空间是一切外部直观的纯形式"②。因此，在先验哲学中，时间只是一种"纯形式"，它构成了人的先验认识框架。"当康德把时间变成每一暂时事物的纯直观形式和条件，进入先验化的状态时，时间作为先验性的一部分也就实现了与真正的时间的分离"③，这是一种形式化的、与内容分离了的超验的时间。其次，在黑格尔的辩证法中，时间也与形式联系了起来，然而，时间的暂时性服从于形式的永恒性——"黑格尔的思辨以此为依据，把绝对的总体性观念和一切有限事物的消失等同起来"。因此，在黑格尔那里，真理成了超时间的永恒要素——"时间被本体论化了，从一种主观的形式变成了绝对的永恒的存在的结构"④。

总之，在阿多诺的视野中，在时间的纯形式化问题上，"主观唯心主义与客观唯心主义是一致的，因为二者的基础是作为概念的主体，缺乏主体的时间内容。再一次像在亚里士多德那里一样，纯粹的行动成了静

① Adorno：*Negative Dialectics*，Translated by E. B. Ashton，London，Routledge & Kegan Paul，1973：34.
② 〔德〕康德：《纯粹理性批判》，邓晓芒译，北京，人民出版社，2004，第37页。
③ Adorno：*Negative Dialectics*，Translated by E. B. Ashton，London，Routledge & Kegan Paul，1973：331.
④ Adorno：*Negative Dialectics*，Translated by E. B. Ashton，London，Routledge & Kegan Paul，1973：331.

止不动的"①。这最终构成了静止的、总体性的真理观。因此，阿多诺更倾向于祛除时间的绝对性形式，并且要以主体的真实的意识内容为基础，去反映未被同一性思维所抽象概念化的客体。在这样的时间中，就不存在一种抽象的必然性。由此，面向客体的真理就具有了实效性与可变性。

坚持客体的优先性，同时也就是要坚持主体的社会性与历史性。当然，阿多诺所谓的客体也绝非是纯粹的、剔除了任何主体性的客体。在他看来，从来没有未经主体中介过的客体。一切客体都积淀着历史和文化。虽然他并不认为客体有着某种神秘的生命，但他同样也坚持认为，客体绝不仅仅是一种惰性的天然事物，它不是什么异在的材料，等待我们施加假设性公式，相反，客体是进入主体视域，充满着主观目的、有待阐释的现象。

主体与客体的分离不是绝对的，主体与客体是交叉的，主体在某种意义上也是客体。因此，阿多诺的"从客体出发"的思路暗含着两条道路：从经验的个体主体出发，从经验的客体出发。这两条道路并不是相互冲突的。从经验的主体出发，是为了祛除先验主体在主体领域的绝对统治，使主体作为活生生的、经验的个人而存在，是为了避免抽象化。从经验的客体出发，才能真正地保持客体的特殊性、差异性，从认识过程的起源和指导原则上保证客体的特殊性不被先验的主体吞噬。也就是说，阿多诺认为我们所经验的任何客体都已经是一种"主体—客体"的混合物。因此，客体是多元决定的，而不能简单地在主客二元对立的模式中加以分析。它不可能被概念毫无遗漏地统摄。传统哲学视客体为人工制品或自然物品，实际上，客体上面铭刻着人类的社会关系，承载了人类的希望与梦想，它们召唤着人类的阐释。

同时，客体的优先性在阿多诺看来并不意味着一种新的普遍性的认识标准的产生，"存在应当作为变化的内容而包含在一切变化之中，这种内容诚然对于人来说是被遮蔽的。被遮蔽的存在，用密码写成的'意义'产生辩证法的运动；并不是盲目主观的追求"②。在阿多诺看来，"当我们的思维对其综合性的客体施以暴力的时候，它留意到一种守候在客体中的可能性"③。正是这种可能性对主体提出了新的希望和要求——主体

① Adorno：*Negative Dialectics*，Translated by E. B. Ashton，London，Routledge & Kegan Paul，1973：331～332.

② 〔德〕阿多诺：《克尔凯郭尔：审美对象的建构》，李理译，北京，人民出版社，2008，第 36 页。

③ Adorno：*Negative Dialectics*，Translated by E. B. Ashton，London，Routledge & Kegan Paul，1973：19.

以合适的中介方式在客体中发现和阐明这种可能性。这实际上是赋予客体一种主体性。就是说，它意味着客体也有着言说的能力，这种能力是以主体的形式表现出来的。因此，高扬客体的优先性，就是要让作为概念对象的客体自身释放出隐藏于自身中的真理内容。

事物本身永远都是不可能认识的，这是一个康德命题。但对于阿多诺而言，它意味着主体本身的某种欠缺。"任何客体都不能完全被认识，知识不必提出一个总体性的幻相。"①就是说，主体永远也不可能充分理解作为他者的客体和其他主体。对于这些他者，我们只能去接近、去理解，与之和平相处，而不是妄称自己是主人，可以宰制对方。

在阿多诺这种基于经验中开放的、互动的主客体关系的真理观中，一方面是要打破传统哲学在真理观方面的主观建构，防止经验的先验的主体上升为绝对的主体，禁止先验主体的同一性统治；另一方面，又要保证经验的主体和客体的特殊性不被先验主体同化，而要做到这一点，就必须保证差异性因素的优先地位。这样，真理并不是简单的主体与客体的同一，而是从客体出发，以主体的双重身份(经验的主体和先验的主体)为主观中介而达到的与客体的动态的、暂时的、开放的统一，并且，这种统一是在经验范围内的统一。

在这种"开放的"或者说不断否定自身的"真理"观中，阿多诺也反对由此导致的两个极端：片面地抓住客体的某一特殊性去定义真理，或者基于相对主义的观点去否认真理的存在。

阿多诺明确反对"单子论"的分析方式，即孤立地去分析概念的"星丛"中的某一个方面的方式，因为在概念的星丛中，所有的概念都是指向客体的，都是代表着客体的某一个方式的，并且是随着客体的发展而变化的。阿多诺在《认识论的元批判》中对胡塞尔单子论的思维方式进行了批判。他认为，在将世界"还原"为主观内在的胡塞尔现象学中，反映了处于闭塞状况中的后期资本主义社会的单子论事态。阿多诺在对海德格尔的存在与存在者的关系的分析中，也提出了"没有存在者就没有存在"这一观点，在其中反复对胡塞尔与海德格尔那种极为封闭的框架式的思考进行了严厉的批判②。

阿多诺更加明确地反对相对主义的思维方式。"相对主义起源于资产

---

① Adorno: *Negative Dialectics*, Translated by E. B. Ashton, London, Routledge & Kegan Paul, 1973: 14.

② 〔日〕细见和之:《阿多诺:非同一性哲学》，谢海静、李浩原译，石家庄，河北教育出版社，2002，第35～39页。

阶级的个人主义。在这种个人主义中，个体意识被当作终极的，一切个人意见都被视为是与平等权利相一致的，仿佛其中根本不存在真理的标准……相对主义是庸俗的唯物主义，是思想走上了赚钱的道路"①。虽然阿多诺在这里对相对主义的历史界定有待商榷，但是他无疑是把相对主义作为资产阶级意识形态来批判的。他指出，相对主义在资本主义生产关系中，解放了的理性代表资本主义生产方式的利益，它害怕自己的后果会毁灭自身，于是就转而限制自身。相对主义就是这种理性限制自身的产物："相对主义将因自身的狭隘性而被粉碎。相对主义不管它的姿态多么进步，在任何时候都和反动的要素相联系……相对主义的干涉性批判是确定的否定的范例。"②

在阿多诺的主客体关系网中，真理的绝对性被打碎了，取而代之的是真理的开放性和互动性。相对于形式逻辑中的真理观，阿多诺与尼采的思路是一致的——"一旦由经验提供的、由我们这个直观世界得到的内容被视为永恒真理，我们的全部观念就会陷入矛盾"③。但是无论如何，阿多诺还是承认间接思维形式下的真理的存在，虽然这种真理是一种"流动的真理"。在此问题上，阿多诺指出，没有任何办法"保证"真理的不变性，"真理的不变性是第一哲学的幻想"，"开放的思想防护不了那种衰落为随意性的风险，任何东西也不能保证它具有将足以克服这种风险的能力"④。"在原则上，辩证法总会误入歧途，这也是它能前进的唯一原因"⑤，否定的辩证法只能提供认识真理的可能的方法。

正是这种可能，给予了"否定的辩证法"在思想上超越现实的可能。在此观点上，阿多诺和本雅明是一致的："把真理和错误分开是唯物主义方法的目标，不是它的出发点。换言之，它的出发点是充斥错误和推测的对象。"从错误过渡到真理，需要概念的批判，使概念的歧义含义和它们不恰当指称的社会世界相对立，结果不仅是概念对世界的不充分，而且也会是现在建成的世界对概念的某些意义来说的不充分。因此，阿多

① Adorno：*Negative Dialectics*，Translated by E. B. Ashton，London，Routledge & Kegan Paul，1973：36.

② Adorno：*Negative Dialectics*，Translated by E. B. Ashton，London，Routledge & Kegan Paul，1973：37.

③ 〔德〕尼采：《希腊悲剧时代的哲学》，李超杰译，北京，商务印书馆，2006，第73页。

④ Adorno：*Negative Dialectics*，Translated by E. B. Ashton，London，Routledge & Kegan Paul，1973：35.

⑤ Adorno：*Negative Dialectics*，Translated by E. B. Ashton，London，Routledge & Kegan Paul，1973：14.

诺认为，这些互补的不充分相互作用，给予思想超越现状的批判力量①。

阿多诺的否定的真理观所直接否定的是当代认识论的"错误"——主体和客体的根本分裂，这种分裂已成为至少从笛卡尔以来的西方思想的基本假设。与此同时，这种分裂在阿多诺看来也反映着社会的分裂的现实：这种分裂"既是现实的，也是虚幻的，说它是真实的，因为在认识领域，它能够表达现实的分裂，人的条件的二重性，一种强制的发展。说它是虚假的，因为作为结果发生的分裂不必实体化，不必魔术般的转化为一种不变的东西"②。

"否定的真理观"更大的"否定"意义在于对资本主义社会现实、一切同一性思维方式以及强权社会的否定和批判。同阿多诺的崩溃的逻辑一样，阿多诺的否定的真理观也是两面性的——破坏性的和建设性的。阿多诺的否定的真理观应该具有两个名字——否定的真理观和差异性的真理观。相对于传统同一性哲学和资本主义社会的现实分裂而言，它表现为否定性和批判性；而相对于阿多诺的"经验"世界而言，它又是建构性的，虽然也是隐晦的：它试图"投向被异化的事物，并把事物从被施的魔法中拯救出来。——和物一起被施魔法的是人的关系和人本身"③。否定的辩证法正是试图使辩证法打破这种虚幻的肯定的特征，"同时又不减弱它的确定性"④。它是在"经验"概念的基础上，在差异性逻辑的思维方式下，对阿多诺理想的经验世界的描述和建构。

第五节 "否定的真理观"的理论意义

阿多诺的否定的真理观或者说差异性的真理观，无论对于传统哲学中的形式逻辑中的真理观，还是先验逻辑中的真理观，都造成了巨大的冲击。相对于传统的超越性的真理观，"否定的真理观"直接打破了对永恒真理的迷信，把真理定位于现实的经验世界，聚焦于客体自身的运动和变化中。可以说，在这一点上，阿多诺力图把真理从天上拉回经验

---

① 〔美〕马丁·杰：《阿多诺》，瞿铁鹏、张赛美译，北京，中国社会科学出版社，1992，第 88 页。

② 〔美〕马丁·杰：《阿多诺》，瞿铁鹏、张赛美译，北京，中国社会科学出版社，1992，第 87~88 页。

③ 〔德〕阿多诺：《克尔凯郭尔：审美对象的建构》，李理译，北京，人民出版社，2008，第 47 页。

④ Adorno：*Negative Dialectics*，Translated by E. B. Ashton，London，Routledge & Kegan Paul，1973：xix.

世界。

在这种否定的真理观的视角中，一切对意识形态的迷信都破灭了，理性依靠同一性建构起来的对未来世界的美好许诺也被消解了，意识的主观能动性重新把自己的精力放在了对客体的观察和分析上。

问题在于，自在自然与人化自然存在着本质性的区别，即人的实践活动的参与。正是由于人的实践活动，人类才能改变自然界的原初存在状态，使之符合人的需要，不断扩大自己的活动空间，即扩大人化自然的范围。这样，在真理观问题上，如果说胡塞尔求助于主观还原，那么，阿多诺在此则是坚持一种客观还原的同时忽视了人化自然与自在自然的本质区别。

一、主客体关系与人类世界

首先，就是如何处理"人与自然的统一性"问题。在阿多诺的理论视野中，人与自然的关系问题被转化成主体与客体的关系问题。如同我们在前文所指出的那样，主体与客体的关系问题并不能被等同于主观与客观的关系问题。而"人与自然的统一性"问题恰恰就涉及主观与客观的关系问题。在此，阿多诺采取了"同一"的态度。因为阿多诺的经验视角是一个理想主义的视角。从这个理想主义的视角出发，阿多诺对一切有悖于"经验"概念的理论和现实进行了激烈的、否定性的批判，最终，所有的批判和建构最终都被"同一"于认识论范围之内。

正是由于仅仅局限于认识论的角度，对阿多诺来说，主体与客体的分裂同精神与物质世界的分裂、人与自然的分裂是一起发生的，也是同构的，并且是同一个层面上的——"主体一旦完全脱离客体，就把客体纳入它自己的规范；主体吞没客体，很大程度上忘记了它还是客体本身"①。正如他和霍克海默在《启蒙的辩证法》中已经表明的，一旦人在自然中的原初的"嵌入"被超越，而后又被"忘却"，那么自然的统治便接踵而至，由此激进的人道主义便具有人类帝国主义的潜在危险，它最终反过来在人的关系本身中作祟。于是，人与自然的关系问题在此便被等同于主体与客体的关系问题。

在这个基础上，整个社会的分工及社会关系的异化，被理解为一种"忘却"，而社会关系对人的统治，却被理解为"自然的统治"。

---

① 上海社会科学院哲学研究所外国哲学研究室编：《法兰克福学派论著选辑》（上卷），北京，商务印书馆，1998，第209页。

其次，就是人与社会的关系问题。"否定的真理观"在对现实社会的分裂现象进行批判的同时，也阐述了自己的社会历史观——关于理想的、充分尊重差异性、祛除了主客体分裂和抽象同一性统治的"经验"世界。虽然阿多诺说过，"真理只有作为历史产物才存在"①，然而，这样的经验世界及其发展逻辑在现实的人类历史中是找不到它的原型的。

由于阿多诺的"否定的真理观"（或者说是"差异性的真理观"）立足于主客体关系，人与社会的关系问题便同样地被理解为主客体关系的分裂问题。鉴于阿多诺对主体的双重性——个体主体与先验主体——的区分，社会对个人的统治便被理解为先验主体对个体主体和客体的统治，被理解为主体之间和主客体之间的分裂，并把这种分裂的根源归结为理性自身的特点。由于这种理想主义的划分，否定的真理观即使在表现对资本主义社会的激励的否定性时也显得力不从心，往往流于对资本主义的形式批判。

最后，之所以说阿多诺的理论是局限于认识论范围之内的，最重要的是因为否定的真理观找不到实现自身的现实途径。

我们在上文中已经指出，阿多诺的这种真理观是有别于马克思哲学的真理观的，至少，这里有一个明显的区别，那就是在这种认识论的范围内，马克思哲学的人与自然和社会的统一性命题被曲解了。在此，实践的作用被忽视了，人的能动性就被表示为主体的主观性，历史也丧失了社会生产的维度。

于是，虽然阿多诺反对主体和客体的绝对分裂，特别是这种分裂遮蔽主体对客体的暗中支配时，他的选择的模式也不包括主体对客体的完美的统一，或对自然的原始嵌入的复归。虽然阿多诺还是执着地决不迷恋于史前的完美和谐时代，虽然他怀疑对任何前反思统一的恢复，虽然"主体—客体"抨击任何退步式的向往，但是，由于他丧失了社会生产的历史维度，最终把真理实现的希望寄托于"回忆的解放力量"②（法兰克福学派的其他成员也有同样的兴趣），以此来打破他所设想的由于理性自身的特点所导致的抽象同一性统治。

如果没有现实的、历史的概念作为根基，任何一种纯逻辑学都可能是柏拉图主义的。它会在纯粹的逻辑推演中脱离社会存在，并在这种脱离中最终凝固思维。只有把人及其历史发展把握为实践的生成，才能在

---

① 〔德〕阿多诺：《美学理论》，王柯平译，成都，四川人民出版社，2001，第5页。
② 〔美〕马丁·杰：《阿多诺》，瞿铁鹏、张赛美译，北京，中国社会科学出版社，1992，第90～91页。

实践中看出那些他用其辩证的思维总结出来的社会倾向和发展趋势，才能看到"真理"。真理的最终基础不在于主体的想象，也不在于单纯的客体的特点，而在于主客体之间的不断生成的实践过程。

二、历史的、实践的主体与客体

讨论主体和客体，不是简单地说它们是相互"符合"、相互"反映"，相互"平行"或相互"叠合"的，它们的关系在于它们都是同一个现实的和历史的实践辩证过程的环节。"任何历史都不是一些浪漫的活动，也不是偶然性或一些个别事件的堆积，历史本身具有统一性和内在的逻辑，同时构成当下的现实前提和现实内容"①，这种统一性和内在的逻辑，就是从具体的社会分工结构中总结出来的。对社会历史的这种把握，需要找到历史的"根基"。只有马克思主义哲学才真正以实践为辩证逻辑的基础，才真正科学地把人类历史纳入"真理"概念之中。

在我们目前的关于马克思主义真理观的定义中，我们一般是从认识论的角度着手的，"'真理'是一个认识论概念，是标志主观同客观相符合的哲学范畴，是人们对客观事物及其规律的正确反映"②。这种认识论范围内的真理架构，一方面把"真"囊括进真理的范围之内，另一方面，又突出了真理的普遍性和规律性。但是，实践，作为马克思主义哲学认识论的基础，在这个定义中没有得到相应展现。我们的这种定义方式与旧唯物主义没有什么本质区别。仿佛我们一旦认识了这种"客观实在的规律性"便万事大吉似的。"辩证法并不是可以用来解释一切的正—反—合的顽固组合；它也没有提供一个使我们能够证明或预言一切的公式；它也不是历史的动力。同样，辩证法并没有解释、证明、预言任何东西，没有导致任何东西的发生。相反，辩证法是一种关注世界上所发生的一切变化和相互作用的思维方式。"③只有辩证法实现了历史的与逻辑的统一，它才能具有现实的影响力，才能实现自己追求的目标。

从结构上讲，马克思对黑格尔的辩证法进行了改造和重构。马克思并不反对知性思维和辩证思维中普遍联系的观点，而是反对绝对精神自我扬弃的观点，黑格尔关于逻辑的第三个方面的认识被马克思改造了，

① 吴向东：《重构现代性》，北京，北京师范大学出版社，2006，第109页。
② 李秀林等主编：《辩证唯物主义和历史唯物主义原理》(第五版)，北京，中国人民大学出版社，2004，第296页。
③ 〔美〕伯特尔·奥尔曼：《辩证法的舞蹈——马克思方法的步骤》，田世锭、何霜梅译，北京，高等教育出版社，2006，第1~4页。

肯定性的否定并不是绝对精神以自身为内容的中介运动，而是人类的现实的生产活动。这样，黑格尔哲学中第三个阶段成为马克思哲学中的第一个观点，这也是马克思的"实践反思"的认识论路径。因此，马克思主义的真理观并不是简单地对"真理"是否为"真"做出判断那么简单，马克思主义的真理观首先是一种实践的真理观，认为真理是在人类的实践活动中去发现、发展和实现的。"人的思维是否具有客观的真理性，这不是一个理论的问题，而是一个实践的问题。人应该在实践中证明自己思维的真理性，即自己思维的现实性和力量，自己思维的此岸性。关于思维——离开实践的思维——的现实性或非现实性的争论，是一个纯粹经院哲学的问题。"①

首先，马克思主义真理观的首要特点是打破了真理观的认识论界限，把对真理的理解立足于现实的人的实践。自笛卡尔以来，西方哲学在对真理的理解中面临的一个重要问题就是如何对待"自我"。至少从笛卡尔开始，自我就成了一个精神性的主体，它所具有的最大或唯一的特征就是"思维"，自我由此被等同于"自我意识"。在这种思维方式的影响下，人被抽象为"自我意识"，被看成非对象性的、唯灵论的存在物。只有绝对观念，只有精神，才是真正的人的本质。于是，一切人类历史，都成了思维的生产史；一切对立，都成了意识范围内的对立，现实的物质世界成了无家可归的流浪者，并最终被彻底地驱逐出哲学体系。"自然界的人性和历史所创造的自然界——人的产品——的人性，就表现在它们是抽象精神的产品……它们是精神的环节即思想本质。"②

马克思实践的观点，把人看作是在一定的历史条件和社会关系中的"现实的个人"，看作是现实的、从事感性活动的个人，而不是思想家们所理解的"纯粹的"个人或者阿多诺所说的"主体"："这里所说的个人不是他们自己或别人想象中的那种个人，而是现实中的个人，也就是说，这些个人是从事活动的，进行物质生产的，因而是在一定的物质的、不受他们任意支配的界限、前提和条件下能动地表现自己的。"③人的本质也并不是一开始就确定了的，它是在实践活动中得以展现和不断发展的，这是一种从实践中发展自身、实现自身价值的能力。在此，认识的主体在实践活动中打破了"自我意识"的限制，只有在这个基础上，现实的、实践的主体才能在真理观的问题上突破单纯的认识论范围，从历史和社

① 《马克思恩格斯选集》，第1卷，北京，人民出版社，1995，第55页。
② 《马克思恩格斯全集》(第2版)，第3卷，北京，人民出版社，2002，第319页。
③ 《马克思恩格斯全集》，第3卷，北京，人民出版社，1960，第29页。

会的角度去理解真理。

其次，马克思主义哲学用实践的观点在真理观问题上真正实现了本体论与认识论的统一。作为认识主体的"人"是活生生的个人，人的认识活动是在实践中发生的。他有着自己独立的意识，他本身就是参与物质世界生活的一部分，因此不能只是考察抽象的、孤立的认识活动本身（这种"纯粹的"认识活动也是不存在的）。人不是在一个封闭的透明容器中去观察世界，然后待在这个容器里去苦思冥想他所看到的是不是事物本身的那个样子。

马克思一开始就把现实的、活生生的个人植根于现实世界的物质生产实践之中，他的认识活动是他的有机的社会实践过程的不可分割的一部分，而不是与认识对象保持着一定的距离单纯地瞪着眼睛"本质地看"①："当现实的、肉体的、站在坚实的呈圆形的地球上呼出和吸入一切自然力的人通过自己的外化把自己现实的、对象性的本质力量设定为异己的对象时，设定并不是主体：它是对象性的本质力量的主体性，因此这些本质力量的活动也必须是对象性的活动。对象性的存在物进行对象性活动，如果它的本质规定中不包含对象性的东西，它就不进行对象性活动。……因此，并不是它在设定这一行动中从自己的'纯粹的活动'转而创造对象，而是它的对象性的产物仅仅证实了它的对象性活动，证实了它的活动是对象性的自然存在物的活动。"②在这种思维逻辑的指导下，现实的人的实践活动，本身就不是一个固定的、抽象的概念，它是不断发展的、现实的历史过程，因而人的认识活动也是不断发展的。"人在怎样的程度上学会改变自然界，人的智力就在怎样的程度上发展起来。"③所以从实践的广度和宽度来看，认识活动的真理性也是一个从相对真理向绝对真理无限靠近的过程。

最后，马克思主义真理观的普遍性的重要表现——"规律性"，也是从实践中被总结出来的。它不是高高在上的神的指示，而是与人的主体性密不可分的。这种"主体性"有一个意义范围，那就是人化自然。因此，马克思并没有为自己的"规律"制定一个放之四海而皆准的普遍性。在此，休谟的关于因果性的诘难得到了合理的解决，"的确，单是某些自然现象的有规则的前后相继，就能造成因果观念：热和光随太阳而来；但是这

---

① 〔德〕埃德蒙德·胡塞尔：《现象学的构成研究——纯粹现象学和现象学哲学的观念》，北京，中国人民大学出版社，2004，第 3 页。

② 《马克思恩格斯全集》（第 2 版），第 3 卷，北京，人民出版社，2002，第 324 页。

③ 《马克思恩格斯选集》，第 4 卷，北京，人民出版社，1995，第 329 页。

里不存在任何证明，而且就这个意义来看休谟的怀疑论说得很对：有规则的 post hoc（此后）决不能为 propter hoc（由此）提供根据。但是人类的活动对因果性做出验证……必然性的证明寓于人类活动中，寓于实验中，寓于劳动中：如果我能够造成 post hoc，那么它便和 propter hoc 等同了"①。规律的价值和意义是相对于主体而言的，"对我们说来，只要知道，在相同的环境下，无论在什么地方，甚至在我们右边或左边比距离太阳还远一千万亿倍的地方，都会有相同的事情发生，这就够了"②。

在人类社会历史中，以实践性基础的人类社会的发展表现为分工以及以分工为基础的交往关系的发展。分工造成了社会集团的分化，改变了个人和集团的交往方式和范围，从而使整个社会关系发生变化。正是在这个基础上，马克思把人类历史的发展规律总结为生产关系一定要适应生产力的发展。

因此，人类历史的发展规律表现为人类社会历史实践活动的规律，它的实现，也离不开千千万万的社会现实主体——"现实的人"。正是千百万的人民群众的历史实践活动，才促成历史运动的洪流，正是在这个意义上，马克思指出，"共产主义是一个过程"。只有发挥每一个人的能动性，积极参与进步的社会实践，才能推动历史的发展进步。只有在实践的意义上，真理才是可以被总结出来的，并且才是可能的。

---

① 《马克思恩格斯选集》，第 4 卷，北京，人民出版社，1995，第 328～330 页。
② 《马克思恩格斯选集》，第 4 卷，北京，人民出版社，1995，第 339 页。

第四章 "否定的"自由观

与"正义""平等"等问题一样，自由也是缺陷性社会中的超越性诉求在意识形态层面的反映：正是因为现实生活中存在着不自由、不正义、不平等，所以它们才作为一个需要被解决的时代问题一再被分析和讨论。西方传统理性哲学对此的一个总体解决方式是，在思维的逻辑序列上找到一个坚固的支点，按照既定的逻辑去推演整个世界。在这一过程中，世界观、真理观、价值观、自由观等观点作为一系列的"副产品"脱颖而出。问题在于，自西方哲学近代从本体论到认识论的转向以来，这些"副产品"就面临着一个挥之不去的尴尬：如何让理论取得现实的支持？在答案未果的情况下，主体如何到达一种自由的状态，始终是整个西方哲学的一个重要话题。即使在马克思那里，"人的自由全面发展"也被设定为未来社会发展的目标。在众说纷纭的自由观背后，是不同的逻辑形式及其时代文明的支撑。

在自由观的问题上，阿多诺批判的火力主要集中在意识形态领域。他不仅批判了传统理性自由观的思维形式，指出了它们从来就没有"自由"过，而且还指出了对自由的思考本身就是"不自由"的。与"否定的辩证法"中的差异性逻辑一样，阿多诺在"否定性"的批判中也在某种程度上表明了对自由的理解。总体上来看，其自由观有两副面孔：相对于传统对自由原型的肯定性膜拜态度，阿多诺的自由观是否定的、破坏性的；相对于否定的辩证法的差异性逻辑，它又是建构性的，它力图在差异性逻辑的基础上实现主客体之间的"自由交往"。

第一节 天赋自由观的理论渊源

人的自由问题是一个"关系"问题。宏观上看，它表现为人与世界的关系问题；具体地说，它表现为人与自然界、人与社会、人与他者的关系问题。在近现代西方哲学中，人的自由问题主要表现为主体与客体的关系问题。阿多诺把天赋自由观作为自己的一个重要批评对象，除了其作为现代资本主义社会基础自由观的现实原因以外，另一个重要原因在于：天赋自由观是与西方的理性思维方式密不可分的，对其进行分析和批判，能与阿多诺所热衷的整个社会批判理论在逻辑上很顺畅地衔接起来。

一、古希腊时期的自由观

在阿多诺与霍克海默合著的《启蒙辩证法》中，二者流露出一个显著特点：颠覆已有的认为是无可置疑的认识。在其后的岁月中，阿多诺始终在坚持践行这一点并与霍克海默表现出越来越大的差异。除去二人的性格特征外，他们研究领域的差别及其研究思路的结构及指向也是一个重要的原因。在阿多诺的《道德哲学的问题》中，阿多诺详尽分析了康德哲学中的一系列问题。而康德哲学作为对西方传统理性哲学的一个重要提升的标志，其矛头直接指向从古希腊哲学直至康德时期的整个西方哲学。

纵观整个古希腊哲学的发展史，我们可以用"从'神'而来，向'神'而去"这样一个简短的总结来概括。"从'神'而来"中的"神"是古希腊早期的神话，"向'神'而去"则与后来古罗马时期最终确立的基督教神学形成了呼应。这种结构也与阿多诺社会批判理论的矛头形成有趣的"衔接"。在《启蒙辩证法》中，被尊称为"马克思主义重镇"的阿多诺并没有像正统的马克思主义者那样，从生产力与生产关系、经济基础与上层建筑的关系分析中进行启蒙理性批判，而是直接从神话入手，从对古希腊神话的内容分析中探寻人类不自由的原因，直接进行对第一个"神"的分析和解构。如果我们同时联系到阿多诺后来所坚持的音乐不可交流的极端观点，我们则可以看出其对第二个"神"的竭力反抗。

随之而来的一个问题是，在古希腊哲学中，为什么经过带有早期理性思辨、甚至一度具有朴素唯物主义色彩的各个学派，最终会导向对"神"的追求？特别是在亚里士多德完善了形式逻辑的三段论之后，这种倾向非但没有减弱，反而进一步增强了？对这个问题的回答，同时也能在一定程度上解释"否定的辩证法"乃至整个阿多诺哲学为什么没有"历史感"的原因，从理论兴趣上揭示"否定的辩证法"为什么会"悬置"唯物史观并与马克思的哲学在各个方面显示出巨大差异。

形式逻辑是跨越社会制度的。无论是在古希腊时期，还是在近现代自然科学兴起的时期，形式逻辑都以一种基础思维方式支撑着人类各个历史阶段的文明，构成着常识和理论理性的支撑。在"否定的辩证法"对整个近现代启蒙理性的批判中，阿多诺要想达到自己的预期目标，要想完全地对启蒙理性进行祛魅，就要在启蒙理性批判的逻辑中对形式逻辑进行或隐或显的反思。也正是在这种批判性的反思中，"否定的辩证法"从理论旨趣和结构上根本脱离了马克思的哲学以社会关系为重点探讨对象的立场。

作为在西方思想史上占主导地位的思维方式，形式逻辑的研究对象是现实的世界，或者说是作为客体的世界。它来源于经验，并力图在对经验性内容的分析中求得普遍性的形式。正是在这种普遍性的"形式"中，"人"陷入一种"自由"的困境。一方面，"人"是外在于这个观察的逻辑序列的，或者说，人是这个经验世界的规律的总结者；另一方面，无论是否认识到了这些规律，人作为这个世界的一分子也受到这些规律的支配和制约。在这种情况下，对这些形式或规律的认识，就意味着一种多重的意义：认识的前提、确定性以及人的要求和目的的合法性的标准的确立。也就是说，在对"经验"世界的形式逻辑的总结中，人发现和追求的是一种有关自由的"合法性"的"标准"。

在这种对"标准"的追求过程中，形式逻辑中的"客体"具有了两种表现形式：作为命题内容的"经验"客体与具有超验色彩的"形式"客体。这也就意味着，在形式逻辑的思维框架下，实际上存在着两种客体：经验客体与形式客体。问题在于，在知识的序列中，经验的客体由于其存在的易逝性并不能与形式的客体的永恒性相媲美。形式的客体在形式逻辑看来是更加具有普遍性、必然性的客体，经验的客体最终要上升到形式的客体。这样，形式的客体就是一种具有更高必然性的客体。这种"必然性"实际上就是人的自由的合法性的界限，超出了这种必然性，不仅意味着一种逻辑上的矛盾，而且意味着一种不可能性。只有在必然的范围之内，人的自由问题才是"合法"的。在这个意义上，形式逻辑实际上起到了为人在世界上的自由的范围"立法"的作用。在外界的约束性面前，人在形式逻辑中还不能算是"主体"，而更多的是一个观察者或总结者。特别是在苏格拉底以前，古希腊人行事多求助于"神谕"，听凭外在偶然性的支配，谈不上人的主体性，也谈不上什么自由。虽然苏格拉底和柏拉图的思维方式已经具备辩证思维的萌芽，但是他们对"善"或"理念"的定义仍然遵循着形式逻辑的思维方式。

既然世界是按照必然性运行的，在这种情况下，如何实现人的自由呢？在现实的经验世界受到约束的情况下，形式逻辑的思维方式继续开疆扩土，把追求自由的方向扩展到了自身的思维形式，于是产生了"意志的自由"或者"选择的自由"这样的问题。当然，这更多的是一种伦理或道德意义上的自由。在苏格拉底看来，从"善"就是自由。在这种朴素的形式逻辑的思维中，形式逻辑中的必然性变成了道德领域中的"善"，对这种作为必然性化身的"善"的认识与服从也就是自由。在他的学生柏拉图那里，"善"变成了"理念"。这是一种选择的"意志自由"或者说是"自由意志"。在对这种必然性的认识与服从中，主体的能动性表现为主体选择的主动性。它强调了人的自律自制和选择的自由，力图摒弃一切外在的东西，把选择的决定权留给自己，突出了人作为道德主体的能动性，无疑具有积极意义。

在形式逻辑的思维方式中，人的自由问题最大的理论困境，是主体在现实的世界中并不是自由的，主体必须服从这个世界的"铁的逻辑"。在近代，这典型地表现在关于世界的因果性的论断中，既然世界是按照因果链的必然性运行的，那么主体如何实现自己的自由？虽然说主体有选择服从或不服从的权利，但是在选择之前，这种选择的后果就已经明确了：必然性也有更高层次上的对主体的选择惩罚的权利。必然性与主体的选择性并不是在同一个层面上。在这个意义上来说，这种意志的自由便有可能是一种被强迫的自由。

二、康德的先验自由观

在漫长的中世纪神学中，逻辑上的必然性实际上匍匐在"神性"的脚下。在这种情况下，即使是伦理学中的主体性也要受制于"神性"。主体的自由乃至意志的自由实际上处于被消解的边缘。在这种背景下，休谟以基于"经验"的常识再一次进行了主体自由的"合法性"论证。

休谟所主张的"因果之被人发现不是凭借于理性，乃是凭借于经验"[①]的观点实际上是把有关必然性讨论的立足点再次拉回亚里士多德的时代。与亚里士多德的三段论不同的是，休谟并没有把对形式或规律的追求放在首要的地位，而是把对"关系"问题的探讨放在首要的地位。休谟认为，一切离开我们直觉所获得的印象、知觉的知识，其真理性都是值得怀疑的。据此，休谟对基于"经验"的因果性的可靠性进行了解构。他认为，因果性并不是一种真理性的知识，并不是客观规律，而只是一种习惯性的联想，只是一种心理事实而不是一种客观事实。这样，形式逻辑中的形式客体的必然性便被解构了。休谟的怀疑论在当时震动了整个哲学界，但人们又提不出有效的解决办法。为此，康德提出了自己的先验逻辑，试图解决形式逻辑所无力面对的自由与必然性关系的问题。

---

① 〔英〕休谟：《人类理解研究》，关文运译，北京，商务印书馆，1957，第28页。

　　首先，康德认为，形式逻辑的思维方式，试图在经验性内容中总结必然性的意图是不可能成功的。因为"要想从一个经验命题中榨取必然性，甚至想借这种必然性而使一个判断获得真正的普遍性……那简直是自相矛盾"①。在康德看来，我们的认识的经验性内容，仅仅是我们知觉的"表象"，并不具有绝对的客观有效性，其背后的"自在之物"是不可认识的。为此，他把理性的理论应用限制在经验的范围之内，认为理性一旦超出经验的范围去思考"自在之物"，就会引起二律背反。如果像形式逻辑那样，在经验的范围内去思考自由，就会引起这样的后果。这就是康德的《纯粹理性批判》中的第二个"二律背反"——因果性与自由的关系问题。在此，康德实际上是"悬置"了自由的问题。

　　其次，对于客观性，康德有不同的理解。康德哲学中的客观性，是一种主观性中的客观性，这也是康德的"先验逻辑"的最典型的特点。康德认为，在我们的认识中，存在着一些先验的概念、范畴，这些概念、范畴就是帮助我们获得知识的保证，也就是说，我们先天地具有一个普遍的认识结构，这种认识结构不因个体的改变而改变，它是一切"理性存在者"的共性。在此，与形式逻辑在自由问题上只注意客体的做法不同，康德开始把主要的精力放在对主体的分析之上，而康德所谓的客观性也是主体认识结构的普遍性。在此，康德哲学提升了主体的地位。

　　最后，对于必然性，康德认为这是属于"自在之物"的知识，我们的理性没有能力去认识。自由就是属于这一类的知识。在康德看来，自由是没有办法认识的，"我们先天地知道其可能性，但却看不透它"②。凡是认识的都已经处在必然性之中了，如果非要给自由寻找一个原因，那么这个自由已经不是自由了。在这里，自由意志就成了自由摆脱因果必然性束缚的唯一保证。只有这样，自由的基础——自由意志，才有可能摆脱经验的束缚。反之，如果人的行为仅仅受客观的因果必然性支配，不能自由地遵守"绝对命令"的要求，那么道德律就会丧失任何根据和要求。他举例说，如果这样，那么任何不道德和犯罪的人都可以为自己的行为辩护，把他的行为说成是受客观因果律支配，由环境或外在条件决定的，自己则可以不负责任③。康德其实给自由下了一个影响深远的定义：自己依赖自己，自己规定自己。

　　如果说，康德试图在"经验"的基础上解决休谟哲学的问题的话，我

---

① 〔德〕康德：《实践理性批判》，邓晓芒译，北京，人民出版社，2003，第11页。
② 〔德〕康德：《实践理性批判》，邓晓芒译，北京，人民出版社，2003，第2页。
③ 〔德〕康德：《实践理性批判》，邓晓芒译，北京，人民出版社，2003，第38~39页。

们不得不说，康德哲学中的"经验"与休谟哲学中的"经验"在概念上非但不重合，而且还存在着巨大的差异。

休谟哲学中的经验是一种"常识"意义上的经验，这种经验"悬置"了一切的外部灌输性的"必然性"，试图完全从"常识"的角度来论证两个"现象"之间的"因果"关系。在自然科学尚不发达的情况下，"现象"得以发生的内在机理并不在讨论的范围。因此在休谟哲学中，各个现象实际上是"孤立"的原子式的，不仅是休谟，还有休谟所处的整个时代，在知识上都没有达到突破对现象的"原子式"认识的水平。所以休谟只能指出，"所谓原因就是被别物伴随着的一个物象，在这里我们可以说，凡和第一个物象相似的一切物象都必然被和第二个物象相似的物象所伴随"①。在此，我们可以说，休谟的"经验"世界是一种前科学时期的朴素的常识性的世界，这也是为什么休谟会如此强调"习惯"的原因。另外，即使是这样的一个常识的经验世界，它在人的认识中的基础性地位，也对神学世界观产生了巨大冲击。正如休谟自己所言，"怀疑论者是宗教的另一个仇敌，他自然而然地激起了一切神学家和较严肃的哲学家的愤怒"②。

而康德的"经验"并不是常识意义上的，而是一种认识论层面上的表象及其主体对这种表象进行把握和加工的能力。问题出在"能力"这个方面。正是因为康德对于主体的这种"先验"能力的强调，才有了康德哲学中的先天综合判断对经验的统摄，才使康德哲学中的"经验"不再是休谟哲学中的"原子"式的。实际上，康德哲学再次回到了亚里士多德哲学的立场上——预设确定性。因此，康德的自由观也像古希腊哲学那样，最终与道德紧密联系在一起了。人不是因拥有知识和智慧而自由，也不是因理性的人的本质，它的表现就是人的"自由意志"。从这个角度看，康德是从先验的层面上对人的自由进行阐发的。然而，也正是在这种先验逻辑的思维指导下，才使康德把自由过多地倚重于人的道德行为能力上，把自由看作是一种先天的能力，从而局限于自己的绝对主观唯心主义哲学。虽然说，"康德式主观主义作为一个整体的意义，在于其客观的意象，在于其凭借分析主观性以期救助客观性的企图"③，在这种绝对主观主义的思维框架下，主观性占据了绝对的话语权，从而把另一个问题凸显了出来：在把自由归结为"自由意志"而忽视了经验层面的情况下，"人"还是完整的吗？

---

① 〔英〕休谟：《人类理解研究》，关文运译，北京，商务印书馆，1957，第70页。
② 〔英〕休谟：《人类理解研究》，关文运译，北京，商务印书馆，1957，第132页。
③ 〔德〕阿多诺：《美学理论》，王柯平译，成都，四川人民出版社，2001，第17页。

三、黑格尔唯心主义辩证逻辑中的自由观

如果说，康德哲学在对"物自体"①问题上对"经验"还保留着一些"克制"的话，那么黑格尔哲学在精神的第一性的问题上，则没有任何保留。在这一点上，黑格尔哲学与康德先验哲学的最大不同，就在于黑格尔是用"彻底的"辩证逻辑来实现的。

首先，黑格尔继承了康德哲学乃至整个西方传统理性哲学对自由问题的基本定义：不依赖于其他原因。也就是说，不能在有限的"经验"领域去寻找自由的根基："对象是一个他物，一个否定我的东西……纯粹的思维在自身决没有任何局限。"②为此，黑格尔认为，实现自由，就必须突破经验范围内主客体的对立，达到精神领域内主体的绝对的自由。

其次，对于康德哲学中的"客观性"，黑格尔做了批判，并把它作为自己自由观的根基。黑格尔认为，康德哲学是一种主观性哲学，在主体意识的知性领域内无法确保客观性，因此，必须上升到理性的领域，上升到精神的领域。我们知道，黑格尔的哲学体系分为逻辑学、自然哲学和精神哲学三个部分。黑格尔的逻辑学不是形式逻辑，它名为逻辑，实为形而上学或本体论，亦即关于存在本身的理论和研究，或者用黑格尔自己的语言来说，就是研究"事物的本质"的学问。黑格尔认为，经验事物的本质，不是在经验事物本身之中的，而是在"理念"之中的。"理念"作为本源，取得了对经验世界的压倒性的优势，并最终同化了经验世界。这样，经验世界的自由的问题，最终在黑格尔那里就变成精神自由的问题。

最后，黑格尔是在辩证逻辑的思维方式中去讨论自由问题的，因此，他把自由阐释为一个发展的过程。黑格尔承认矛盾的客观性，他试图在事物的辩证发展的视野中，通过中介概念去面对和解决矛盾，从而使事物实现更高层次上的发展。于是，在黑格尔哲学的辩证法中，形式逻辑的三段论变成了辩证逻辑的"正反合"。在这个"正反合"的辩证过程中，主体的地位第一次得到了真正的重视。在这种辩证逻辑的思维过程中，主体与客体的互动关系就表现为一个历史的过程。因此，在黑格尔的辩

---

① "物自体"在阿多诺的视野中具有双重意义。第一重是否定意义上的，"物自体"表现为还原论意义上的本原哲学，这是阿多诺所要批判的；第二重意义则是认识论意义上的，阿多诺反对康德所主张的"物自体"不可认识的观点，然而，"物自体"也透露出这样一种气息，那就是认为事物显露出来的东西要多于我们实际的感官认识，在这一点上，阿多诺是赞同的。

② 〔德〕黑格尔：《逻辑学》，梁志学译，北京，人民出版社，2002，第83页。

证法哲学中，历史的基本问题是关于自由的问题。

相对于传统理性哲学僵化的超越性姿态，黑格尔的辩证法克服了形式逻辑和先验逻辑中的固定思维方式，把主体的自由问题看作是一个历史过程。在这一辩证的、扬弃式的历史"跳跃"中，经验性的客体作为一个必要的步骤或阶段融入关于自由的主客体关系之中。问题在于，黑格尔的辩证法采取了"倒虚为实"的思维路径。黑格尔认为，具有客观性的东西并不是经验性的客体，而是"思维"。因此，自由在黑格尔的辩证法中是在精神的领域内被探讨的。黑格尔把自由看作是自由意识的进展，把现实的历史过程看作是绝对精神自我运动的一个特定环节，是精神的自由定在或特定存在。于是在黑格尔看来，精神的本质就是自由，其他一切特征都是为自由服务的手段，就连历史观中的伟人也仅仅是精神的工具。最终辩证法在黑格尔哲学中成了一种扬弃性的运动，成了精神主体自己否定自己、自己发展自己的辩证运动过程。正是在这种思维模式中，黑格尔认为，对历史的理解、对"绝对精神"的认识，将导致对自由的理解和实现——"精神并没有被置于与非精神事物对立的境地，最终它并不属于特定客体的范围……恰恰相反，它是非限制性的和绝对的。因此在黑格尔那里，作为康德实践理性的遗物，精神，确切地说，应该被称为'自由'"①。

这样，精神性的抽象的主体——"理念"就具备了最高的客观性，因此自由问题的最终解决并不是在经验世界的范围内，而是在抽象的精神的范围内。因为万事万物（一切自然现象和精神现象都包括在内）之本质或根底是概念（理念），概念是万事万物都具有的"最一般的、最基本的规定、范畴"。黑格尔的逻辑学就是研究这样一系列"纯粹概念"（"纯粹理念"）的科学。黑格尔的辩证逻辑用唯心主义的方法试图把历史融入自由观，试图在历史的发展过程中阐述自由的实现。在这种辩证逻辑的思维模式下，自由开始涉及并力图包含现实的社会历史，和具有了发展的外观。但是，在包括黑格尔哲学在内的西方传统哲学中，"自由"一直是一个过于崇高的字眼，一种天赋自由观，一种在主体自身内寻求自由的方法，一个神圣化了的象征，一个现实世界的人们所无法左右的锁链。

---

① Adorno：*Hegel*：*Three Studies*，Translated by Shierry Weber Nicholsen and Jeremy J. Shapiro，London，The MIT Press，1994：97.

第二节　天赋自由观的理论困境

无论是古希腊时期朦胧的"自由意志"，还是康德哲学，抑或是黑格尔哲学，乃至整个唯心主义哲学，在自由问题上都面临着一个理论困境：如何达到经验的自由与思想的自由的一致？或者更确切地说，如何达到自由问题上的"逻辑的和历史的统一"？

一、康德在自由问题上的失败

经验与理论如何统一的困境最典型地表现在康德哲学中。因此，康德哲学的自由观也成了阿多诺的否定的辩证法所批判的重点之一。应该说，康德对自由问题的解决并不是成功的。经验的自由与思想的自由问题在康德哲学中特别是《纯粹理性批判》中表现为第三个二律背反中的因果性与意志自由的关系。他提出了这样的问题，世界上一切事物都必须被视为受因果联系的制约呢，还是也可以假定在世界上有自由的存在者，即行动的绝对起点？最后，康德还给这附加了一个二难推论，作为第四个二律背反，即整个世界是否有一个原因的二难推论。

在此，我们暂时不去纠缠于康德的具体分析，而是首先纵观一下这种思维方式。虽然说，康德哲学坚持的是一种先验逻辑的思维方式，但是这种先验是能力起源上的"先验"。在经验层面的逻辑推演上，他仍然遵循着形式逻辑的思维方式。因此，在康德哲学中，至少在《纯粹理性批判》中，他的思维方式还是经典力学的思维方式，或者说是追求像数学那样的精确性的思维方式。这也是 18 世纪上半叶这个时代的思维特点，"这个时期的突出特征是形成了某种独特的总观点，这个观点的核心就是自然界绝对不变这样一个见解……开初那样革命的自然科学，突然面临一个彻头彻尾保守的自然界"①。在这种固定的形式逻辑思维方式的指导下，"因果性"就变成"因果链"，成了严格的单向必然性的"原则"，这种原则成了某种先天的形式，而"现象"则是在这种形式下得以组合排列的。这就是必然性的奴役，这种必然性必然把思维导向一个极端、一个终端，即那个神化了的因果链的"动力学上的第一推动者"。在这种必然性因果逻辑思维方式下，整个世界被解释成有条不紊的、按照因果性的逻辑顺序运行着的系统。虽然说，康德提出的"星云假说"把自然界"表现为某种

---

① 《马克思恩格斯选集》，第 4 卷，北京，人民出版社，1995，第 264～265 页。

在时间的进程中生成的东西"①，然而，在因果必然性的问题上，康德仍然束手无策，只好把它作为一个关于"自在之物"的问题"悬置"起来。

因此，当康德哲学在解释"自由"概念时，同样面临着形式逻辑的泥淖：唯心主义哲学认为经验世界是有限的，有限的并不是客观的。在比经验世界更客观的"世界"中，如果因果律发挥作用，意志将不能做出自由的选择，这将意味着思想是有限的，这就无法解释道德行为，进而所有的恶都将因因果律而得救。因此，当康德哲学"悬置"了"自在之物"以后，他就必须在纯粹认识论的范围内探讨自然界和精神世界。由于这种唯心主义的立场，他不可避免地走向天赋自由观，即对精神主体的崇拜。

在认识论中，康德认为，认识的对象只是现象，物自体（也就是本体）属于人永远也不能认识的范围。理性是处于知性之上的最高一级的综合能力，但是理性不能脱离经验，它只能对经验进行最广泛的综合。而人的理性却从本性上要求认识终极的、无条件的物自体，因此就有把相对的现象绝对化的倾向，就会陷入假象，导致二律背反。为此，他把理性的理论应用限制在了经验的范围之内。但是，在伦理学中，为了给道德寻找根基，却又必须树立本体，于是康德一方面承认善良意志，同时又指出这种善良意志不能证明，只能信仰。这就导致了这样一种现象：在认识论中，把人类的有条件的、因果连续不断的相对知识限制在与主体认识相关联的现象的范围之内，搁置本体论；而在伦理学方面却用信仰来证明本体论，这就意味着在伦理学方面限制知识，提出本体。

于是，经验世界内不能解决的二律背反，在超验的世界中被解决了，但是这种解决是以违背《纯粹理性批判》中所赞赏的先验逻辑的思维方式为代价的。在《实践理性批判》中，对自由意志的分析是以假设开始的，并且是以"不道德"的威胁进行论证的。最终的结果，不是解决了二律背反，而是把二律背反的两项彻底分裂了，自由意志还是取得了相对于经验世界的优先地位。为此，康德在《实践理性批判》中举了一个例子②：如果一个人面临着被处死的痛苦状况，他的君主命令他作伪证反对一个诚实的人，他会怎样做呢？当这个人在心理做出判断的时候，康德就认为在他的内心中已经有了自由，而且是道德法则的自由。

二、反对"起源"

阿多诺认为，康德的这个试验有点类似于存在主义的伦理学。在康

---

① 《马克思恩格斯选集》，第4卷，北京，人民出版社，1995，第265页。
② 〔德〕康德：《实践理性批判》，邓晓芒译，北京，人民出版社，2003，第39页。

德的观念中，善的意志应该是在一生的连续性中，而不是在孤立的行为中表现出来的。但是在这个实验中，为了证明他是"应该"的，他便把善的意志说成是在两种替代目标之间做出的决定。然而这种自主性的二者择一的状况不管其内容如何，都是他治的，正是由于这个原因，他必须为他的这个做出二者择一的决定的例子找到一个专制君主①。

阿多诺也同意康德"意志自由"的说法，并且自由意志在阿多诺看来同样是一个非常重要的问题。在他看来，讨论自由意志存在和不存在的争论已经没有必要，问题在于如何去"扩展它们的定义，其中包括把它们固定下来的不可能性，同时也要考虑到它们的强制性"②。

在阿多诺看来，康德哲学的问题首先就出在自由意志对"善良意志"的关系上，超出经验的"善良意志"是不存在的。自由意志是一种"个别冲动"，而不是一种理性分析，没有理由要遵循"善良意志"。他认为，在康德哲学中，意志作为一种冲动的表现被削减为意识了："意志的痕迹侵犯了纯粹智性的功能。一旦发生这种情况，自发性就离奇古怪地跳进了意志之中"③。因此康德哲学的体系中，意志和意识的区分最终在"善良意志"这个绝对命令的驱使下被模糊，意志对"绝对命令"的服从也就同样表现为一种因果必然性。于是，伦理学中对知识的限制不觉中失去了效力，重新回到康德所反对的因果关系之中。这种因果关系在康德哲学中主要的逻辑表现就是非此即彼的选择关系。

传统的唯心主义哲学之所以没有能力处理"意志自由"的问题，不仅仅是由于它模糊了意志与智性的区分，更重要的是，它剥夺了思想的经验性因素，离开社会现实去讨论自由问题。因此，"意志和自由都不能采用的单子论的结构……这种单子论结构是同哪怕最简单的事物相矛盾的"④，因为意志和自由的问题之间还存在着一个不容忽视的因素——经验世界。

这种对"起源"的崇拜，导致了对主体和客体的精神抽象，使主体与客体丧失了一切经验性的内容，成为纯粹的、孤立的精神因素，在这种

---

① Adorno：*Negative Dialectics*，Translated by E. B. Ashton，London，Routledge & Kegan Paul，1973：226.

② Adorno：*Negative Dialectics*，Translated by E. B. Ashton，London，Routledge & Kegan Paul，1973：212.

③ Adorno：*Negative Dialectics*，Translated by E. B. Ashton，London，Routledge & Kegan Paul，1973：230.

④ Adorno：*Negative Dialectics*，Translated by E. B. Ashton，London，Routledge & Kegan Paul，1973：212.

背景下，个体与社会历史性因素以及一切其他经验因素都被隔绝了，自由仅仅成了一种抽象的精神自由。在西方哲学史中，占统治地位的本体论观点大都假定事物是从某一个基础中产生的。为了打破这样的观念，阿多诺认为，必须批判地坚持主体和客体的二元性，反对思维试图成为总体的内在要求。从主体使客体成为被支配的异己物而加以占有的角度来看，主体与客体的分离的确是主观的，是思维有秩序地准备的结果。但一旦被分离物在现实中分裂了，任何对其主观根源的批判都不能把它们重新统一起来。

更重要的是，天赋自由观念与唯心主义哲学的理论结构在根本上是一致的：既然世界的本原是意识或绝对精神，一切都是为思想——绝对者的思想——而存在的，而思想在唯心主义哲学中又是天赋自由的，那么这个以思想为本体的世界就没有什么是不自由的。阿多诺称之为"起源说"。

这也反映了西方传统形而上学作为"第一哲学"的特征：为了追求一个原初性的"本原"或"起源"而不惜对经验世界进行无休止的抽象。亚里士多德曾经做过明确的区分，"物理学显然属于某种思辨领域，数学同样是思辨的，不过一些数学和对象作为不动的和可分离的东西被加以思辨是清楚的。如若存在着某种永恒、不动和可分离的东西，那么认识他们的应该是思辨科学，而不是物理学（物理学是关于某些运动着的东西的），也不是输血，而是先于两者的科学……只有第一哲学才研究既不运动又不可分离的东西……故思辨的哲学有三种，数学、物理学和神学……最崇高的知识所研究的应该是那些最崇高的主题"①。

阿多诺认为，在"起源"说的影响下，形成了"具有起源意义的便是主宰一切的"这样一种观点。自从 17 世纪以来，资产阶级哲学一直致力于为自由寻找一个正面的、坚实的、基础性的起源，但是在寻找这个基础的过程中，自由同压迫最终走到了一起，它们有着共同的公式："把自由割让给那种限制自由的合理性，把自由从经验中清除掉，人们甚至不想看到自由在经验中得以实现。"②在现实压迫与意志自由的断裂之处，哲学把自由的希望寄托给"自由意志"，仿佛这个肯定性的自由意志能够指导一切经验现实，于是自由的观念从一开始就被抽象地和主观地对待了。

---

① 〔古希腊〕亚里士多德：《形而上学》，苗力田译，北京，中国人民大学出版社，2003，第 120～121 页。

② Adorno：*Negative Dialectics*，Translated by E. B. Ashton，London，Routledge & Kegan Paul，1973：214.

正是这种肯定性的对自由原型的虚构，最终导致了康德的第二个二律背反：惩罚了两种同样是越界的、可能的回答，结果却是平局，于是自由的观念就变成悖论：自由被投入现象世界的因果性中，而这个现象世界却是和康德的自由概念不相容的。于是，在这种肯定性的"起源"说中，自由成了抽象的精神的自由，成了先验的自由。而这种自由，已经不再属于主体，而成为控制主体的枷锁。这种高度抽象的先验主体因素在唯心主义自由观中的统治地位，使经验性的个体主体处于次要的、被控制的地位。先验主体脱离并凌驾于经验主体，使个体主体眼中的先验主体因素成为异己的并进而控制自身。因此，唯心主义哲学自由观中的个体化原则表面上虽然标榜个人自由，承认肯定性的自由原型——自由意志也好，最高精神也罢，但是从理论的内在结构来说它不可能是自由的。

在这种氛围中，康德哲学以及后来的唯心主义哲学，开始把自由观念同经验性的个别科学相对立，经验科学被放到了不自由的领域，"自由主义的信条和压迫性实践的联合使哲学越来越远离对生活的自由和不自由的真知灼见"[①]。

这种"起源说"的最根本的原因就在于主体与客体的分离。从笛卡尔开始，西方思想的一个基本假设就是客体与主体的分离。而"一旦从根本上与客体分离，主体就把自己归结于自己的尺度；主体淹没了客体，忘记了客体本来的面目"[②]。在这样的基本假设下，客体本身的特性就遭到彻底的忽视，最终成了纯粹的工具或对象而被主体统治与操纵。客体世界由此成为人的主体意识的产物，主体抽象化了的至高无上的精神最终"同一化"了自然界客体的差异性。在这样的思维方式中，经验世界被化约为"外在事物"以便被抽象的精神主体认识、处理和操纵。客体，在工具理性的思维方式下，被看作是纯粹的算计对象，其不确定性、异质性、他者性和偶然性被看作是不受欢迎的缺陷，与错误甚至邪恶相关，因此是有待主体去征服的对象。

由于这种逻辑上的同构性和工具理性思维的蔓延，思想自由这个问题就成了唯心主义自由观的基本问题。但是，在这样的封闭的哲学体系中，思想的自由始终无法达到与经验自由的一致，以至于必须舍弃一方

---

① Adorno：*Negative Dialectics*，Translated by E. B. Ashton，London，Routledge & Kegan Paul，1973：215.

② Adorno：*Subject and Object*//*The Essential Frankfurt School Reader*，New York，Urizen Books，1978：499.

而求得另一方，而被舍弃的往往是经验的自由。这种逻辑上的同构性，典型地表现在两种不同逻辑形式的哲学中：康德哲学和黑格尔哲学。它们在不同的逻辑形式中试图解决这一问题，但是由于对起源的崇拜，最终还是没有达到思想自由与经验自由的合理统一。

第三节 客体优先

为了解决天赋自由观所面临的困境，阿多诺把"经验"的差异性视角引入自由观中。他这样做的目的有三个：第一，颠覆传统哲学对"自由原型"的幻想；第二，自由的基础不是"自由意志"，而是现实和意志的双重不自由，只有意识到这一点，才能唤起主体的反抗意识；第三，通过强调"客体的优先性"摆脱传统哲学中主体"同一"客体的状况，"一旦思想超越思想在抵抗中受到的束缚的限制，思想就有了自由"①。这预示着一种主客体之间进而主体间的"差异性"存在状态。

一、现实的"不自由"

从总体上看，阿多诺乃至整个法兰克福学派的社会批判理论更多的是在给西方社会"诊脉"而不是"治疗"。在"否定的辩证法"的差异性的逻辑视野中，这种"诊断"得出了多重悲观的结果。首先，与马克思哲学的总体观点一样，西方现代资本主义社会存在着严重的问题。在这一点上，"否定的辩证法"并没有直接否认马克思所指出的西方社会生产中的剥削性社会关系，虽然阿多诺在绝大多数时候由于各方面的原因尽力避免直接触及这一问题。其次，在给现代资本主义会诊的过程中，阿多诺的方法不仅不同于马克思，而且也愈发迥异于西方马克思主义的肇事者——卢卡奇。他不再立足于现实的"阶级"的社会群体划分方法，而是力图从思想文化上对他所认为的"资本主义问题"进行寻根究底式的剖析。再次，与早期西方马克思主义代表人物对苏联抱有或多或少的同情不同，阿多诺也对苏联保持着自觉的距离（这种态度与他对纳粹文化的反思有着很大的关系），从而使他的政治立场更加模糊。最后，阿多诺通过"否定的辩证法"实际上传达出了这样的信息：这个世界，无论是历史还是现在，在当时已有的解决模式中，无论是西方的模式还是苏联的模式，其现实性

---

① Adorno：*Negative Dialectics*，Translated by E. B. Ashton，London，Routledge & Kegan Paul，1973：17.

都是不自由的，前景都是悲观的。

在阿多诺与霍克海默合著的《启蒙理性批判》中，他们开门见山地对"进步"和现代启蒙进行了关系论述："就进步思想的最一般意义而言，启蒙的根本目标就是要使人们摆脱恐惧，独立自主。但是，被彻底启蒙的世界却笼罩在一片因胜利而招致的灾难之中。"①在此，阿多诺和霍克海默实际上把"现代"与"进步"进行了区分。在传统辩证法关于"发展"的观点中（不仅是黑格尔哲学，甚至是马克思哲学），社会发展的阶段性扬弃必然伴随着某种程度上的"进步"。也正是在这种"进步"中，才有了黑格尔的"密涅瓦的猫头鹰"②和马克思的"人体解剖对于猴体解剖是一把钥匙"③的观点。然而，如果把《启蒙理性批判》与《否定的辩证法》做一个纵向对比的话，我们会发现，阿多诺在思维方式上始终秉持着一种"否定的辩证法"的思维方式：如果在思维的起点上不尊重"经验"的状态，那么所谓的人类文明的"进步"便是不可能的。

相对于"机械"式地理解马克思关于"人类社会发展阶段"的通行模式来说，阿多诺对现代问题的这种反思是难能可贵的，虽然他的观点存在众多可商榷之处。阿多诺关于"进步"的这种反思在当时的社会状态下开启了这样的一个问题域：撇开公认的资本主义时代存在的问题，即使在社会主义国家中，我们如何反思和对待资本主义文明？在马克思本人的观点中，无产阶级也存在着一个自身消亡的过程，这一过程伴随着阶级社会的消亡。如果这一过程能够顺利实现，那么这种阶级的消亡并不仅仅是社会生产关系的更替，更是一种人类文明的自我洗礼。在这种"洗礼"的过程中，其中我们面临的一个问题是：我们如何从思维方式、价值定位上显示出"新"社会和"旧"社会的最根本的差异？

显然，苏联的尝试并不能让阿多诺满意。这种不满意态度的一个突出表现就是，虽然阿多诺在不同的著作中，用"否定的辩证法"的思维方式，结合弗洛伊德心理学的分析方法，对"个人崇拜"进行了深度批判，但是在这种批判中，我们很难在"方法论"上明确区分纳粹和苏联的个人崇拜的根本区别。从这个意义来看，"否定的辩证法"作为一种思维方式，实际上对大规模的群众运动进行了反思。

问题在于，在这种反思的背后，是什么原因使阿多诺及其"否定的辩

---

① 〔德〕霍克海默、阿道尔诺：《启蒙辩证法》，渠敬东、曹卫东译，上海，上海人民出版社，2006，第1页。

② 〔德〕黑格尔：《法哲学原理》，范扬、张企泰译，北京，商务印书馆，1979，第14页。

③ 《马克思恩格斯选集》，第2卷，北京，人民出版社，1995，第23页。

证法"对集体和群众运动采取了极端不信任的态度？是什么原因使"否定的辩证法"把"新"社会的希望寄托于差异性的"个体"？

从"否定的辩证法"的立场来看，如果我们深究，就会发现，"否定的辩证法"之所以在苏联与"马克思"的问题上采取全盘否定的态度，根源于阿多诺对马克思哲学"工具性"使用的态度。我们之所以称之为"工具性"使用，是因为马克思主义中的一些概念、方法是在脱离了马克思主义立场的背景下被使用的。这就意味着，在"否定的辩证法"中，马克思主义、弗洛伊德主义乃至其他一切哲学，都是在一种"拿来主义"的意义上被使用的——维护主客体之间不可"同一"的差异性。在这种理论立场的指导下，"否定的辩证法"中的马克思主义成分可以指责商品社会的文化工业，其弗洛伊德主义的成分又可以指责马克思主义成分。例如，在第二次世界大战之后，阿多诺首先发出警告："产生法西斯主义的客观社会条件还依然存在。"①但是他认为，1945年马克思主义在"斯大林政权领域得以实施后，后果却是灾难性的。谁若不对斯大林的威胁进行抵抗，'那完全就是在重复张伯伦的姑息主义政策，就是犯罪'"②。在"否定的辩证法"的思维方式中，任何形式的带有一定程度上普遍性的社会联合，都是违背主客体差异性的不可容忍的政策。正是在这种思维方式的定位中，阿多诺认为"真正的革命实践不可能在当今现实中实现"③。于是，为了寻找这种差异性保存状态的领域，"否定的辩证法"自然地把自己的中心偏向了文学和艺术领域。

上述结论的得出，并不是"否定的辩证法"从"马克思主义"的立场中发现了苏联模式的内在问题，而是从理想的经验"模型"的立场上，从外部施加的对苏联问题的指责。面对这种指责，一方面，我们要承认，它意识到了苏联存在着问题；另一方面，它所意识到的问题永远也不可能得到解决，除非苏联解体。因为它得以提出问题的手段本身就是"非马克思主义"的，是弗洛伊德式的。正如在阿多诺起了骨干作用的"权利主义人格"研究中所指出的那样："权威型人格的人心中，一方面积蓄着'受压抑的怒气'，另一方面，由于不能得到自身发展，他们又倾向于'认同压制他们的权威，并将自己受压抑的暴力本能施放出去，通常会施加到较

① 〔瑞士〕埃米尔·瓦尔特-布什：《法兰克福学派史——评判理论与政治》，郭力译，北京，社会科学文献出版社，2014，第221页。
② 〔瑞士〕埃米尔·瓦尔特-布什：《法兰克福学派史——评判理论与政治》，郭力译，北京，社会科学文献出版社，2014，第222页。
③ 〔瑞士〕埃米尔·瓦尔特-布什：《法兰克福学派史——评判理论与政治》，郭力译，北京，社会科学文献出版社，2014，第221页。

弱小的人身上。"①它虽然能够分析社会心理，但却忽视了经济问题的"归根结底"意义上的决定作用。

　　从"否定的辩证法"的视角来看，霍克海默与阿多诺合著的《启蒙理性批判》所针对的并不仅仅是启蒙理性，也不仅仅是现代社会，从更大的方面来看，启蒙理性所批判的是人类有史以来的整个思维建构。只有立足于这一点，我们才能更深入地理解阿多诺和霍克海默的那句名言——"启蒙倒退成神话"②。启蒙理性虽然打破了神学世界观，勾画了一个充满自由允诺的理性世界，但是，这个世界是以人对自然新的奴役为基础的，即工具理性的猖獗，它并没有克服人类文明发端阶段的"痼疾"。相反，在工具理性的泛滥下，人类控制的欲望得到了无限提升，最终给自己编织了一个无所不包、无所不至的现代"神话"。工具理性一旦征服了自然界，就必然要向人类社会生活领域扩展。阿多诺认为这就是不自由的文化或思想根源，资本主义社会现实的不自由是在唯心主义工具理性的思维方式中培养出来的。在工具理性中，被祛魅的客体失去了朦胧的巫术与神话所赋予它的丰富性和生产性——"物质便摆脱了任何统治或固有权势的幻觉，摆脱了潜在属性的幻觉，而最终得到控制"③。在工具理性的思维方式下，为了达到组织、控制客体的目的，主体同时也必须主动地压抑、控制自身的客体性。主体所创造的抽象同一性力量获得了强大生命力，最终连主体自身都被吞没了，成为一种不可抗拒的宿命。

　　在此基础上，阿多诺认为，自由并不存在正面意义上的历史原型，它的历史原型不是肯定性的，而是否定性的。如果说，自由是缺陷性社会中人们的超越性诉求，那么在阿多诺看来，这种诉求本身也是"不自由"的——"一切哲学，甚至向往自由的哲学，都在它的一般因素中不可分割地携带着不自由，正是在不自由中社会延长着自己的存在"④，自由的观念来自现实的不自由，来自自由的否定性方面。启蒙理性的肯定的自由观非但没有促进现实的自由，反而成了压迫的同谋。在这种思维方式下，无论是主体还是客体，最终都被不平等的主客体关系所衍生出来

----

① 〔瑞士〕埃米尔·瓦尔特-布什：《法兰克福学派史——评判理论与政治》，郭力译，北京，社会科学文献出版社，2014，第222页。

② 〔德〕霍克海默、阿道尔诺：《启蒙辩证法》，渠敬东、曹卫东译，上海，上海人民出版社，2006，第3页。

③ 〔德〕霍克海默、阿道尔诺：《启蒙辩证法》，渠敬东、曹卫东译，上海，上海人民出版社，2006，第4页。

④ Adorno：*Negative Dialectics*，Translated by E.B. Ashton，London，Routledge & Kegan Paul，1973：48.

的强大的抽象同一性所遮蔽，甚至丧失对自身真实面貌的思考的能力。

二、客体优先

在这种"不自由"的状态中，主体及其传统理性思维方式都处于一种"迷失"的状态。在这种情况下，从认识论上看，要唤起主体的觉醒，实现主体的自由，只能把目光转向"客体"。为此，阿多诺提出了新的主客体关系原则——"客体优先"①以及"主体—客体"概念。他认为，"正是通过客体的优先性辩证法才变成唯物主义的"②。

为了摆脱抽象同一性的主客体关系，就必须要抛弃传统主体性哲学思维方式，首先在认识论上建立一种开放的主客体关系。在此问题上，阿多诺并没有像哈贝马斯那样直接转向某种层面上的主体间的交往，而是经由"客体优先"原则，通过在认识论上正确处理主客体关系，通过主体的认识论上的"自立"去通达一种承认主体缺陷基础上的有限"自由"。

"客体优先"并不意味着无视主体的存在，而是意味着要同时尊重主体和客体自身的"差异性"并使之保存下来。因此"客体优先"实际上是"差异性优先"。正是在"差异性优先"的中介下，传统哲学的"主体/客体"二元对立模式所造成的主客体的分裂才有可能被弥补。阿多诺的"客体优先"通过"差异性"保持主体与客体之间的内在的相互贯通，坚持主体本身所具有的客体性。在这种视角中，主体永远都不会是纯粹的、抽象的、思维主体，它是在其自身的具有差异性的客体性中得到构建的，并称为自己独特的"自身"的，而不是单纯地由"意识"构建而成的——"毋宁说，客体的优先性意味着，正如客体也是一个主体一样，主体在一种更为极端的意义上是一个客体——它本身就是一种性质不同的客体：因为只有经由意识才能认识主体，此外别无他途，而通过意识来认识的东西必定是某种东西——中介指向被中介的事物"③。

"主体—客体"概念在阿多诺的哲学中非常重要，它是主客体间以及主体间、客体间关系的基础和中介，"我们只有经由客体和客体性才能接

---

① 阿多诺的"客体优先"并不是仅仅针对黑格尔哲学和康德哲学，在现代，它也指向以萨特为代表的存在主义。阿多诺看来，萨特的选择的绝对自由本身就是一种主观的虚幻，是根据唯心主义的主体自由行动的范畴组织起来的。

② Adorno：*Negative Dialectics*，Translated by E. B. Ashton，London，Routledge & Kegan Paul，1973：192.

③ Adorno：*Subject and Object*//*The Essential Frankfurt School Reader*，New York，Urizen Books，1978：502.

近主体性"①。主体作为"主体—客体"的产物，兼具有"客体性"与"主体
性"。只有在对象的客体性和主体的客体性得到充分尊重的前提下，主体
间的相互承认才能够成立，客体和主体的真实面貌才可能被真正显现出
来，才有可能实现一种认识论特别是意识形态上的"祛魅"，才有可能谈
及"自由"——不仅是个人的自由，更是社会领域内的自由。因为，只有
在这种情况下，主体和客体才有了保存自身差异性或者说个性的"自由"，
而不是受到外来强制性力量的"统摄"——无论这种强力是来自现实还是
文化。

　　"客体优先"并不是胡塞尔哲学意义上的"悬置"，并不是追求一种"作
为严格科学的哲学"，更不是要否认主体及主体性存在的合法性，而是要
重新理解、重新定位和重新构建主体性，实现相对于传统哲学的"辩证优
先"。当阿多诺宣称"客体优先"是第二次哥白尼革命的时候，他并不是指
康德哲学中表象背后神秘的"自在之物"，而是指差异性逻辑中贯穿着主
体性的客体——"如果人们想触及客体……那么其主观属性或性质就不应
该被抹杀，因为这种做法恰恰与客体优先背道而驰"②。在此，阿多诺强
调客体的辩证优先，是主体性与客体性相互交叉的客体，"客体的优先性
意味着不存在作为主体的抽象对立面的客体"。同样，更不存在纯粹的主
体：没有客体，就无所谓主体③，"即使在认识论上，主体与客体的关系
也有赖于人与人之间以及人与他者之间的和平的实现"④。

　　在这个基础上，阿多诺试图兼顾"自由"概念的两个领域。他不仅反
对对客体的压抑，同样也反对对主体的压抑——反对压抑就是保护差异。
在这种意义上，保护差异的"自由"不仅包括社会关系层面先验主体的自
由，也包括个体领域经验主体的自由。阿多诺所坚持的对主体的先验与
经验二分立场，使自由的问题不再局限于孤立的个人，不再局限于抽象
的精神，而是扩展到社会性层面。在此，从思维方式和社会文化上分析，
传统唯心主义哲学恰恰是没有看到主体的这种社会性的先验成分，没有
看到先验性是对经验性的抽象总结，而是使先验成分与经验性彼此隔绝

---

① Adorno：*Subject and Object*//*The Essential Frankfurt School Reader*，New York，
　Urizen Books，1978：167.

② Adorno：*Subject and Object*//*The Essential Frankfurt School Reader*，New York，
　Urizen Books，1978：502.

③ Adorno：*Subject and Object*//*The Essential Frankfurt School Reader*，New York，
　Urizen Books，1978：508.

④ Adorno：*Subject and Object*//*The Essential Frankfurt School Reader*，New York，
　Urizen Books，1978：500.

了，"使个体脱离了社会，这种探询就会成为绝对的、纯自在存在的谬误"①。

阿多诺提出的"客体优先"并不仅仅把客体当成是主体的认识对象，同时也要求主体与客体或者其他主体和平共处、真实再现。作为某种未知的东西，客体（或其他主体）既不是让主体感到恐惧的东西，也不是启蒙理性中那种有待主体去征服、控制的对象。主体所要做的，就是去意识、经验、领会客体，要求主体与主体之间达成一种在差异中求共识的"自由"。由于主体内在具有客体性，阿多诺理论中的主客体关系就不仅仅是人类主体与自然客体之间的关系，而且也关系到人类主体之间的关系。这样一来，"客体优先"的原则就潜在地意味着对其他主体的尊重。

与哈贝马斯致力于达成共识的主体间性不同，阿多诺的"客体优先"追求的是主体间的相互尊重、相互承认。就是说，主体之间能否达成共识，并不是最重要的，也不是所要追求的，重要的是主体之间在保持差异性的基础上和平共处——"主体与客体的关系在于人与人之间以及人类与他者之间实现和平。和平是一种不带统治的差异性状态，彼此有着自己独特的参与方式"②。

这是一种主体之间全新的"交往自由"。阿多诺并没有使用"交往自由"这一术语。但这一术语的确能够很好地说明阿多诺心目中理想的"主体—客体""主体—主体"之间的关系。主体尊重客体，再现客体，实现认识论上的自由；主体尊重主体，平等交往，实现社会意义上的自由。自由理论，显现出了阿多诺心目中的理想社会——"不带暴力地沉思，即真理的一切快乐的源泉，要求沉思的人不将客体吸入他那里：保持距离的邻近"③。

阿多诺指出，一个真正得到解放的社会将"在差异的调和中实现普遍性"，在这种社会里，"人们可以毫无恐惧地保持差异"④。在这个社会里，人与人之间、人类与周围环境之间的一切差异、区别、距离乃至矛盾都应被看作是正常的和必要的，都应当得到捍卫甚至颂扬。这与阿多诺"否定的辩证法"中的经验立场是一致的。

"否定的辩证法"追求的"客体优先"，实际上预示着阿多诺独特的自

① Adorno：*Negative Dialectics*，Translated by E. B. Ashton，London，Routledge & Kegan Paul，1973：212.

② Adorno：*Subject and Object//The Essential Frankfurt School Reader*，New York，Urizen Books，1978：500.

③ Adorno：*Minima Moralia*，London，Verso，1978：89～90.

④ Adorno：*Minima Moralia*，London，Verso，1978：103.

由观。一方面这种自由并不是西方现代标榜个体主义的抽象自由观，因为"否定的辩证法"乃至整个阿多诺哲学并不存在现代资本主义自由观中的抽象的"个体"，相反，他认为真正的个体应该是差异性的、不应被社会强制同一的，真正的个体应当有权利使自身的差异性和他者的差异性得到尊重和保护；另一方面这种自由也不完全同于马克思哲学所主张的解放了的社会关系中全面发展意义上的自由，因为它更强调这种自由当下被实现的"正当性"。也正是在这种不同中，"否定的辩证法"中的自由观具有了矛盾的色彩，当它不能被实现时，阿多诺最终选择了极端性的音乐不可交流的立场，使自己的自由观最终具有了资产阶级原子式自由观的色彩，但是他提出的问题仍然值得我们深思：现代文化中的"个性"是否意味着自由？发展和进步是否与"自由"是同步的？虽然阿多诺个人给出了否定的回答，但是问题本身仍然值得我们深思。

三、主体性的削弱

"客体优先"与削弱主体性是同步进行的——"哲学中，我们真正追求的是将自己沉浸于与哲学相异的事物之中，而不是将那些事物置放于预设的范畴之中。我们希望尽可能地贴近异质物……我们的目标就是彻底的自我放弃"①。这并不意味着消灭主体本身，并不意味着主体要受制于客体性。在阿多诺看来，彻底消灭主体意味着"倒退到野蛮状态"②。然而，"客体优先"的原则必然导致一个问题，即主体的地位问题。

如果将客体与主体的地位简单颠倒，也不能实现主体的自由。毋宁说，在"否定的辩证法"中，"客体优先"原则只是一种途径或方法，它通过克服传统认识论中抽象的理性主体（相对于现实的、活生生的个人来说，这种被冠之以"绝对精神""思维"等称号的"主体"实际上只是一种"主体性"）对客体概念的抽象建构，达到对客体的真实认识——真正地在尊重差异的基础上构建符合客体真实面貌的"客体性"。这并不是要简单地颠倒主客体的秩序而使客体凌驾于主体之上，而是要这两者处于平等的地位。因此，削弱主体性原有的至高无上的主宰地位，其目的是要构建一种与全新的客体和平共处的全新的主体，以及在此基础上的全新的主体之间的关系。只有在平等的主客体关系中，才能真正实现主体的自由。

---

① Adorno：*Negative Dialectics*，Translated by E. B. Ashton，London，Routledge & Kegan Paul，1973：13.

② Adorno：*Subject and Object*//*The Essential Frankfurt School Reader*，New York，Urizen Books，1978：499.

在阿多诺看来，"自由"的基础首先在于客体面目的真实再现，意味着传统哲学、传统社会加之于客体的抽象理性思维方式的破灭。这样，主体的自由在根本上取决于客体在人类认识论框架中能否得到解放。在以往历史中，同一性的抽象理性思维方式使客体概念遭到了扭曲、改造和限制，这种变了形的认识融入历史、社会与知识的发展过程中，反过来又使主体自身在这种扭曲的主客体关系中受到压制，导致了对"必然性"或"规律"的误解。因此，在"否定的辩证法"的立场中，"自由"的实现，必须实现对传统哲学的虚假主体性的削弱。只有这样，才能为重现真实的主体创造条件，才能真正实现主体的自由。主体越是不那么坚持自己作为主体的权利，它就越能够认识自己，越能够意识到一种真正的自由应该意味着什么。这种自由不是主体任意统治和摆布客体的自由，而是一种摆脱了理性的狂妄和自负的自由。

削弱主体，针对的是启蒙社会以来的抽象理性，而不是主体本身。对于辩证思维而言，我们需要"更多而不是更少的主体性"①。阿多诺要"利用主体的力量来突破建构性主体性的谬误"②。"客体优先"原则最终所要成就的，是一种全新的主客体关系。在《主体与客体》一文中，阿多诺将认识客体真实状态的过程描述为"主体撕裂其在客体周围所编织的帷幔的行为"。只有当主体"无畏地消极……将自己托交给它自己去经验"③时，客体才能够被真实地认识。关键的因素是主体要转而反对自己的思维方式："主体撕裂自己在客体周围编织的帷幔"，而这一关键的因素要求主体在传统理性思维方式面前无限的消极，要求主体去中心化，顺从自身经验，意识到客体的相对优先性。

第四节 否定的自由观的理论意义

"否定的辩证法"乃至整个阿多诺哲学的一个重要理论目标就是打破传统理性哲学二元对立的思维方式对主体性的虚构和对客体的统治，运用否定的逻辑或者说差异性的逻辑，以"主体—客体"这个概念作为中介，以求实现主客体之间、主体之间的"自由交往"。在这个意义上，相对于

---

① Adorno: *Negative Dialectics*, Translated by E. B. Ashton, London, Routledge & Kegan Paul, 1973: 40.

② Adorno: *Negative Dialectics*, Translated by E. B. Ashton, London, Routledge & Kegan Paul, 1973: 20.

③ Adorno: *Subject and Object//The Essential Frankfurt School Reader*, New York, Urizen Books, 1978: 506.

一切谋求"同一性"价值标准的理论形态，阿多诺的逻辑是一种"冲撞"的逻辑："主体的决定不是在因果链条中圆滑滚动的，毋宁说出现了一种冲撞。"①也就是说，在思想行为中以任意性的形式表现出来的意志，是正当意义上的思维的必要条件，而唯心主义的道德哲学却想方设法对此加以限制，决不肯承认这一点，在这种附加的限制性条件中，"自由的存在任由时间—空间的存在物所支配"②，重新回到了因果联系的怀抱。在此，"否定的辩证法"中的自由观的理论意义并不仅仅在于面对不公正的社会提出了什么样的解决方案，还在于它对其他自由观的批判中所蕴含的时代问题：如何定义自由？然后才是如何实现自由？

一、自由：一种可能性

从当下的理论意义来看，在改革开放 30 多年后的中国，我们分析"否定的辩证法"的自由观的时候，一个重要意义就在于它有助于我们对"普世主义"进行更加深刻的分析和批判。在社会文化领域，甚至在政治领域，众多批评者在针砭时弊的时候，往往不自觉地预设某种普世价值，认为对这些"普世价值"的背离是造成社会问题和社会矛盾的最终原因。"否定的辩证法"恰恰是从人类整体的思维方式层面，宣告了作为"同一性"表现的普世价值其实是一种理性主义的狂妄幻想，它最终造成的结果（如果被实践的话）必然是一种新的社会压迫，形成一种新的意识形态蒙蔽。我们在很多时候把这种所谓的"普世价值"归结为资产阶级的意识形态，并不仅仅是出于政治的考虑。从思维方式上看，它的确如"否定的辩证法"所分析的那样，起源于资产阶级兴起中的启蒙理性的思维方式。如果我们沿着这种"普世价值"的思路推断下去，在这种理论预设中，现实的人的差异、现实情况的复杂性其实都被忽视了（这其实就是对人的无视），最终的结果必然是和马克思所批评机械唯物主义者相类似：普世价值最终变得"敌视"人了。

于是，在"否定的辩证法"的视角中，"自由"成为一种应当全力追求（思想和行为上）才可能被实现的目标，而不是一种预设的状态和同质性的原则。主体不能绝对完全把握客体，主体离不开客体，阿多诺的这种"冲撞"的逻辑落实到社会历史领域，自由就成了一种可能性，一种偶然

---

① Adorno：*Negative Dialectics*，Translated by E. B. Ashton，London，Routledge & Kegan Paul，1973：226～227.

② Adorno：*Negative Dialectics*，Translated by E. B. Ashton，London，Routledge & Kegan Paul，1973：232.

性，它是对具有蒙蔽性的必然性的反抗。在阿多诺看来，现实的世界存在的不是自由，而是不自由。"社会把自由强调为实存，这是与没有减少的压制相结合的……《实践理性批判》为了弥补绝对命令和人之间的重大分歧而以自由的名义所拥有的一切概念——法律、强迫、尊重、义务——都是压抑性的。"①由此出发，阿多诺认为自由是由于社会强制性的压抑所造成的痛苦的、有争议的反面形象，不自由才是这种社会强制的正面形象。正是在这个意义上，阿多诺认为自由观念的历史原型"是处在等级制度最顶端的人，这种人显然是不受控制的"②，自由观念的历史本原就是否定性的。"社会决定着个人将要成为的样子，甚至在他们内在的生活过程中。"③

阿多诺之所以在哲学上反对肯定性、同一性的自由原型概念，不仅是因为它认为人类以往历史上从来就没有存在过这种历史状态，更是因为在他看来，思想上的"同一性"在现实性上表现为"整体的合理性"，转变为一种对人类历史上的真正的不自由原型的歪曲和掩饰。在后者居主导地位的情况下，资本主义社会的"整体的合理性"促成了"社会和统治之间的令人难解的统一"。于是，"少数人对所有人的所作所为，总是呈现为多数人对个体的支配；社会压迫总是表现出集体压迫的特征。这是集体和统治的统一，而不是思想形式直接表现出来的社会普遍性和协同性"④。

同马克思所处的自由资本主义时代相比，阿多诺经历的资本主义社会已经进入垄断资本主义时期，资本主义社会的整合程度更加复杂、更加统一了，资本主义生产方式在资本主义社会中的方方面面已经发展起来了，达到了在资本逻辑（在阿多诺看来是商品交换原则）基础上的高度整合。在这种情况下，资本主义社会的内部矛盾呈现出了更加复杂和更加细微的风格。在阿多诺看来，资本主义精神已经作为一种文化传统深入所有人的生活中，资本主义制造着并使自身已经成为一种大众文化。在这种大众文化中，一切都服从于定量化的商品交换原则，一切"个性就

---

① Adorno：*Negative Dialectics*，Translated by E. B. Ashton，London，Routledge & Kegan Paul，1973：232.

② Adorno：*Negative Dialectics*，Translated by E. B. Ashton，London，Routledge & Kegan Paul，1973：220.

③ Adorno：*Negative Dialectics*，Translated by E. B. Ashton，London，Routledge & Kegan Paul，1973：218.

④ 〔德〕霍克海默、阿道尔诺：《启蒙辩证法》，渠敬东、曹卫东译，上海，上海人民出版社，2006，第17页。

是一种幻象。这不仅是因为生产方式已经被标准化。个人只有与普遍性完全达成一致，他才能得到容忍，才是没有问题的"①。

在这种完全祛除了文化的崇高性并以金钱为唯一衡量标准的资本主义流行文化中，从外部为无产阶级灌输革命思想的做法，阿多诺认为已经不再可行，他认为唯一可能的途径不是向卢卡奇那样先经历一个无产阶级意识形态革命的铺垫，而是开展对资本主义意识形态背后的理性态度的批判——"虚假的不是意识形态本身，而是它同现实保持一致的自负。通过对其形式和意义的剖析，对思想现象和艺术现象的内在批判旨在把握客观观念和那种自负之间的矛盾"②，以求在理性态度上反抗这种商品逻辑的同一性法则，从传统理性内部来批判理性，并试图找到这样一个批判的基础，使这些"孤独的人群"再度按照阿多诺所赞同的方式"整合"起来。

阿多诺在"关于历史和自由的学说"讲座中，分析了这种在非自由中成长起来的自由的可能性："很难说，在历史那无边际又难以窥见其全貌的结构中，不会真的发生些什么其他的事情，人类真的能从污物中挣扎出来。我本人相信，在我年轻的时候，曾经历过这些事情差不多会发生的瞬间。"③在这种自由观中，无法预测的偶然性就成了阿多诺自由观的表现形式。

二、认识论内的"自由"

阿多诺反对打着必然性旗号一切的东西，在自由观方面也不例外。这也是与阿多诺差异性的逻辑、差异性的经验视角相一致的。然而问题在于，对于传统哲学的自由观的批判是可以通过认识论的途径——削弱主体性、客体优先原则——来实现的，对资本主义社会的强制同一性原则的推翻，仅仅依靠认识论的方式是无法达到的。

阿多诺的差异性逻辑力图建立一个自由的、差异性的经验社会，首先面对的一个问题就是如何突破现有社会的强制"同一"性问题。阿多诺从理性思维方式的角度去追寻资本主义社会虚假自由的根源。他认为，在资产阶级打破了封建秩序和这种秩序的思想反映形式以后，"与资产阶

---

① 〔德〕霍克海默、阿道尔诺:《启蒙辩证法》，渠敬东、曹卫东译，上海，上海人民出版社，2006，第140页。

② 〔美〕理查德·沃林:《文化批评的观念》，张国清译，北京，商务印书馆，2000，第13页。

③ 〔德〕洛伦茨·耶格尔:《阿多诺:一部政治传记》，陈晓春译，上海，上海人民出版社，2007，第13页。

级的利益相符合的理性畏惧，感觉到了毁灭"①，因此它重新构造了一种体系化的虚假意识形态。在这种社会意识形态下，只能产生一幅自由的讽刺画，而不能实现真正的自由。最终，"这个毫无结果的世界，将被一种总体性置于水深火热之中，人们自身已经成为这种总体性，并且在这种总体性面前他们已显得无能为力"②。阿多诺寄希望于理性的自我觉醒——"那种表达苦难的呼声是一切真理的必需条件"③。这使我们想起了马克思的那句话——"应当让受现实压迫的人意识到压迫，从而使现实的压迫更加沉重；应当公开耻辱，从而使耻辱更加耻辱"④。然而，阿多诺的觉醒了的理性并不同于马克思的"现实的人"。这不仅仅是一个认识论的问题，也不仅仅是一个哲学的问题，而更多的是一个社会现实的问题。阿多诺认为，"一旦认识到没有任何事物能够逃脱这个社会统治原则和商品原则污染的发达资本主义社会中的个体，可以通过否定一切社会环境和文化的给予物来保持真正的个性"⑤。事实是，仅仅依靠思维方式的革命，永远也无法对抗资本主义的"商品交换原则"及其意识形态，更不要提其他的社会暴力机关了。

阿多诺对启蒙运动以来的理性思维方式的批判，为我们更加理性地对待现代科技提供了借鉴。然而，科学技术已经成为现代社会的一个重要本质特征，单纯地依靠对科技思维方式的极端性批判和否定，并不能改变现状。问题在于如何去分析和发现现代科技背后的社会生产和生活方式，如果，仅仅单纯地否定人类历史上的一切成果并把它转化为"法律、强迫、尊重、义务"等理论问题，那么人类文明就不可能有今天的成果。至于阿多诺把不自由的根源归结为理性思维方式本身的做法，就更欠妥当了。他没有看到，"辩证法的规律是从自然界和人类社会的历史中抽象出来的"⑥，因此他只是从自己理想的"经验"状态出发，而没有发现这种理想的状态在现实世界中同样也是不存在的，这也是一种理论预设。阿多诺从反对传统哲学的主观建构思维方式出发，认为"哲学的表面联系

① Adorno：*Negative Dialectics*，Translated by E. B. Ashton，London，Routledge & Kegan Paul，1973：21.
② 〔德〕霍克海默、阿道尔诺：《启蒙辩证法》，渠敬东、曹卫东译，上海，上海人民出版社，2006，第22页。
③ Adorno：*Negative Dialectics*，Translated by E. B. Ashton，London，Routledge & Kegan Paul，1973：17.
④ 《马克思恩格斯选集》，第1卷，北京，人民出版社，1995，第4～5页。
⑤ Shierry Weber Nicholsen and Jeremy J. Shapiro：*Introduction*//Adorno：*Hegel：Three Studies*，London，The MIT Press，1994：xvii.
⑥ 《马克思恩格斯选集》，第4卷，北京，人民出版社，1995，第310页。

的统一性肯定只会挡住真正认识的道路"①，而没有看到，"每一个时代的理论思维，从而我们时代的理论思维，都是一种历史的产物，它在不同的时代具有完全不同的形式，同时具有完全不同的内容"②。在这种状态下，他把工具理性当成了万恶之源加以批判。这样，现实的不自由在根本上就不是由于现实的原因导致的，而是由于人类固有的思维方式的特点或文化的特点导致的。阿多诺在1952年回到德国后，他写了一篇分析瓦格纳作品的论文，认为这些作品是希特勒纳粹主义的起因③。这样，虽然阿多诺表面上反对所有形式的社会压迫，然而实质上他却连这种社会压迫的社会现实本原都忽视了。

　　同时，阿多诺还面临着另外的一个问题，即如何保证主体之间的差异性因素都是"良性"的，如何保证一个主体不去吞噬另外的一个主体？这些都是否定的自由观所要面临的问题。在此，马克思评价青年黑格尔派的那句话同样也适合于阿多诺："我们陷入困境，也许是因为我们只把人理解为人格化的范畴，而不是理解为个人。"④阿多诺虽然试图从人的经验性存在方面论述辩证法，但是"经验"概念在阿多诺那里同样地被理想化了。因此，马克思在《资本论》中成功地做到了把辩证法"应用到一种经验科学即政治经济学的事实上去"⑤，而阿多诺的否定的辩证法只能局限于抽象的"商品交换原则"。离开了社会历史背景，特别是人的经济存在方式，人的自由问题就无从解决。

　　更重要的是，马克思的"人"侧重于从实践和历史的角度去定义："这里所说的个人不是他们自己或别人想象中的那种个人，而是现实中的个人，也就是说，这些个人是从事活动的，进行物质生产的，因而是在一定的物质的、不受他们任意支配的界限、前提和条件下能动地表现自己的。"⑥在这个基础上，马克思能在既定的社会中找到实现社会进步的现实力量，能够在生产力的发展中看到新社会的现实萌芽，也能够历史和客观地评价人类历史，而不是完全否定它。而阿多诺对马克思社会革命理论的理解仅仅是概念的理解，在阿多诺的视野中，无产阶级通过暴力推翻资本主义社会的斗争变成了概念的自我突破："人们已经向资产阶级

①　〔德〕阿多诺：《克尔凯郭尔：审美对象的建构》，李理译，北京，人民出版社，2008，第11页。

②　《马克思恩格斯选集》，第4卷，北京，人民出版社，1995，第284页。

③　〔德〕阿多诺等：《权力主义人格》，李维译，杭州，浙江教育出版社，2002，第3页。

④　《资本论》，第1卷，北京，人民出版社，2004，第189页。

⑤　《马克思恩格斯选集》，第4卷，北京，人民出版社，1995，第289页。

⑥　《马克思恩格斯全集》，第3卷，北京，人民出版社，1960，第29页。

社会证明：一旦它达到一个顶点，一旦在它自身之外不再有可利用的非资本主义领域，它自身的概念就会立即强迫它自我消灭。"①

三、理论的自由与实践的自由

阿多诺通过"否定的辩证法"所表达的自由观，更多的是一种对"自由"问题的理论"澄清"。问题在于，在这种"澄清"背后，即使按照"否定的辩证法"的差异性逻辑进行深入推论，我们也无法找到实现的可能途径。这不可避免地给我们这样一种印象——这是一种"顿悟"式的自由。与之形成鲜明对比的是，对于马克思主义哲学来说，自由问题不仅是一个理论问题，更是一个实践问题，"社会生活在本质上是实践的。凡是把理论导致神秘主义的神秘东西，都能在人的实践中以及对这个实践的理解中得到合理的解决"②。正是在"实践"概念的基础上，马克思主义哲学指出了在人与自然的关系方面争取人的自由的现实途径——发展生产力。"否定的辩证法"的一个重要特点在于，对此问题，它一带而过。

"否定的辩证法"作为对传统认识论框架的突破性尝试，其在理论层面对自由问题的奉献可圈可点，然而在实践的层面，却由于其理论逻辑的内在缺陷相比于马克思哲学有巨大倒退。

"自由"的问题从来不仅仅是一个文化和思维方式的问题，虽然阿多诺本人从来没有明确指出这一点，但是"否定的辩证法"全部理论重心都在于此。在这种意义上，"否定的辩证法"得以立足的"经验"概念，仍然是一种认识论上的经验，而不涉及"物质"的维度，更别说社会生产关系架构的维度了。正如马克思和恩格斯在《德意志意识形态》中所指出的那样，如果没有生产力的高度发展，就只会有贫穷的普遍化，个人的存在就只会是狭隘的地域性的存在，就会重新陷于争夺生活必需品的斗争中。而在生产力高度发展的情况下，这一切生活必需品都已经成了既得的基础，只有这样，人们才有可能联合起来，推翻异化的资本主义社会关系。社会物质产品的丰富，一方面意味着人对自然的控制与征服，另一方面也意味着人与自然在一个更高的层面上的和谐统一。恩格斯指出，"我们每走一步都要记住：我们统治自然界，决不像征服者统治异族人那样，决不是像站在自然界之外的人似的，——相反地，我们连同我们的肉、

---

① Adorno：*Negative Dialectics*，Translated by E. B. Ashton，London，Routledge & Kegan Paul，1973：26.

② 《马克思恩格斯选集》，第1卷，北京，人民出版社，1995，第60页。

血和头脑都是属于自然界和存在于自然之中的"①，对于自然界的野蛮征服，"每一次这样的胜利，自然界都对我们进行报复"②。打破人对自然的野蛮征服状态，意味着资本主义社会生产方式的改变，意味着一种新的社会关系和制度的建立。在马克思和恩格斯那里，这种自由的社会叫作"共产主义"。

正是在这种局限于认识论的"纯粹"理论的视角中，"否定的辩证法"中的自由的主体——现实的、活生生地个人——实际上丧失了历史的维度。与之形成鲜明对比的是，在重视生产力问题的基础上，马克思提出了由狭隘的、孤立的个人向世界历史性的个人转变的思想，指出了真正意义上的自由的普遍性问题。只有在生产力的高度发展的基础上，人们之间交往关系才可能日益密切，狭隘的、孤立个人才有可能突破既定的、异化的社会关系的束缚，成为世界历史性的个人。也只有在这种情况下，人们之间的普遍交往才会发展起来，"狭隘地域性的个人为世界历史性的、真正普遍的个人所代替"③。马克思在此指出了自由问题的世界性。人的自由的实现，并不是某一个人或某一群人所能做到的。恩格斯也曾深刻地指出，"一个民族当它还在压迫其他民族的时候，是不可能获得自由的"。因此，自由的问题不是一个地域性的问题，而是一个世界性的问题。

正是在这种局限于认识论的"纯粹"理论的视角中，"否定的辩证法"中的自由的主体仅仅满足于一种"精神的反抗"，丧失了通过实践改造社会的维度。与之形成鲜明对比的是，在人与社会的关系方面，马克思主义哲学指出了主体解放的社会路径：无产阶级的联合以及在此基础上的社会革命。马克思、恩格斯指出，共产主义不是一个概念，而是一项运动。在这个现实的历史运动中，马克思指明了实现社会自由的现实力量——无产阶级。资产阶级文明虽然深刻地发展了社会生产力，但是并不能给无产阶级以及其他一切受压迫的阶级带来平等和自由。它只是为建设新世界创造了物质前提，产生了一种能彻底结束各种压迫和剥削的新生力量——无产阶级。马克思把革命的矛头直指现实压迫的社会根源——资本主义制度。

与此同时，相比较于"否定的辩证法"，马克思主义哲学辩证地对待资产阶级文明，"只有在伟大的社会革命支配了资产阶级时代的成果，支

---

① 《马克思恩格斯选集》，第4卷，北京，人民出版社，1995，第383～384页。
② 《马克思恩格斯选集》，第4卷，北京，人民出版社，1995，第383页。
③ 《马克思恩格斯全集》，第3卷，北京，人民出版社，1960，第39页。

配了世界市场和现代生产力，并且使这一切都服从于最先进的民族的共同监督的时候，人类的进步才会不再像可怕的异教神怪那样，只有用被杀害者的头颅做酒杯才能喝下甜美的酒浆"①。这不是对资产阶级文明成果的彻底否定，而是对它的扬弃。

正是由于阿多诺在"经验"基础上的纯粹认识论立场，"否定的辩证法"开始在关键问题上背离了马克思哲学的立场。马克思主义基于实践的辩证法哲学，把自由问题从纯粹的理论问题引入现实的社会历史实践中，打破了天赋自由观的理论困境，真正地实现了历史与逻辑的统一。也正是在实践意义上，辩证逻辑才获得了强大的生命力，才能深入具体的社会历史实践中去，理论才能掌握群众，才会在全世界的范围内取得巨大的成就。对于阿多诺来说，指出现实的不自由是一回事，怎样去改变则是另一回事。离开了社会物质生产实践，单纯地从认识论角度力图去改变现实，一方面，这种做法是盲目的；另一方面，也是不切合实际的。

四、自由与制度

在阿多诺的自由观中，他也引入社会性的因素，力图使人的自由与人类现实社会联系起来。然而，在对这种社会性因素的分析中他却求助于不断的否定，求助于认识论上的"冲撞的逻辑"，并把不自由归结为简单的"商品交换原则"。

资本主义作为一种社会制度，它是建立在资本主义市场经济的基础上的。商品交换原则，只不过是对资本主义市场经济的抽象。资本主义市场经济并不能简单地等同于"商品交换原则"——"资本主义市场经济是在资本主义私有制的基础上通过产权所有关系、价值交换关系、供求关系、竞争关系和契约关系解决个别劳动和社会劳动之间的矛盾，从而配置资源的一种体制，作为一种具体的制度文明，它包含着一种文化精神、价值理念"②。

探讨资本主义制度下人的自由问题，不能无视资本主义社会制度。总体来看，阿多诺的"否定的辩证法"乃至整个法兰克福学派对此更多的是一种回避。在法兰克福学派流亡美国期间，阿尔库塞曾写信明确告诫阿多诺，尽量不要使用"阶级"这一词汇，以免引起不必要的麻烦。这与后来的启蒙辩证法、否定的辩证法中的激进外观形成鲜明的对比。从写

---

① 《马克思恩格斯选集》，第 1 卷，北京，人民出版社，1995，第 773 页。
② 吴向东：《重构现代性》，北京，北京师范大学出版社，2006，第 233 页。

作意图上讲，《否定的辩证法》并不是针对资本主义制度的，毋宁说，它是一篇声明，来澄清学生运动对他的误解。当他说出"当我建立我的理论模式时，万万没想到人们会用燃烧弹来实现它"，这也就意味着放弃对资本主义的暴力反抗。然而，资本主义作为一种既定的、强制性的社会制度，它有自己现实的物质手段来维护自己的社会规则。如果说，阿多诺认为反抗资本主义的暴力运动是不合理的，因为它是一种新的强制的暴力性；那么我们同样可以照此推论，第二次世界大战中犹太人对大屠杀的暴力反抗也是不合理的，因为它违反了阿多诺一向主张的主体与客体自由、和平相处的原则。他把对官僚主义的反感等同于对政治的反感。更重要的问题在于，当敌人的枪炮抵在自己胸口上的时候，身为犹太人，第二次世界大战最严重的受害群体之一，阿多诺仅仅是满足于从理论上证明敌人的存在是不合理的，是一种认识论上的错误，是虚假意识形态的产物，并把一切暴力行为，包括反抗，都视为虚假的同一性哲学的余孽。在第二次世界大战后阿多诺写作的《道德哲学的问题》中，他更是试图在康德伦理学中为现实的不公平寻找原因。

从这个意义上说，阿多诺是矛盾的。马丁·杰曾经指出了他的"达官贵人文化的保守主义"的思想背景："尽管他有马克思主义的倾向和现代主义的倾向，但也有第一次世界大战前的德国常有的怀旧性的浪漫的反资本主义倾向，如果不考虑这一历史背景的话，我们就不可能全面理解阿多诺。他对大众文化的发自肺腑的厌恶，他对官僚统治的深恶痛绝，他对技术和工具理性的无限反感，是随着人们所谓的德国达官贵人的没落而形成的一种意识的全部表征。因此这也启发了他思维中的深刻的悲观主义的倾向，即使在他坚持要维持乌托邦的希望的重要性时亦复如此……阿多诺激烈地否定具体的政治实践，这同样表示了一种达官贵人的敏感性。"①对此，卢卡奇对此也给予了激烈的批评："随着希特勒的失败、战后的恢复和经济奇迹的发生，'左'派伦理的这个作用在德国却被忘却了，时事讲坛被出让给了一个佯装不随大流的随波逐流派。德国最重要的知识分子的相当一部分人，如阿多诺，已经搬进'深渊大饭店'（Grand Hotel Abgrund）了，如同我在评论叔本华（Schopenhauer）时做的批注，我把这个大饭店描写为'一个富丽堂皇、设备齐全、处在深渊、处在虚无和无意义边缘的饭店。在精美的膳食之间或风雅的娱乐之间，每

①　〔美〕马丁·杰：《阿多诺》，瞿铁鹏、张赛美译，北京，中国社会科学出版社，1992，
第12～13页。

日注视着深渊，只能强化精妙的舒适享受所带来的快感'。"①或许，最令阿多诺吃惊的要数他的传记作者之一，日本的细见和之。他在对阿多诺"否定的辩证法"的分析中，居然得出日本不应对第二次世界大战承担任何后果、不应对日本的战争责任进行任何追究的结论。如果侵略、屠杀、种族灭绝都能够被如此宽宏大量的原谅，那么，又何必苦苦追寻其后的原因？如果侵略者都能够被如此宽恕，那么被侵略者所杀害的无数死难者岂不是一文不值？如果一切都自由公正的施暴乃至自由公正本身都是同一性思维方式的产物，都是虚假抽象的社会强制性原则的结果，那么，任何施暴者都可以把责任推卸到阿多诺所批判、谴责的"同一性"社会而无须承担责任。

事实上，人的自由问题是与现行的社会制度紧密联系在一起的，人的自由问题是随着人的实践活动所引起的社会关系的变化而变化的，并因不同的社会层面而具有不同的层次和内容。"所谓制度，不同的学科、甚至同一学科的不同学派有着不同的解释。社会人类学从文化方面对它论说，称它为文化惯例；社会心理学称之为共同心理状态；社会学主要从社会关系和社会规范方面来予以理解；大多数经济学家则将制度看作一种行为规则，这些规则涉及社会、政治及经济行为。从哲学的角度看，制度是与人的活动、人的社会关系、人的存在方式联系在一起的。"②离开具体的社会制度，特别是社会政治制度，自由将是一句空话。

---

① 〔匈〕卢卡奇：《小说理论·序言》，见《卢卡奇早期文选》，张亮、吴勇立译，南京，南京大学出版社，2004，第ⅩⅣ页。在《阿多诺》（瞿铁鹏、张赛美译，第 13 页）中，"Grand Hotel Abgrund"被译为"豪华旅馆的地狱"。

② 吴向东：《制度与人的全面发展》，《哲学研究》2004 年第 8 期。

第五章　辩证法精神的两个维度
及其实现途径

在谈及辩证法的精神时，我们通常把批判性与革命性相提并论。实际上，从辩证逻辑内在结构以及理论与现实的角度来说，批判性和革命性并不是在同一个维度上的，并且批判性与革命性本身也存在着各自不同的理论层次。从理论深度上讲，批判可以分为两种，发掘对象内在矛盾性的批判和社会历史性的批判。其中，社会历史性的批判是更高层次上的批判。对旧制度的批判也不必然意味着对社会历史的正确理解以及在此基础之上的对社会革命的赞同与正确定义。发掘对象内在矛盾性的批判是从辩证法内在的否定性逻辑中引申出来的，而社会历史性的批判以及在此基础上显示出的辩证法的革命性也并不仅仅是一个理论内部的问题，它更是一个社会实践的问题。因此辩证法的革命性精神又可以分为思维方式的革命性和社会历史观的革命性，而社会历史观的革命性自身也有自己不同的维度。

"否定的辩证法"模糊了这两个层面，并且我们有理由说这是有意为之。它在面对辩证法的这两个层面时，一方面创造性地发挥了第一个层面，另一方面却又力图把第二个层面在模糊主体的同时将其限制在思想的领域。与之形成鲜明对比的是，在马克思那里，问题恰恰在于，辩证法在社会历史观方面要想达到革命性的维度，就必须实现逻辑的和历史的统一，必须能够深入历史。只有这样，辩证法才能正确反映社会历史运动，才能在逻辑上重构它所要批判的社会制度并最终超越这种社会制度。也只有这样，哲学才能掌握群众，找到现实的历史主体，实现真正的革命性。

第一节　辩证法精神的第一个维度及其内部建构

在社会文化大批判的过程中，"否定的辩证法"在面对传统的辩证法模式的时候，并没有试图"另辟蹊径"，而是坚持着一种"和平改造"的方法：在突出自己的"否定性"逻辑的同时，降低"肯定性"的思维的重要性和应用领域。阿多诺的这种做法，实际上是重新建构了辩证法的逻辑体系并在某种程度上导致了辩证法精神走向"疯狂"。

一、知性逻辑与批判

按照黑格尔的观点，在西方的逻辑发展史中，形式逻辑与知性逻辑属于知性思维。这种知性思维既有其存在的必要性，也有其重要的缺点。黑格尔的这个论断是很精辟的，虽然他这样说是为了张扬自己的关于"绝对精神"的辩证思维方式。

我们在前文已经指出，形式逻辑的最大特点在于其"非主体性"或"客观中立"性，即力图最大限度地排除主体性因素，形成关于事实的所谓的"客观性"的结论。在特定命题中，形式逻辑把客体理解为既定的、不变的。这是一种思维视角上的固定性，它力图在固定不变的客体之间做出"是与非""真与假"的客观判断，在此基础上进行逻辑推理，最终力求发现绝对的、必然的、规律性的形式。

康德哲学的先验逻辑虽然是经过改装了的形式逻辑，但是由于它是在主体的先验认识框架内进行的，所以它的最显著的特点就在于把主体性因素引入逻辑。在这一点上，它表现为对从外部客体寻求必然性的形式逻辑思维方式的批判。为此，康德力图探讨理性发生作用的范围和形式，在批判前人认识论的基础上实现认识途径的逆转。正是在这个意义上，康德把自己的哲学称为"批判哲学"或"哥白尼革命"。然而，康德的先验逻辑仍然没有离开形式逻辑的"固定性"视角，只是在主体的视阈内而没有从主客体关系的角度去探讨客体。所以，他虽然指出了"二律背反"，却没有能力去处理"二律背反"。

康德哲学由于引入主体性因素，开始具有批判的色彩，然而，它还不是真正批判性的，它仍然追求一种确定不变的形式，仍然追求一个"始基"。在对本原哲学的迷信这一点上，它是非批判的；在思维方式上，它也是非批判的。只是在对前人认识论的探讨上，它才表现为批判的，或者更确切地说，是否定的。

无论是形式逻辑中的否定性判断，还是先验逻辑中的"批判哲学"，都属于知性思维方式。知性思维方式最大的特点在于，它为我们的认识活动提供了依据——"如果没有知性，无论在理论领域还是在实践领域，都不会得到任何确定性和规定性"①。然而，知性思维方式的最大的问题也在于此。它是一种固定不变的思维方式，它假定对象是一成不变的，

---

① 〔德〕黑格尔：《逻辑学》，梁志学译，北京，人民出版社，2002，第153页。

并在对象的"孤立状态中独立地注视它们"①。

总之，知性范围内的"否定"还不能算是一种真正意义上的"批判"，它至多是经验性的判断。面对变化发展着的人类社会及其历史过程，它缺乏辩证的理解与宏观的总体把握，最终把世界理解为强制性的因果链。而这种强制性恰恰是需要批判的对象。知性无力对抗这种强制性。如果知性逻辑思维方式批判这种强制性，就等于颠覆了它自身。它只是为"批判"准备了前提，提供了经验事实的积累——"是"与"非"的当下事实判断。因此，批判决不仅仅是单纯地做出否定性的判断这么简单，真正的批判只有在辩证逻辑的思维方式中才能实现。

二、辩证逻辑与批判

辩证逻辑并不反对形式逻辑关于是非真假的基本判断。辩证逻辑认为，知性思维关于对象的基本概念上的界定是认识的必不可少的基础，其关于是非真假的基本判断在特定时间和空间内针对具体对象的正确认识，是知识的前提和保证。在此基础上，才形成认识的相对确定性。辩证思维并没有抛弃形式逻辑的思维方式。知性逻辑关于是非真假的对立，是辩证思维得以进行的基础。辩证思维的首要前提就是形式逻辑的基本判断。离开了形式逻辑，辩证逻辑就会成为无本之木、无源之水，辩证法就会成为"变戏法"。

辩证逻辑相比较于知性逻辑，其最大的特点在于，第一，辩证逻辑引入主体，而不仅仅是康德哲学意义上的主体性视角，开始从主客体关系的互动来看待世界及其发展；第二，辩证逻辑不仅批判地对待批判对象，而且批判性地对待自身；第三，辩证逻辑是从发展的角度去看待对象，从对象自身及主客体的矛盾中寻找事物发展的动力；第四，辩证逻辑力图从宏观上把握人类社会及其历史，力图从逻辑上重构社会制度，为超越现存社会提供方法论的指导。

从思维的基本结构上讲，在批判理论中，肯定性因素与否定性因素是交织在一起的。在西方传统理性哲学中，黑格尔的辩证法是典型的代表。黑格尔哲学对肯定性的"同一"与否定性的"差异"有着经典的论述。黑格尔认为"本质就是自相联系的否定性""本质根本包含着差别的规定"②。如果说，知性逻辑试图在经验性的事物中间发现普遍的、共同的

---

① 〔德〕黑格尔：《逻辑学》，梁志学译，北京，人民出版社，2002，第153页。

② 〔德〕黑格尔：《逻辑学》，梁志学译，北京，人民出版社，2002，第223页。

形式，那么，在辩证逻辑的思维中，绝对同一、没有矛盾的形式是不存在的。一方面，黑格尔以运动发展的眼光来看待世俗的事物，打破了封建神学的僵化的思维方式，从而有助于破除迷信；另一方面，出于其唯心主义的哲学立场，黑格尔哲学中的运动归根结底只是绝对精神自身的运动。因此黑格尔的辩证法一方面标示着一种批判性、否定性的发展运动的思维形式；另一方面它又没有离开"绝对精神"这个固定的基地，"正、反、合"的思维模式最终战胜了这种批判性的视角。

正是由于黑格尔辩证法哲学中的这种先天不足，才注定了黑格尔辩证法哲学的解体。19 世纪 30 年代末，黑格尔派分裂为青年黑格尔派和老年黑格尔派。老年黑格尔派是保守派，他们认为任何东西只要归入某种黑格尔的逻辑范畴，就明白易懂了。青年黑格尔派则放弃了过去对现实问题的超然态度，以激进的资产阶级哲学出现，直接投入反对宗教和专制制度的斗争。由于批判宗教，进而否定腐朽的德国封建制度这种行为在当时是非法的，于是青年黑格尔派就在关于"实体"和"自我意识"的争论这一幌子下进行这一斗争。最终，经过费尔巴哈哲学的"中介"，马克思建立了自己的辩证唯物主义和历史唯物主义的辩证法哲学。

三、"否定的辩证法"的逻辑定位

阿多诺"否定的辩证法"所遵循的逻辑，既不是完全的形式逻辑的思维方式，也不是传统的辩证逻辑的思维方式，它是在与二者之间的碰撞中展开的。相应地，"否定的辩证法"既不是绝对主义，也不是相对主义，而是在绝对与相对的碰撞中（而不是游移于二者之间）生存的。它不是一种中庸主义，而是对形式逻辑与传统的辩证逻辑的改造。

对于形式逻辑来说，阿多诺批判了它的概念定义方式，批判了它的固定性视角。特别是对于崇尚形式逻辑思维方式的自然科学思维方式进行了批判，这就是我们熟知的"启蒙理性批判"。然而，虽然阿多诺批判了形式逻辑中崇尚客体的"客观性"，最终却导致了强制性因果链的思维方式，他继承了"客体的重要性"的思想，提出了"客体优先"的主张，并力图在一种全新的主客体关系——"经验"关系——中真正捍卫客体的真实面目。

对于传统的"辩证逻辑"来说，阿多诺着重批判了其"总体性"的视角，认为这种总体性视角造成了虚假的"意识形态"，把客体最终还原为主体的意识，从而掩饰了客体的真实状态。然而，阿多诺同样没有完全拒斥传统的辩证法。辩证法的主客体相互影响、变化发展的视角被阿多诺继承了下来，最终把辩证的逻辑改造为差异的逻辑。

阿多诺的"否定的辩证法"虽然标榜绝对的否定，但是其中仍然包含着传统哲学的因素。阿多诺看到了传统哲学在同一性方面的弊端，力图在批判理论中克服形式逻辑思维方式中的因果必然性与黑格尔辩证哲学中的精神同一性，实现"总体性"的瓦解。为此，在否定的辩证法中，否定性因素被发挥到了"极致"。否定的辩证法的理论起点——"存在物"概念——被规定为是差异性的、发展变化的经验事物；辩证逻辑中的肯定性的否定被强化为绝对的否定，以此试图打破一切同一性图示的束缚；辩证法的理想状态——"经验"世界——被解释成一个差异性的世界；在这个世界里，人的自由也被解释为否定性、差异性的。即便如此，在阿多诺的否定的辩证法那里，也存在着肯定性的因素，这就是对"客体优先"原则的辩证肯定，其背后折射出的是对"差异性"视角的赞同。其最终目的是为理性寻求一种自我批判的模式，以此打破黑格尔辩证法哲学的精神同一性的外观。

然而，"否定的逻辑"所面临的一个最重要的问题在于，它在分析历史文化的同时能否把自己的这种逻辑用来解释人类历史？它在批判资本主义制度的同时能否在逻辑上重构并最终超越资本主义制度？

或者用阿多诺必然反对的一种提问方式来说，它的逻辑能否达到历史的与逻辑的统一？阿多诺一定会反对这种说法，因为在他看来，这是一种新的"同一性"，这是一种使人"受奴役"的思维方式。问题在于，如果逻辑与历史无关，那么逻辑作为人类从思维上把握世界的认识框架，同样意味着思维与历史无关，进而，人类的思维也就没有资格去评价人类历史，更没有资格去期望未来。阿多诺的"批判哲学"也就失去了存在的合法性。这是任何思维方式都要面对的问题。

四、批判的两重维度

从批判的深度上讲，批判如果不切中现实，就会成为虚假的装饰。批判如果为自己设定了一个不可逾越的抽象原则，就会变成一种辩护。对现实的批判力度，则是与对批判的思维逻辑密切相关的。在这个意义上，"批判"也可以分为两种，发掘对象内在矛盾的批判与深入社会历史现实内部的批判，亦即理论的批判与历史的批判。

在辩证法的视角中，不管哲学家本人对辩证法范式的理解有多不同，其中一定具有发展的、否定性的视角，以在思维的连续性中去批判固定僵化的思维方式。发掘对象内在矛盾的批判，亦即理论批判，正是建立在这种视角之上的。它不仅将批判作为否定对象的因素，而且还以发展的眼光批判地对待作为肯定对象的因素，并从中分析事物发展的动力和前途。从这个意义上讲，发掘对象内在矛盾的批判是辩证法否定性逻辑结构的内在产物，也是最初的维度。

在这个基础上，辩证逻辑作为一种思维方式，才有可能去思考社会历史，给予社会历史以合理的抽象，在思维中总结社会历史的特征甚至"规律"。只有这样，才可能形成社会历史性的批判。而对社会历史批判的程度与深度，取决于理论的逻辑与历史的统一的程度与深度。这也是批判的第二个维度，即历史的批判。

黑格尔的辩证法把社会历史总结为"绝对精神"的外化，成为"绝对精神"的一个发展阶段。在这样的视角下，整个人类历史，连同自然界的发展史，都成了"绝对精神"自我认识的历史。阿多诺看到了以黑格尔为代表的西方传统哲学这一弊端，力图从西方哲学内部去揭示它的矛盾，批判它的基础性概念，使哲学从忽视现实的"主观建构"传统中走出来，以达到主体与客体的互动的、开放的、差异性的统一。从这个意义上说，"否定的逻辑"无疑达到了批判的第一个维度——发掘对象内在矛盾的批判。

鉴于阿多诺反对一切总体性哲学的思维方式，他批判的对象在理论上是"同一性"哲学，在社会历史方面则是"同一性"的物化社会。他对社会历史批判的立足点是反对"商品交换原则"，在这个基础上，他展开了资本主义大众文化批判。应该说，阿多诺看到了资本主义社会的基本运行规律——商品交换原则，他达到了社会历史批判的维度。

然而，问题在于，他的社会历史批判还仅仅是表层的。阿多诺把"商品交换原则"泛历史化了——"在近代，交换价值逐渐在社会中占据统治地位，所有的质都被归入量的等式关系。阿多诺并不将此过程看成仅仅是在近代才出现的，即19世纪社会、经济及政治的种种决定所导致的从优雅走向堕落的过程，或看成某种可能避免的过程。相反，这一过程从人类历史出现时就已开始，植根于人的自我保存的内驱力和由这种内驱力产生、并伴随着这种内驱力的理性的矛盾性"①。究其最根本的原因，就在于他反对任何"总体性"的思维图示，不赞成"逻辑和历史的统一"的观点。为此，他不是从历史出发去验证自己的"否定的逻辑"，而是用自己的逻辑去"修正"历史。在此，所有与他的逻辑不相符合的历史现象都

①　〔德〕彼得·比格尔：《先锋派理论》，高建平译，北京，商务印书馆，2002，第13页。

成了批判的对象。他也讲"历史"，但是他的"历史"只不过是他的"经验"世界被"物化"的历史。他对社会历史的批判仅仅立足于反对"商品交换原则"，至于其背后的原因，他归结为"理性"。在这样的思维方式下，仿佛人类历史仅仅是少数"哲学家"或社会精英的阴谋。在文艺观上，阿多诺更是认为文艺是左派抵制资本同一性整合的最后阵地。他在《启蒙辩证法》中宣称，理性蜕变为工具理性，技术上升为统治原则，文化工业加剧了精神生活的萎缩：它窒息天才，压抑反叛，继而强迫语言庸俗化，引诱文艺向商品蜕变。晚年的阿多诺甚至更加悲观，他把希望寄托于激烈的文艺创新，甚至要求文艺放弃交流功能，以示左派对资本主义的决裂①。这样，批判就成为一种精英游戏，不但丧失了历史基础，还失去了群众基础。因此，阿多诺对人类历史的抽象是片面的，他只是涉及人类历史的某一个阶段的一个方面，而没有能够从总体上把握人类历史。从这个意义上讲，阿多诺的社会批判理论虽然是极端的，但不是深刻的。

第二节　辩证法精神的第二个维度及其双重内涵

概要地讲，辩证法的革命性至少可以分为两个大的层面，即思维方式的革命性与社会历史观的革命性。前者更侧重于打破传统的思维方式，实现对现存社会制度的颠覆性理解等方面；后者则要求找到历史的现实主体与实现途径，在实践中促成哲学的现实化。二者都是与解放理论密切相关的。

一、思维方式的革命性

黑格尔的辩证逻辑把特定的主体和客体看作是现实社会历史发展过程中的一个环节、一个阶段，并认为"真正推动世界前进的东西是矛盾……事情不能以矛盾作了结，矛盾会自己扬弃自己"②。辩证思维是在这个基础上才能实现对对象世界的更高层次的理解和把握，以打破知性逻辑所无力应对的因果强制性。在这个意义上，恩格斯曾经高度评价黑格尔的辩证法："黑格尔哲学（我们在这里只限于考察这种作为从康德以来的整个运动的完成的哲学）的真实意义和革命性质，正是在于它彻底否定了关于人的思维和行动的一切结果具有最终性质的看法。哲学所应当

---

① 赵一凡：《从胡塞尔到德里达——西方文论讲稿》，北京，生活·读书·新知三联书店，2007，第13页。

② 〔德〕黑格尔：《逻辑学》，梁志学译，北京，人民出版社，2002，第230页。

认识的真理，在黑格尔看来，不再是一堆现成的、一经发现就只要熟读死记的教条了；现在，真理是在认识过程本身中，在科学的长期的历史发展中"①。

　　然而，恩格斯的关于辩证逻辑革命性的论断却不适用于"否定的辩证法"。虽然阿多诺的"否定的逻辑"也主张否定"关于人的思维和行动的一切结果具有最终性质的看法"，但却丧失了黑格尔哲学的时代背景。在黑格尔哲学的时代，神学思维至上，黑格尔哲学甚至把神学也作为"绝对精神"发展的一个阶段，从而打破了僵化迷信的思维方式。从这个意义上说，黑格尔的辩证逻辑是开创性的。黑格尔的思想曾经影响了他的时代，而就"否定的逻辑"的影响力而言，还远远谈不上是一场"思维方式"的革命。

　　或许，我们可以把"否定的逻辑"概括为一种"无上帝的宗教"的逻辑。阿多诺的"否定的辩证法"激烈地批判一切强制统一性因素，甚至在思维方式上都试图为传统的统一性理性思维方式提供一个自我批判的基地。然而，阿多诺的"否定性"仍然是一种理论上的批判性，它实际上标榜的是传统理性的"忏悔"。在某种程度上，否定的辩证法与马克思所总结过的路德新教的缺点有很大相似之处：它"已经不再是世俗人同世俗人以外的僧侣进行斗争，而是同他自己内心的僧侣进行斗争，同他自己的僧侣本性进行斗争"②，这是另一种意义上的"新教"。

　　这其中最根本的原因在于，同黑格尔一样，阿多诺的"否定的逻辑"仍然是一种虚构的逻辑，他们不是从人类历史的现实运动出发去总结历史的逻辑，而是把自己的逻辑强加于人类历史。如果说，黑格尔哲学还坚持着一种"总体性"的思维图示，对异己的历史因素还多少有些包容，进而把其规定为自身发展的一个历史阶段的话，那么，在阿多诺的"否定的逻辑"中，它们则没有这么幸运了，一切与他的逻辑相违背的社会历史因素在他看来都是旧哲学以及理性"同一性"的余孽，都是应该批判的对象。因此，"在阿多诺这里，辩证法变得非历史化，以包含作为概念的统治的起源的整个西方文明。因此，批判理论甚至不再企图通过描绘详细未来得以发生的必要中介环节。最终，它退到一个无可退却之处，以保卫特殊性、自律性不受据说已经被总体管理的社会的侵害。在这样的社

---

① 《马克思恩格斯选集》，第4卷，北京，人民出版社，1995，第216页。
② 《马克思恩格斯选集》，第1卷，北京，人民出版社，1995，第10页。

会里，思维作为一个可有可无的奢侈品消失了"①。由于自身逻辑的非历史性，它的批判的矛头最终是虚幻的，丧失了明确的目标，不但批判性是不彻底的，反而远离了革命性。

二、社会历史观的革命性

批判理论在社会历史领域要成为革命的，首先就需要有自己的明确的革命目标。

一种辩证法，并不能因为它高呼反对旧社会的口号就说它在社会历史观方面是革命的。"否定的辩证法"首先就没有做到这一点——"批判不是头脑的激情，它是激情的头脑……它不是要驳倒这个敌人，而是要消灭这个敌人……批判已经不再是目的本身，而只是一种手段。它的主要情感是愤怒，它的主要工作是揭露"②。阿多诺至多只是埋头批判或者揭露社会，而未能在批判旧社会中发现一条通往新社会的现实之路。这其中最直接的原因在于，他们虽有批判旧社会的勇气，但是没有彻底推翻这个社会的明确目标与勇气。

在这个意义上，马克思的理论是一以贯之的，他毕生以推翻资本主义制度为目标。在这一点上，对马克思做早期和晚期的本质区分是欠妥的。纵使马克思在不同的年代有着不同的关注对象与特点，然而，无产阶级革命的目标在马克思的哲学中一直没有改变。

首先，在阿多诺的"否定的辩证法"中，也有一个"敌人"，一个他明确要打倒的目标——思维和社会的"同一性"统治。他的功绩在于看到了现代性哲学历史观的虚假性——"不存在从凶残到仁慈的普遍历史，但是确实存在着从弹弓到核弹的普遍历史"③。问题在于，他把专制的统治、社会的压迫、受奴役的思想都归结到了"同一性"的身上。阿多诺始终被一种沉重的悲观主义笼罩。正如在《启蒙辩证法》中那样，阿多诺认为推翻资本主义、进行无产阶级革命的社会条件正被资本主义的启蒙理性全面收编，因此，革命也就变得遥遥无期。阿多诺把对革命前途的失望归罪于资本主义意识形态，并向其开战。问题在于，这个"敌人"是虚幻的，它存在于每一个人的思维方式中，也不是仅仅依靠思维形式自身的反省

---

① Paul Piccone：*General Introduction*//*The Essential Frankfurt School Reader*，Urizen Books，1978：xviii.

② 《马克思恩格斯选集》，第1卷，北京，人民出版社，1995，第4页。

③ 〔美〕理查德·沃林：《文化批评的观念》，张国清译，北京，商务印书馆，2000，第117页。

就能改变的。于是，在现实世界中找不到明确的批判目标，只能泛泛地批判传统哲学、技术思维方式、资本主义文化，最终，革命的理论武器——"阶级"分析——实质上是被放弃了。

其次，辩证法在社会历史领域要成为革命的，就要把自己的逻辑深入历史中，要具有历史可信性的理论出发点，要从总体上把握现存社会，要在逻辑与历史的统一的基础上在理论上重建资本主义社会。只有这样，理论才有可能在逻辑上超越资本主义社会，才具有"革命"的资格。

"无论是在黑格尔那里，还是在马克思那里，辩证法都试图为理论和实践提供一个纽带，而这个纽带在当代文明社会和当代哲学那里是支离破碎的。"①阿多诺虽然反对"总体性"，但是实质上它对资本主义社会也有一个"总体性"的把握，那就是"商品交换原则"支配下的资本主义社会。而这恰恰是他所要反对的东西。于是，在"否定的逻辑"与资本主义现实之间，改变现实的"纽带"断裂了。这样，"基于一种对现代资本主义的不正确估判，阿多诺放弃了理论和实践统一的正确立场，一味揭露和否定，却从不从事建构，回避政治实践，采取了一种退缩主义的'冬眠战略'"②。

辩证法精神能否实现由第一个维度向第二层维度的提升，进而实现由思维方式的革命性到社会历史观方面的革命性的跨越，关键问题在于，辩证法能否成为这样的纽带，能否实现逻辑的和历史的统一。正是由于这个原因，阿多诺的辩证思维方式在触及社会历史问题时显得苍白无力。

再次，"革命需要被动的因素，需要物质基础"③。理论在社会历史领域要成为革命的，就需要找到自己的现实依靠力量——历史的主体，就要找到现实可行的物质途径，要找到改变资本主义社会的途径和依靠力量。只有在这个基础上，辩证法的精神才能从批判性上升到革命性，由思想的革命性上升到社会历史观的革命性："哲学把无产阶级当作自己的物质武器，同样，无产阶级也把哲学当作自己的精神武器。"④与之形成鲜明对比的是，黑格尔的辩证法寄希望于认识"绝对精神"，阿多诺的辩证法则寄希望于理性的自我批判。二者都是在纯粹理论范围内寻找出路。

---

① Shierry Weber Nicholsen and Jeremy J. Shapiro：*Introduction*//Adorno，*Hegel：Three Studies*，London，The MIT Press，1994：Xi.

② 张亮：《"崩溃的逻辑"的历史建构》，北京，中央编译出版社，2003，第10～11页。

③ 《马克思恩格斯选集》，第1卷，北京，人民出版社，1995，第11页。

④ 《马克思恩格斯选集》，第1卷，北京，人民出版社，1995，第15页。

　　在西方马克思主义创始人卢卡奇、葛兰西等人那里，他们在批判资本主义意识形态时仍然寄希望于无产阶级的物质革命。他们仍然把无产阶级作为历史的主体，因此，马克思的论断——"批判的武器当然不能代替武器的批判，物质力量只能用物质力量来摧毁；但是理论一经掌握群众，也会变成物质力量"①——对于早期西方马克思主义者来说，仍然适用。而到法兰克福学派的第二代领导人那里，"革命"则被削减为一种精神上的批判。如果说，在早期西方马克思主义代表人物那里，如果他们的立场是唤醒无产阶级的革命意识的话，那么在阿多诺那里则隐含着一副"救世主"的面孔——引领无产阶级走出资本主义意识形态的蜜橘。然而，对于被压迫者来说，他们的对立面是历史的、现实的，他们不仅受到资本主义意识形态的统治，更在方方面面受到资本主义制度的现实压迫，这种压迫的最直接的实施者就是资产阶级。包括阿多诺在内的整个法兰克福学派，他们在揭露资本主义意识形态，批判启蒙理性方面的确做出重大贡献。然而，他们也造成一个误解，仿佛整个人类历史都是建立在某个认识论的错误之上。在这种颠倒的、抽象的认识论错误之下，人人都成了受害者。于是，阿多诺在资本主义制度批判中隐含着对"经验"社会的向往，他的弟子哈贝马斯则提出"交往自由"理论。然而，问题在于，当压迫者是现实的、历史的存在者的时候，仅仅理论上的倡导能否改变社会的现实状态？在这种社会现实与哲学理想的天壤之别中，所谓的文人墨客们很容易陷入孤芳自赏的状态。在这种绝望的境遇中，阿多诺甚至提出了拒绝一切艺术交流的艺术，以此来对抗资本主义商品交换原则。这样我们想起了《圣经》中的"出埃及记"，然而，"上帝"从尼采那里就被下达了"死亡通知书"，阿多诺没有能力成为现代无产阶级的精神上的"摩西"，无产阶级也不会成为现代的"古以色列人"。原因很简单，他的晦涩的学院式的文风在写作的根本意图上就不是针对普通大众的，这也就丧失了号召力，最终无力引导无产阶级走出资本主义意识形态的困境。

　　最后，辩证法要在社会历史观方面成为"革命"的，需要正确地理解"革命"本身。"革命"并不仅仅是暴动。"革命"有一个方向，那就是与社会历史发展的趋势相一致，革命的目的有两个：人的解放与生产力的解放。因此，在社会历史观方面，"革命"至少可以分为两种：一种是社会制度的革命，一种是生产方式的变革。前一种更侧重于社会的政治和经

---

　　① 《马克思恩格斯选集》，第 1 卷，北京，人民出版社，1995，第 9 页。

济制度。无论是哪种"革命"，都有一个首要的前提——理论与历史的深度结合，即逻辑与历史的统一。而阿多诺却把"制度革命"理解为一种新的"同一性暴力"，把生产力发展水平的标志——科学技术——理解为一种新的"同一性"奴役。在此，阿多诺把科学技术在资本主义商品经济下的特点理解为科学技术本身固有的特点，于是，科学技术就成了资本主义的"同谋"。

总之，辩证法的革命精神就是力图改变现实社会，打破现实社会的强制性的压迫和不平等，去追求自由的现实化。在这方面，辩证法的思维方式的革命性与社会历史观的革命性表现出了本质的区别。批判，只要不涉及历史与社会的本质性问题，只要不涉及现实的社会运动，局限于理想性的逻辑推演，就很容易流于一种抽象的批判。因此，历史地看，"否定的辩证法"的致命之处在于，它"在反对主体性的同一性的暴力的同时，失落了革命的现实的主体"①，失落了革命的历史根基。

第三节　辩证法革命性的历史前提

阿多诺"经验"范式的辩证法解读，处于其"差异性"的逻辑，拒绝任何总体性的思维图示，所以，"逻辑与历史的统一"自然也在拒斥和批判的范围之内。然而，任何逻辑形式都是思维对历史及现实的把握：如果这种逻辑思维形式不能解释历史，又何以能够预见未来？

一、"逻辑与历史的统一"

"逻辑与历史的统一"一直是传统哲学苦苦追寻的一个目标。其中一直存在着一个悖论：如果历史按照某种逻辑的形式按部就班地发展，那么，改变现存社会制度的斗争就是徒劳的，因为历史会自行发展到它应该发展到的阶段；如果历史不是按照某种逻辑形式发展的，那么，对未来社会的任何理想都丧失了其合法性的根基。同时，哲学又不能脱离历史，否则就会变为文人的恣意道说，哲学的思辨与文人的空想就会被混为一谈。

在西方哲学史上，无数的关于历史的逻辑猜想，哪怕是以逻辑思维的严密性著称的黑格尔哲学，一旦遇到现实的社会历史，也不可避免地遭遇哲学的"滑铁卢"。因此，如果不能解决"逻辑与历史的统一"的问题，

---

① 张亮：《"崩溃的逻辑"的历史建构》，北京，中央编译出版社，2003，第72页。

任何解放理论都注定是一种空想。更严峻的问题在于，无论是从逻辑出发去印证历史，还是从历史出发去总结逻辑，都意味着承认历史的必然性规律，都不能逃脱我们已经指出的关于二者的悖论。

在阿多诺看来，"逻辑与历史的统一"，是同一性哲学的思维方式，也是集权社会的典型特征，它最终在精神上形成一种意识形态的统治。阿多诺认为，黑格尔哲学正是建立在"逻辑与历史的统一"的基础之上的——黑格尔哲学的"结构对于现实却是公正的。历史的因果性(tit for tat)以及在社会关系中的个体主体之间的以总体性为基础的等价原则都是根据黑格尔的逻辑来行动的"①。也就是说，在阿多诺看来，黑格尔哲学的总体性逻辑与资本主义社会的集权性结构、黑格尔哲学中的绝对精神的主体地位与资本主义社会的商品交换原则，在逻辑上是一致的，但是这种一致性仅仅是人类苦难状态的反应，是个体受压迫的表现。因此，"逻辑与历史的统一"在阿多诺那里是否定意义上，它并不能给予未来社会以任何希望。

在资本主义社会中，阿多诺认为基于这种"历史与逻辑"统一的"世界历史"②(universal history)的观念，表现为一种从霍布斯和康德哲学中延伸出来的逻辑——"如果不把自我保护的利益转让给类——在资产阶级的思维中大都是由国家来代表的——个人将无法在更发达的社会关系中保护自己"③，这就需要一种利益上的从个人到社会的权力转让。在阿多诺看来，这种转让虽有其必要性，但它不可避免地使普遍的合理性与特殊的个人对立起来，最终导致对个体的否定。

阿多诺并没有停留在对黑格尔哲学意义上的"逻辑与历史的统一"的思想批判上，而是更进一步，他试图在这种统一中发展出打破同一性的因素，证明绝对同一性原则是不合理的、自相矛盾的，"统一就是分裂"④。他认为，作为纯形式的总体性观念在排除了经验性的特殊事物之后，不得不在体系内部的逻辑运动中用自身去替代特殊存在物，因此，总体性的理性在此就表现为一种受限制的理性——"支配一切的理性在使

---

① Adorno：*Negative Dialectics*，Translated by E. B. Ashton，London，Routledge & Kegan Paul，1973：317.

② Adorno：*Negative Dialectics*，Translated by E. B. Ashton，London，Routledge & Kegan Paul，1973：319.

③ Adorno：*Negative Dialectics*，Translated by E. B. Ashton，London，Routledge & Kegan Paul，1973：318.

④ Adorno：*Negative Dialectics*，Translated by E. B. Ashton，London，Routledge & Kegan Paul，1973：317.

自身凌驾于某种个别事物之上时，必然会限制自身"①，从而与它自身形成一种对抗性的关系，最终导致体系的分裂。

马克思主义哲学如果要实现自己的"解放理论"，也必然要面对这个问题。我们在导论中就已经指出，如果"黑格尔——马克思辩证法传统"的观点成立的话，马克思的辩证法就无法超越传统形而上学，最终在"解放理论"方面陷入新一轮的造神运动。接下来我们就会看到，正是基于这种"黑格尔—马克思"的认识传统，在阿多诺那里，马克思哲学也成为"总体性"的、"唯心主义"的，从而成为要批判和否定的对象——"历史的普遍性、在总趋势的必然性中结成的事物的逻辑，建立在某种偶然的东西之上，某种外在于它的东西之上，也就是它不需要成为的东西之上。不仅黑格尔，而且还有马克思和恩格斯——他们的唯心主义差不多只表现在于总体性的关系之上——都曾拒绝怀疑一切总体性的不可避免性"②。

在阿多诺看来，马克思和恩格斯的哲学同样是一种"乌托邦"，虽然他们反对"乌托邦"。但是阿多诺认为这是出于实现乌托邦的初衷③，因此，最终的后果是，建立了一种新的统治。这种新的统治造成了新的意识形态的统治，它"帮助意识形态取得了廉价的胜利：这种意识形态将要么从所谓集中化之类的非异化的社会组织形式中，要么从现实过程中抽象出来的意识—理性—中推演出统治……只要有组织的社会存在着，统治就有无限的前途"④。

应该说，在此阿多诺的目光是锐利的，他看到了苏联社会主义的弊端。然而，高度集权化的社会制度并不能代表对马克思哲学本身。更加关键的问题在于，他把马克思对历史的认识等同于黑格尔哲学中的绝对精神，并把两者的根源归结为一致的——"概念的这种否定的至高无上性说明了为什么黑格尔（为它辩护者）和马克思（对它批评者）会一致认为，被黑格尔叫作世界精神的东西具有一种自在存在的优势"⑤。也就是说，在阿多诺的心目中，马克思虽然批判了资本主义社会，然而，在个人与

---

① Adorno：*Negative Dialectics*，Translated by E. B. Ashton，London，Routledge & Kegan Paul，1973：318.

② Adorno：*Negative Dialectics*，Translated by E. B. Ashton，London，Routledge & Kegan Paul，1973：321.

③ Adorno：*Negative Dialectics*，Translated by E. B. Ashton，London，Routledge & Kegan Paul，1973：322.

④ Adorno：*Negative Dialectics*，Translated by E. B. Ashton，London，Routledge & Kegan Paul，1973：322~323.

⑤ Adorno：*Negative Dialectics*，Translated by E. B. Ashton，London，Routledge & Kegan Paul，1973：335.

社会的关系中，还是坚持人在本质上的社会性，这是与阿多诺强调个体主体的经验立场相左的。为此，他特意引用了马克思在《1857—1858年经济学手稿》中的一段话作为例证："个人从属于像命运一样存在于他们之外的社会生产；但社会生产并不从属于把这种生产当作共同财富来对待的个人。"①

在对待社会与个人的关系问题上，阿多诺的理论初衷与马克思存在着本质的不同，如果说马克思把异化的过程，亦即把从人的生产实践中产生出来的、反过来统治人的外在性的社会力量产生的过程，看作是一种历史进程的话，那么，在阿多诺看来，这种异化现象并不应该存在，它产生的根源不在于实践过程，而在于人的概念思维方式。因此，如果说马克思从社会历史发展过程出发，在历史内部寻求解决异化问题的依靠力量，依靠社会实践的途径，从生产力的革命和社会制度的革命两个方面来实现人的自由问题的话，那么，阿多诺则主张从思维方式的革命方面去解决这个问题，通过指出这种"异化"是与自身的原则相矛盾的，去证明这种异化是不应该存在的，它只是人的思维方式抽象主体化的结果。因此，历史在阿多诺那里就成为一个莫大的错误，一个不应该发生的事件。正是基于这种理论出发点，阿多诺激烈地反对"历史与逻辑统一"的观点，因为具体的社会历史进程是与他的差异性逻辑不相符合的，他如果同意了这个观点，无疑就等于推翻了自己的"否定的辩证法"。

总之，"否定的辩证法"不仅要批判资本主义的统治，而且要批判一切的统治。这也是与它的理论基本立足点相一致的——"经验"及"经验"中理想的、互动的主客体关系，这种关系不允许任何外来强制性因素的干涉。因此，历史在阿多诺那里便表现为一种偶然性——"除非理论认识到必然性是实现了的外观，历史地决定作用是一种形而上学的偶然性时，理论将不能卸掉历史必然性的巨大包袱"②。

二、"统一"的路径

在阿多诺看来，马克思的基于"逻辑与历史的统一"的历史必然性是建立在经济的第一性之上的，"经济被说成是先于统治的，统治又是只能从经济上推导出来……马克思和恩格斯所期望的革命是在整个社会中、在他的自我保护的基本阶层中的一种经济关系的革命，而不是作为社会

---

① 《马克思恩格斯全集》，46卷（上），北京，人民出版社，1979，第105页。

② Adorno：*Negative Dialectics*，Translated by E. B. Ashton，London，Routledge & Kegan Paul，1973：323.

政治形式上的、统治的竞赛规则的革命……当马克思和恩格斯决定把人类的商品史、也就是说人类的原罪在政治经济学——尽管这门与商品交换关系的总体性密切联系在一起的学科的概念是后来的事情——中译解出来的时候，支配着他们的动机的是让革命立刻到来，他们想要第二天就发生革命"①。

在此，阿多诺看到马克思和恩格斯高估了当时的革命形势的缺点，然而，革命最终还是发生了。同时，他把马克思的哲学视为经济决定论，把"经济"在马克思哲学中的地位等同于"绝对精神"在黑格尔哲学中的地位，由此他犯了一个巨大的错误。马克思和恩格斯对经济因素在历史发展过程中重要作用的强调是有特定的历史背景的。我们不止一次地指出，恩格斯曾经专门澄清过这个问题，"根据唯物史观，历史过程中的决定性因素归根到底是现实生活的生产和再生产。无论马克思或我都从来没有肯定过比这更多的东西。如果有人在这里加以歪曲，说经济因素是唯一决定性的因素，那么他就是把这个命题变成毫无内容的、抽象的、荒诞无稽的空话……否则把理论应用于任何历史时期，就会比解一个最简单的一次方程式更容易了"②。同时，在以商品交换原则为社会基本商业规范的资本主义社会，如果不分析资本主义的经济结构，超越资本主义岂不只是一种学术上的幻想？

并不是经济的观点，而是实践的观点，才是马克思哲学的首要的和基本的观点。马克思在辩证法方面之所以能够超越传统形而上学，不仅仅因为它是一种实践的辩证法，这种辩证法固然是在实践过程中进行的，但其最大的特色在于它是一种"实践生成模式"的辩证法。因为马克思辩证法的逻辑并不是预先设定的，而是一种"实践生成的逻辑"。只有理解了这一点，才能够反驳阿多诺把马克思辩证法等同于"绝对精神"运动的指责。因此，对于马克思来说，"逻辑与历史的统一"就意味着"在社会实践中生成"的逻辑与社会历史的统一，它不是预先设定的，它并不修订历史，而是在历史中生成、变化和发展的。马克思不是依靠逻辑去规定历史，而是在历史的现实过程中去分析历史并去预见未来社会的发展趋势。同时，这种逻辑不是单纯的思维的逻辑，而是基于社会历史实践结构的动态的逻辑。

马克思以实践的观点为自己哲学的首要的和基本的观点。马克思的

---

① Adorno：*Negative Dialectics*，Translated by E. B. Ashton，London，Routledge & Kegan Paul，1973：321～322.

② 《马克思恩格斯选集》，第 4 卷，北京，人民出版社，1995，第 695～696 页。

辩证法首先在理论出发点上就与阿多诺相对立，"实践"本身就是一个社会性的概念，而阿多诺的"经验"则找不到任何历史的社会原型。也正是由于这种理论立足点上的根本分歧，阿多诺激烈地批判全部人类历史，而不是像马克思那样，在细致的历史分析中找出超越现阶段历史状态的现实历史途径。与阿多诺不同，马克思从来没有在"纯理论"的范围内讨论过辩证法，他的"实践"概念是与现实的受社会制约的历史主体紧密相连的——"个人怎样表现自己的生活，他们自己也就怎样。因此，他们是什么样的，这同他们的生产是一致的——既和他们生产什么一致，又和他们怎样生产一致。因而，个人是什么样的，这取决于他们进行生产的物质条件"①。因此，在阿多诺看来，这种没有打破个人对社会关系依附状态的历史分析自然是不彻底的，社会关系便被他等同于黑格尔的"绝对精神"。在此，阿多诺犯了一个与他批判过的亚里士多德哲学同样的错误——把理论立足点理想化、非历史化了。从现实性上说，实践并不是一种亚里士多德意义上的"自由、自觉"的活动，也不是阿多诺"经验"概念中的理想的主客体关系。在现实的历史过程中，实践者的意图与社会的意图并不是一致的②，恰恰相反，由于现实的、具体的历史条件、社会关系的制约，现实的物质生产及其派生的物质生产关系反而成了制约个人自由发展的最根本的因素。不管这是否是一个历史错误，这已经是一个历史事实。在对待事实的态度上，马克思在承认这种事实的进步性与缺陷性的基础上，从历史内部寻找超越的途径，阿多诺更多的是采用一棒子打死的策略——指出它是不应该发生的。

在马克思那里，正是人的现实的历史的实践活动的不完满性、不自觉性和异化状态，才使得马克思的社会革命理论有了合法性基础。对资本主义异化劳动以及资本主义制度的扬弃，构成了马克思辩证法乃至马克思哲学的理论使命。对于马克思来说，"实践"活动不是一种理想的状态，而是我们置身于其中的、证明我们自身力量的和能够改变我们处境的存在方式，这不是一种简单的抽象，而是马克思整个社会革命理论得以存在的社会基础。

马克思对资本主义社会的分析，确实是一种"总体性"的思维方式。

① 《马克思恩格斯全集》，第3卷，北京，人民出版社，1960，第24页。
② 亚里士多德认为，"实践的本原即意图则在实践者中，因为意图的对象与作为其结果是统一的"（《形而上学》，第120页）。应该说，这是一种理想的实践状态，是摒弃了社会压迫性因素的实践观。在这种视角下，实践者的意图就成为自觉、自愿、自由的，他的意图与自己的劳动产品是"同一"的。然而，这种观点并不能解释资本主社会中工人和产品的天然对立问题。

阿多诺也承认资本主义社会是一种"总体性"的社会，但是在他那里这是一个需要全盘否定的"总体性"社会，而否定的途径就是通过理性的自我批判所引发的思维方式的觉醒，因此，他拒绝一切"总体性"的思维方式。问题在于，理论如果不能对资本主义社会有一个全面、系统的理解，那么如何超越具有现实物质力量支撑的资本主义社会制度？

在马克思那里，"总体性"的思维方式意味着理论在实践概念的基础上重构人类社会发展的逻辑结构的努力。在对人类历史的分析中，结合当时自然科学和社会科学所取得成果，马克思找到了贯穿人类历史的基本概念——物质生产实践活动。"任何人类历史的第一个前提无疑就是有生命的个人的存在，因此第一个需要确定的具体事实就是这些个人的肉体组织"①，这就需要物质生活的支撑。简言之，物质生活的生产才是解释人类历史的基本出发点。

在马克思那里，革命并不仅仅是社会制度的革命，它还需要生产力的革命的支撑。因此，在马克思哲学中，超越资本主义的努力是由两个维度支撑起来的——生产力的革命与社会制度的革命，并且这两个维度是紧密结合在一起的，前者构成了后者的物质基础。因此，马克思对人类历史的分析是从生产力发展的角度入手的，而不是像青年黑格尔派那样，是从意识或思维的角度入手的。从这个方面讲，阿多诺虽然与青年黑格尔派在思维方式上有本质的不同，但是理论切入点却是一致的，他并没有离开黑格尔哲学的基地。

在马克思那里，从生产力的发展角度来看，现实的人的需要引起了第一个历史活动——物质生活的再生产，而满足这些需要的对象是从自然界攫取的，满足这种需要所进行的活动就是物质生活的再生产。因此，人与自然之间的矛盾最终还需要现实的人的物质生产活动来解决。"已经得到满足的第一个需要本身、满足需要的活动和已经获得的为满足需要用的工具又引起新的需要"②，也就是说，随着历史的发展，人的需要越来越丰富、越来越高级，人与自然之间的矛盾也就随之越来越深化，相应地，无论是广度上还是深度上，解决这一矛盾的物质生产实践的水平也越来越高，由此促进了生产力的发展。而在阿多诺的否定的辩证法中，人与自然的矛盾被抽象成了主体与客体的关系问题，二者之间的关系丧失了一切生产实践的因素，他仅仅试图依靠主体思维方式的转变而使二

---

①　《马克思恩格斯全集》，第 3 卷，北京，人民出版社，1960，第 23 页。

②　《马克思恩格斯全集》，第 3 卷，北京，人民出版社，1960，第 32 页。

者的关系得以协调。然而在现实的实践关系中，这样做无异于"画饼充饥"，他忽视了一个基本的事实——人是在改变自然的过程中发展起来的，而不是在单纯改变思维方式的过程中发展起来的，思维方式的改变是在现实的实践过程中发生的。"经验"的立场使阿多诺必然鄙视这种受社会关系制约的物质生产实践活动，进而他也就把生产力的发展与启蒙运动以来的科学技术的发展混同起来，成为要批判和否定的对象。他不但没有注意到资本主义制度对生产力发展做出的贡献，更没有注意到，离开了生产力的发展，自由理论便无法实现——"生产力的这种发展（随着这种发展，人们的世界历史性的而不是狭隘地域性的存在已经是经验的存在了）之所以是绝对必需的实际前提，还因为如果没有这种发展，那就只会有贫穷的普遍化；而在极端贫困的状态下，就必须重新开始争取必需品的斗争，也就是说，全部陈腐的东西又要死灰复燃"①。

马克思从生产力的发展角度来看待社会制度和社会统治形式的变化，并予以历史的肯定和超越——"一切历史冲突都根源于生产力和交往形式之间的矛盾"②，而在阿多诺那里，全部"有罪"的人类历史起源于一种错误的理性思维方式。在社会制度方面，马克思主义哲学从历史实践、特别是生产力发展的角度来认识"人"及其人类社会，把人的本质、社会的本质与人的实践活动联系在一起，把人的解放同社会的解放、生产力的解放联系在一起。在此基础上，马克思才能实现逻辑与历史的统一，并在此基础上重现了人类的发展史实践逻辑结构，特别是国家与社会的历史产生过程，并最终把国家作为一个历史发展阶段来看待。而在阿多诺那里，制度本身就意味着一种"同一性"，意味着一种统治关系，而任何形式的"统治"都是阿多诺所要批判的。在这种视野下，国家被理解为单纯的"统治"，从而丧失了历史的根基，而离开了社会现实历史，对制度的批判就会远离国家机器这个物质实体。批判理论如果不涉及国家机器，注定是不成功的。

马克思是从社会分工的角度出发去分析国家产生的历史的。在他看来，在人类社会的最初阶段，人接近于动物的状态。人的社会本质主要表现为"人的依赖关系"，这种社会关系"是最初的社会形态，在这种形态下，人的生产能力只是在狭窄的范围内和孤立的地点上发展着"③。与这种最初的实践水平相适应，这时的分工是自然发生的，只是男女生理方

---

① 《马克思恩格斯全集》，第 3 卷，北京，人民出版社，1960，第 39 页。
② 《马克思恩格斯全集》，第 3 卷，北京，人民出版社，1960，第 83 页。
③ 《马克思恩格斯全集》，第 46 卷上，北京，人民出版社，1960，第 104 页。

面的分工，后来由于天赋、偶然性等产生了自发的或者是偶然性的分工。随着生产力的进一步发展，出现了真正意义上的分工，即体力劳动和脑力劳动的分离。这种真正的分工的最直接的后果，使"现实的人"之间产生了巨大而复杂的变化："分工不仅使物质活动和精神活动、享受和劳动、生产和消费由各种不同的人来分担这种情况成为可能，而且成为现实"①。在这种社会关系下，不同的个人占据了不同的职业，并进而取得了不同的社会地位，使一部分人靠压榨另一部分人的劳动成为现实，于是产生了阶级。个人的社会性取得了阶级的色彩，成了阶级社会下的个人，此时人的社会本质才开始表现为"以物的依赖性为基础的人的独立性"②。

国家的产生也得益于真正意义上的分工，国家的产生根源于物质劳动和精神劳动的最大的一次分工——城市和乡村的分离。城乡之间的对立使得野蛮向文明过渡、部落制度向国家过渡、地方局限性向民族过渡成为现实。城市的出现需要有维持城市运转的工具，也就是要有行政机关、警察、赋税等，一句话，真正的分工产生的扩大了的社会交往，需要有公共的政治机构。由此可见，一定的政治国家"不过是市民社会的正式表现"，市民社会"在一切时代都构成国家的基础以及任何其他的观念的上层建筑的基础"③。

正是在这种宏观的人类发展史中，马克思在人类实践结构上重构了人类社会特别是资本主义社会的逻辑结构。"真正的资产阶级社会只是随同资产阶级发展起来的。"④在《资本论》中，马克思从最简单的商品概念出发，指出了商品概念背后所隐含的资本主义剥削劳动的本质，指出了资本运行的规律及绝对剩余价值的生产，从理论上再现了资本主义的内部构架。总之，"通过对资本主义时代商品的生产、交换和分配方式的关注，马克思主义试图说明全部社会系统的结构和动力，包括它的起源和可能的未来。另外，马克思主义还使我们认识到了从资本主义中获益最多的少数人是如何并用武力和诡计来支配那些从一种根本变革中获益最多的大多数人的生活和思想的。最后，马克思主义还为更新这种研究和帮助产生最满意的结果确定了一种方法（辩证法）和一种实践（阶级斗

---

① 《马克思恩格斯全集》，第3卷，北京，人民出版社，1960，第36页。
② 《马克思恩格斯全集》，第46卷上，北京，人民出版社，1960，第104页。
③ 《马克思恩格斯全集》，第3卷，北京，人民出版社，1960，第41页。
④ 《马克思恩格斯全集》，第3卷，北京，人民出版社，1960，第41页。

争)"①。因此，在实践中生成的社会结构及其逻辑总结，也必须在实践中才能加以改变。

正是在历史地重构资本主义逻辑的基础上，马克思才能超越资本主义的逻辑并指出革命的目标："建立在个人全面发展和他们共同的社会生产能力成为他们的社会财富这一基础上的自由个性。"②要实现人的解放，实现人的全面发展，就要在生产力高度发展的基础上全面占有整个社会关系，因为"个人的全面发展，只有到了外部世界对个人才能的实际发展所起的推动作用为个人本身所驾驭的时候，才不再是理想"③。要全面占有整个社会关系，这首先就需要实现对分工的自觉掌握，只有这样，才有可能实现个人的全面发展。而要消灭自发的分工，就需要自觉联合起来的个人，需要先进生产力的代表——工业无产阶级。而推翻资本主义暴力机关的现实途径就是无产阶级工人运动及其革命。

与之形成鲜明对比的是，虽然阿多诺反对"逻辑与历史的统一"的观点，但是阿多诺还是试图使自己的辩证法深入社会历史现实中去。为此，阿多诺批判了以黑格尔哲学为代表的精神的抽象同一性哲学。在阿多诺关于黑格尔哲学的众多解释中，他"试图为否定的思维提供一个哲学的基础，试图使思维从'理性统治'的牢笼下解放出来，试图在最广泛的历史意义的层面上为解放理论提供一个哲学基础，由此使解放理论包含批判阶级统治、官僚合理性的'铁笼'、集中营的恐怖统治、'表现主义'（performance principle）以及变形了的经验"④。在他批判克尔凯郭尔的美学理论时，一个重要的指责就是克尔凯郭尔的内在性辩证法忽视了外部历史而单纯转向主体自身的信仰。然而，阿多诺采取的一个路径却是从哲学到社会，而不是从社会到哲学，这就注定了解放理论的立足点是超历史的。因此，在哲学的实现手段上，马克思与阿多诺的最大的不同在于，阿多诺是试图依靠思维去超越现实，而马克思则是依靠现实去超越现实。

在马克思的解放理论中，始终存在着一个不变的革命主体——"无产阶级"。马克思对无产阶级的定义也存在着两个维度的。首先，无产阶级是资本主义社会制度下的受压迫、受剥削的劳苦大众，他们依靠出卖自己的劳动力为生；其次，无产阶级在资本主义制度下是先进生产力的代

---

① 〔美〕伯特尔·奥尔曼：《辩证法的舞蹈——马克思方法的步骤》，田世锭、何霜梅译，北京，高等教育出版社，2006，第 4 页。

② 《马克思恩格斯全集》，第 46 卷上，北京，人民出版社，1960，第 104 页。

③ 《马克思恩格斯全集》，第 3 卷，北京，人民出版社，1960，第 330 页。

④ Shierry Weber Nicholsen and Jeremy J. Shapiro：*Introduction*//Adorno，*Hegel：Three Studies*，London，The MIT Press，1994：xii.

表。正是这两个维度的内在统一，无产阶级才成为马克思辩证法哲学的历史主体。与之形成鲜明对照的是，阿多诺的解放理论也有一个主体——"经验主体"。有人说，这个受压抑的"经验主体"在阿多诺那里暗含着"无产阶级"的情节。然而，在更多的情况下，"无产阶级"在阿多诺的视野中只是一个被同情的对象，只是一个需要被唤醒的对象，而不是解放理论的依靠力量。按照阿多诺对"经验"的定义，所有人都符合主体的定义，都存在着经验主体与先验主体的成分。离开了生产力和社会制度的区分，这种依靠所有人的方式，也就相当于没有依靠任何人。其最根本的原因在于，阿多诺对"经验主体"的分析主要是立足于理性或意识形态的抽象统治，而没有从现实的社会处境，特别是社会现实生产环境出发来分析无产阶级的解放。

阿多诺的"否定的辩证法"的"经验"立场彻底打破了卢卡奇的"阶级意识"立场，正是在这个意义上，有学者认为它意味着西方马克思主义的终结以及后马克思主义时代的开启。在此，我们不去争论这种理论划界问题。但是，阿多诺的"经验"立场确实已经与马克思哲学和西方马克思主义的主流产生了本质性的区别。在"否定的辩证法"中，阿多诺放弃了卢卡奇高扬的"总体性"，也就意味着放弃了批判理论的全面超越理想，这无疑是西方马克思主义内部的一次"理论自戕"，这也是忽视马克思历史唯物主义观点所造成的必然理论后果。在阿多诺看来，"体系"作为"同一性哲学"的余孽，是一个需要批判的对象。然而，这个要反对和批判的对象恰恰是现实的、高度组织化、体系化的资本主义社会制度。以毫无体系的理论观点去对抗现实的、有组织的资本主义社会，其前景无疑是悲观的。同时，从这种没有历史根基的"经验"出发，在哲学上，注定了他要反对一切"总体性"思维图示。这种反对总体性的思维方式反映到社会观点上，也就注定了要反对一切"统治"，不仅包括资产阶级的统治，也包括无产阶级的统治。这就必定使他的解放理论缺乏现实的历史主体，更加剧了他的悲观主义的色彩。

阿多诺的否定的辩证法并不试图肯定人类历史的哪怕是最低限度的合理性。在他那里，"整体性"或"总体性"本身就是一个悲剧：一切社会强制统一性因素都成了一种"同一性"的罪孽。同样，问题在于，这种罪孽的根源却被阿多诺归结为"理性的统治"或简单的"商品交换关系"。在此，阿多诺实际上仍然重蹈了他所批判过的以康德和黑格尔为代表的古典唯心主义哲学的覆辙。他没有认识到，进行统治的不是"理性"，而是现实的人，是现实的主体及其活动产生了这种压抑性的社会关系和思维方式，不是这种思维方式凭空统治和支配现实的个人。在阿多诺看来，资本主义社会只不过是"一个通过'产品'，通过交换关系而结合起来的世界"①，而没有看到产品背后的社会生产过程。因此，阿多诺的否定的辩证法至多可以称之为触及社会历史问题，由于没有触及社会制度，仅仅可以称之为具有文化超越的意义，还远远谈不上深入社会历史问题内部中去。"历史地看，'否定的辩证法'确实是一个巨大的失败，但它是一个巨大的、在晚期资本主义时代重建马克思主义的任何尝试都必须面对的失败。"②这个问题不解决，解放理论就只能是一纸空谈。

同时，阿多诺的理论批判限制主体的有限性，这意味着主体在认识过程中更多的是在被动的反映客体，而不是在思维中主动的思考并设计客体的未来状态，从而人的劳动实践的本质特征就被忽视了。这样一来，人与动物的本质区别就被抹杀了。阿多诺对此从不掩饰，1956年3月24日，阿多诺曾明确地对马克斯·霍克海默说道："哲学本是用来兑现动物眼中所看到的东西的。"③在此，"经验"的视角最终成了反社会的视角，它自然不会赞成以社会体制更替为主要内容的社会革命。

批判的维度是辩证思维内部逻辑推演的产物，而社会革命性的维度则必须深入社会历史发展的内部结构中去，必须首先能够合理科学地在逻辑中重现人类历史，特别是重现批判对象的资本主义社会历史，然后才能够在历史与逻辑相统一的基础上超越资本主义逻辑，才具备描述新社会、推翻旧社会的革命性的资格。因此，"体系"的产生并不是随意的，而是有着深刻的社会历史基础的，同时它也反映着时代的特点和不足。为此，要想超越"体系"，仅仅局限于哲学上的批判还是远远不够的，更多地要借助于现实的实践活动，在社会实践活动中超越"体系"。正是在这个意义上，马克思指出，"一切划时代的体系的真正的内容都是由产生这些体系的那个时期的需要而形成起来的。所有这些体系都是以本国过去的整个发展为基础的，是以阶级关系的历史形式及其政治的、道德的、哲学的以及其他的后果为基础的"④。也正是在这个意义上，马克思才始终与我们的时代同行。

---

①　Shierry Weber Nicholsen and Jeremy J. Shapiro：*Introduction*//Adorno，*Hegel：Three Studies*，London，The MIT Press，1994：xiii.

②　张亮：《"崩溃的逻辑"的历史建构》，北京，中央编译出版社，2003，第3页。

③　〔德〕洛伦茨·耶格尔：《阿多诺：一部政治传记》，上海，人民出版社，2007，第4页。

④　《马克思恩格斯全集》，第3卷，北京，人民出版社，1960，第544页。

结束语 否定的辩证法：觉醒、呐喊，还是反抗？

随着近年来学界对阿多诺哲学研究的推进，关于阿多诺与西方传统哲学的关系、阿多诺哲学的逻辑建构、阿多诺哲学的历史地位界定，特别是阿多诺哲学与马克思哲学的关系等方面的研究正逐步深化。坦率地说，早已习惯了具有精致体系和"上进"气质的"正统"辩证法的我们，初次面对阿多诺的"否定的辩证法"的时候，多少感觉到一些"难以接受"：一向为我们所珍视、"玩味"的辩证法，居然被阿多诺变成了一副支离破碎、衣衫不整、愤世嫉俗乃至悲观落魄的邋遢模样；一向以"扬弃"式的运动许诺给我们光明美好未来并被我们寄予厚望的辩证法，居然被阿多诺描绘成了一种前途未卜、命运渺茫的忐忑状态。或许最令我们难以接受的地方在于："否定的辩证法"在试图向一切自称已经掌握了"永恒真理"的思想观念说"不"的同时，试图让它们重新回到和再次认识那个曾经的起点——"经验"。

在这种情况下，我们更是无法回避以下问题："否定的辩证法"与传统的"辩证法"之间到底是一种什么样的关系？被尊称为西方马克思主义领军人物之一的阿多诺，他的"否定的辩证法"与马克思的辩证法到底是什么样的关系？或许，我们在这方面沉默的原因在于，与我们自己心目中"光辉"的辩证法形象相比较，没有人愿意去承认"否定的辩证法"是一种"辩证法"。但与我们的"沉默"态度形成鲜明对比的是，阿多诺在《否定的辩证法》中一再提及并标榜自己的"辩证法"。与此同时，同样吸引人的是，我们无法否认"否定的辩证法"的积极意义：阿多诺居然能够以"否定的辩证法"尖锐地批判资本主义乃至苏联模式的社会主义，使之呈现出前所未有的绚丽色彩并引人深思。它对"盲从"的反思，对"管控式"社会的批判，对于我们反思自身历史、重新定位对"人"的认识和进一步理解现代社会都具有非常重要的借鉴意义。这使我们有必要去做一个历史的梳理和比较，以展现阿多诺的"否定的辩证法"作为"辩证法"的特点，并分析阿多诺的哲学与马克思哲学的关系。在分析"否定的辩证法"利弊得失的基础上最终回答这样一个问题——"西方"马克思主义离马克思到底有多远？这也是本文的目的之一。

　　近现代西方文明是随着资本主义的发展而逐渐生发出来并在世界范围内扩展的现代文明。在对西方社会进行生产力与生产关系的传统马克思主义分析的基础上，对于这种原初"生发"于西方资本主义环境中的"现代性"的解读，对我们理解资本主义社会和现代世界，具有不可或缺的重要意义。这种解读的重要作用就在于，它会逐步显现出西方近现代社会在发展过程中绝不仅仅是一种"方法论"上的制度设计，而且还是一种基于自身历史和传统文化"再生"的过程。之所以说它是一个"再生"的过程，是因为近现代西方文明并不仅仅是一个为理性代替神性、人权战胜神权和君权、进而通往自由、平等、博爱的过程，它并没有摆脱前现代社会的一系列痼疾。就像霍克海默和阿多诺在《启蒙辩证法》中所力图表明的那样，它甚至连自己一向标榜的"思想的自由"都没有实现。阿多诺从意识形态上对资本主义和现代社会的分析，表明了并不存在一个文明立场上的"前资本主义——资本主义"直线上升的"进步"式发展序列。我们不能简单地把现代性理解为对前现代性特别是封建性的"战胜"或排挤，而应该把二者理解为存在着某种内在的一致性关系——资本主义文明非但没有实现它所宣扬的自由和平等，反而运用自身的思维旗帜——启蒙理性——暗暗编织了一个比前现代社会更加精细和隐秘的思想奴役之网。

　　启蒙理性通过自身独特的方法论重新勾画了客观世界的"量"的面貌。启蒙理性对现代文明影响的最突出之处直接表现为现代自然科学的研究方法。自诞生之日起，资本主义就从来没有表现出与它所宣称的"自由、平等、博爱"的价值立场和价值追求的契合之处。然而问题在于，为什么资本主义的野蛮行径并没有在现代文化上特别是在价值观上表现出来？这其中的一个重要特点在于，它在意识形态的领域同样混淆了事实判断与价值判断。在事实判断的领域，自然科学之所以能够在现代社会兴起，即使撇开其与资本主义现实生产的互动不提，在认识论领域内其巨大说服力的发挥是因为依靠可以实现"结果重现"的科学实验。在"科学试验"中，以数学为代表的自然科学的方法成为首要前提。而这种方法的重要特点就是对量化思维方式的高扬。科学技术本身并没有意识形态的特点，但是它的思维方式在市场经济中被意识形态利用。在科学技术式的社会管理体制中，作为主体的人实际上并没有与作为对象的物在价值序列上区分开来，从而最终使主体自身全面卷入一个被"管控"的状态。正是对量的重视的思维特点与市场经济试图用货币来衡量一切对象价值的方法论不谋而合，资本主义在文化特别是意识形态上才表现出一种貌似没有立场的立场——一方面追求一种所谓的正义的宏观形象，另一方面却又承认反正义的社会现实。从这个意义上看，除了市场，资本主义本身并没有立场。正是基于服务于资本牟利的市场规则，所有企图超越市场经济的观点和主张都是"非正义"的。阿多诺哲学对启蒙理性思维方式的一个重要诟病就在于其对量化思维方式的高扬。

　　通过对客观世界的重新刻画，启蒙理性在认识论上重新构架了世界的"权力"系统。相比较于前现代的权力体系构架，神权和君权高于民权的传统垂直权力体系崩塌了。在阿多诺看来，事情并没有到此结束，启蒙所允诺的理想社会并没有因此到来，而是代之以新的抽象平面化的权力系统。在《启蒙辩证法》关于神话和启蒙关系的分析和论述中，逐步远离马克思社会历史观的阿多诺在此表明了这样一个观点：启蒙倒退回神话。如果我们结合《否定的辩证法》，我们可以沿着阿多诺的思路对此做出如下解释：在启蒙理性依照量化的思维方式所建构的世界图示，实际上也是一种全新的权力体系。在这样一个全新的权力系统中，抽象个体在抽象层面上的自由、平等成为理想的交往原则。这些个体之所以是抽象的，本质上仍然来源于启蒙理性把个体设定为同质性的。在这种无视人的具体状态的社会中，人的自由、个性只能成为一种空谈。与此同时，阿多诺又对这种权力系统的某些方面保持一种不寻常的"回避"。虽然他批判现代世界，虽然他与霍克海默共同讨论了神话与启蒙时代的文化，但是他却始终在回避西方最大的传统文化——基督教文化，并且与犹太教保持着或多或少的关系①。

　　在重构关于世界的知识、消解前现代文化中虚构的超自然神秘主体的基础上，启蒙理性又在文化上重新建构了一个抽象的"人类"主体，并重新定位了未来社会的图景和实现路径。启蒙理性最大的问题在于，在现实的"个体"同质性的认识论系统中，其标榜的享有无条件的"自由""平等""公正"等近现代美好词汇所形容的权力的主体并非"现实的个人"，而是对"人类理性"的一种抽象。这种抽象，在主体的层面是无法用启蒙理性所赞赏的自然科学的方式确认的，无法通过"经验"的方式对人类主体进行实证性的确认。在此意义上，它更多的是一种价值论上的"预先"设定。在这种设定中，"人类"主体代表着现代"人类"的"总体"利益，代表着某些共同的"普世"原则，代表着放之四海而皆准的"真理"。相比较于

---

①　阿多诺并非用"否定的辩证法"去对待西方文明中的一切对象，即使后期阿多诺所宣扬的那种"大拒绝"也始终坚持一种"有所为、有所不为"的态度。这里面或许有迫于当时社会生存压力的各种不得已，或者还有阿多诺本人的或隐或显的宗教情结。例如，在对待基督教和犹太教问题上，他保持了一种近乎沉默的态度。

前现代社会，启蒙理性所规划的现代文明不再通过对某一个具体的超自然力量或理想化的个人的依赖，来实现未来的"美好社会"。它认为，通过"理性之光"，即通过现代理性设计的种种工具，在驱散愚昧的同时，能够解决社会发展的一系列问题，迎来一个美好社会。未来社会的图景的实现依靠的是理性通过被同质化的个人的努力。在这种意义上，对美好社会的坚信，在某种程度上也意味着对理性的坚持。

在这个意义上，启蒙理性实际上建构了一种现代社会的脱离个体的主体性，这种主体性在总体的意义上秉持着一种自我确信的态度，在某种程度上甚至表现为黑格尔式的外在性的"绝对精神"。但是在微观的个体领域，这种主体性表现出巨大的"同质性"，表现为一种平面式的同质抽象价值定位，或者是一种工业流水线式的个体价值定位。"否定的辩证法"从思维方式上揭露了这种弊端及其来源。它促使我们重新审视"辩证法是现实世界中一切运动、一切生命和一切活动的原则"①这一命题。它不仅促使我们在哲学上反思现代资本主义制度的新特征，也能够为我们对苏联教科书中的辩证法解读模式、乃至传统社会主义模式的重新反思提供有益的借鉴。它促使我们去思考——僵化的辩证法体系中的思维抽象到底是对历史的总结还是强加于历史的逻辑，促使我们去反思如何处理现代社会中个体与社会的关系问题，促使我们去反思传统的集体思维方式和社会体制的建构方式，等等。阿多诺之后，苏联的解体、东欧社会主义阵营的破裂和倒塌，再一次把这个问题摆在我们面前。在此角度上，"否定的辩证法"反传统的"经验"视角作为一种全新的解读范式，的确看到了传统哲学的思维形式、乃至社会制度在理解和把握世界的过程中片面注重"虚假"主体性、并由此导致的主观建构思维方式的缺陷。

在思维方式上，无论是主体还是客体或主客体关系，我们对它们的认识是与我们的思维过程和思维框架密切相关的。因此，正确把握思维本身的特点，有助于我们更全面地理解、概括对象，从而达到对对象的全面理解。而我们的思维本身就是一个矛盾的统一体：对象意识和自我意识、建构性思维和反思性思维的矛盾，还不可避免地形成知性思维和辩证思维的矛盾。处理不好思维中的这些关系，就不可能正确地解决思维中的抽象和具体的关系。阿多诺"经验"范式的辩证法看到了传统哲学在思维抽象方面的弊端，指出启蒙理性并未超出传统哲学的"同一性"思维方式，这是它的重要的理论贡献。

---

① 〔德〕黑格尔：《逻辑学》，梁志学译，北京，人民出版社，2002，第156页。

虽然阿多诺哲学并不热衷于明确讨论马克思，但是他对启蒙理性思维方式的分析无疑要与马克思主义认识论产生若干层面上的对话和交流。在马克思主义的认识论中，人类思维存在着两条不同的道路：在第一条道路中，"完整的表象蒸发为抽象的规定"①。第一条道路是人类思维对客观对象的主观把握，它必然存在着思维的片面化、静止化的运动，必然与思维的对象产生一定的差距。因为思维要进行，就必须把运动的东西静止下来，否则，思维根本没法进行。正如黑格尔在分析芝诺"阿基里斯与龟"的悖论时指出的那样："从来造成困难的总是思维，因为思维把一个对象在实际里紧密联系着的诸环节彼此区分开来。"②这实际上揭示出思维在运行中的内在矛盾③，列宁抓住这一思想加以发挥："如果不把不间断的东西割断，不使活生生的东西简单化、粗陋化，不加以划分，不使之僵化，那么我们就不能想象、表达、测量、描述运动。思想对运动的描述，总是粗陋化、僵化。不仅思想是这样，而且感觉也是这样；不仅对运动是这样，而且对任何概念也都是这样。"④

在马克思的年代，布鲁诺、费尔巴哈等人的错误不在于达到了思维的这一层面，而在于他们仅仅停留在这一层面。例如，他们也谈论"个人"，但是他们的"个人"只是抽象的、片面的个人，这种"个人"最多也只是现实世界的某一方面的片面反映。这种关于"个人"的概念要么局限于纯粹精神的领域，要么局限于自然的领域，这样的"个人"是不完整的，对于如此抽象的"个人"的阐发无论对于现实问题的解释还是解决都于事无补。"辩证逻辑和旧的单纯形式的逻辑相反，不像后者那样只满足于把思维运动的各种形式，即各种不同的判断形式和推理形式列举出来并且毫无联系地并列起来。相反地，辩证逻辑由此及彼地推导出这些形式，不把它们并列起来，而使它们互相从属，从低级形式发展出高级形式。"⑤这两种思维方式，即形而上学与辩证法、形式逻辑与辩证逻辑、知性思维与理性思维，贯穿于整个思维的历史。尽管知性思维与形而上学有关，辩证思维与辩证法有关，但它们不是等同的，从更直接的意义上说，知性思维与辩证思维是思维运动中静态性与动态性的反映，这实

---

① 《马克思恩格斯选集》，第2卷，北京，人民出版社，1995，第18页。

② 〔德〕黑格尔：《哲学史讲演录》，第1卷，贺麟、王太庆译，北京，商务印书馆，1959，第290页。

③ 杨耕、陈志良、马俊峰：《马克思主义哲学研究》，北京，中国人民大学出版社，2000，第176页。

④ 《列宁全集》，第55卷，北京，人民出版社，1990，第219页。

⑤ 《马克思恩格斯选集》，第4卷，北京，人民出版社，1995，第332～333页。

际上是把这一矛盾上升为整个思维、全部概念、所有感觉的内在矛盾。这一矛盾根源于客观事物与思维表达的矛盾，因为思维总要表达、描述出他所面对的对象，这一基本矛盾可以转化为一系列的矛盾，比如连续性和间断性、全面性与片面性、运动性与静止性、丰富性与简单性等，它几乎是现代思维表现最为充分的一对矛盾，这导致了认识过程中的第二条道路——"抽象的规定在思维行程中导致具体的再现"①。

　　在阿多诺那里，他的功绩在于他看到这一过程的弊端，注意到单纯的抽象思维方式对主体和客体构成的威胁，并在更广阔的社会文化建构的层面上看到启蒙理性思维方式、现代性成为资本主义现代性对人进行奴役的新工具。问题在于，阿多诺试图在第二层面上另辟蹊径，他试图在保存间接性思维的基础上实现对第一思维层面回归，在保存一般性的基础上把认识的焦点聚集在"经验"中特殊事物之上。对于这一点，马克思的论断并没有过时——"一切生产阶段所共有的、被思维当作一般规定而确定下来的规定，是存在的，但是所谓一切生产的一般条件，不过是这些抽象要素，用这些要素不可能理解任何一个现实的历史的生产阶段"②。阿多诺也是在这个意义上批判了唯心主义思维方式的这种用一般代替个别的思维方式，并在资本主义社会总体性的基础上批判了启蒙理性及其后果。然而，在思维中，如果思维没有了总体性，仅仅是一个差异性的"星丛"，那么我们对世界的认识就缺乏一个基本的平台。可以说，历史的进步就是不断地对这个平台进行的修整乃至重建。这也是阿多诺一次次批判理性而最终却重返理性思维方式的原因。正是由于这个原因，马克思主义在"否定的辩证法"中沦落为一种"工具性的运用"并丧失自身的价值立场。

　　能否仅凭思维方式中的这种弱点从根本上颠覆人类几千年来的思维方式？或者说，能否凭借这种思维方式的缺陷就由此否定人类文明的主流成果？鉴于这种思维方式，阿多诺的"经验"立场脱离了历史，由此"否定的辩证法"也就不可能超越历史。他只能在他所批判的对象中徘徊，最终对自己超历史的"经验"状态表示悲观。对此，有学者认为，"'否定的辩证法'是基于对资本主义的不公正判断而对形而上学发动的一次失败的攻击。因此，一方面，阿多诺对理性进行一种西西弗斯式的绝对否定；另一方面，他不断地重返理性"③。因为不能从逻辑上再现资本主义发展

①　《马克思恩格斯选集》，第2卷，北京，人民出版社，1995，第18页。
②　《马克思恩格斯全集》，第46卷上，北京，人民出版社，1979，第25页。
③　张亮：《"崩溃的逻辑"的历史建构》，北京，中央编译出版社，2003，第11页。

的历史，不能重构资本主义社会的逻辑结构，这就注定阿多诺只能停留在他所批判的理性的范围内。更加严重的问题在于，这种超历史的观点使得"否定的辩证法"丧失了历史的根基，失去了历史的主体，它是一种对资本主义制度及其一切社会统治力量批判性的呐喊，它不能对现实的压迫因素造成任何颠覆性的破坏。由此，对理想新社会的期待就成为一种虚无缥缈的幻想。

　　虽然这是"不成功"的，但"否定的辩证法"也没有彻底失败。"否定的辩证法"是一种有针对性的、甚至在某些方面极端的"不妥协"，也是一种针对现代启蒙理性无形暴政的无奈的"不妥协"和坚决的揭露。这种针对资本主义现代政治文化运作方式和思维方式的分析和揭露，为我们更加深刻地理解资本主义现代性的政治和文化做了必要的理论准备。它对苏联意识形态的"不合作"，也在某种层面上为我们反思苏联社会主义模式的利弊得失提供了警醒。与此同时，它的经验教训再一次提醒我们："主义"并不能脱离现实的物质生活。"否定的辩证法"在揭露资本主义社会"同一性"管控的各种因素的同时，逐步疏远马克思对生产关系的分析，它在试图从人的意识上另辟蹊径的同时，没有关注到底什么是"现实的个人"。最终，它沦为一种"呐喊"式的斗争——这些哲学家们在"呐喊"之后，便把斗争的任务（思想上的）交给了听众。如果说，在《旧约》中，摩西还依靠自己的双腿去引领以色列人走出埃及的话，那么，阿多诺，这位连自己引领对象都不明确的、想走出现代资本主义文明的"摩西"，最终连自己的双腿都放弃了——拒斥实践的"思想中的反抗"就是他做的一切。

　　在人类历史上，还从来没有发生过一次离开社会物质现实、单纯依靠思维方式的反思而发生的社会变革，但这就是阿多诺哲学的终极理想。阿多诺，这位连钢琴都弹得不敢恭维的人①，被后人尊称为音乐家；阿多诺，作为一个激烈批判一切暴力统治的犹太人，却在第二次世界大战期间取了一个典型的非犹太人的名字——"埃克哈特"②。如此之例甚多。正像"否定的辩证法"是矛盾的一样，阿多诺本人也是矛盾的。

　　一方面，阿多诺是一个勇敢的觉醒者和呐喊者，他以深刻的否定性思维揭示了现代资本主义社会在运行规则方面的同一性控制及其这种控

---

　　① 〔德〕洛伦茨·耶格尔：《阿多诺：一部政治传记》，上海，人民出版社，2007，第178页。

　　② 〔德〕洛伦茨·耶格尔：《阿多诺：一部政治传记》，上海，人民出版社，2007，第14页。

制对每一个现实的个人的影响，发人深思。他以自己的理论提出了这样一个问题：在传统理性哲学中，我们关于人的定义、关于世界的定义，是否太"狭窄"了？以至于这种"狭窄"非但不能实现启蒙时代人们对未来世界的设想，反而会使人类文明陷入更高层面上的困顿乃至灾难？

　　另一方面，在这种深思中也引出这样一个困境：我们即使在思维方式上开始觉醒，在意识形态上呐喊、反抗，然而谁会在"实践"中反抗以及怎样反抗这种"同一性"的社会现实？这是"否定的辩证法"一直没有解决的问题。这是"经验"范式的辩证法，以及一切以"理想"状态的概念为基础的辩证法解读范式给我们带来的深刻警示。辩证法不仅仅需要批判，它还需要超越现实的历史根基和确保获得历史主体支持的可行性手段。对现实的历史主体来说，仅仅意识形态的批判是无法让他们生存下去的，对社会物质生活的分析和批判也同样重要。批判与超越、超越与革命，都需要对社会现实进行逻辑重构并获得社会物质生产的强力支持。这种重构是在对社会历史生产和生活的分析中、在生产力的发展中实现的，而不是单纯靠对思维方式和意识形态的批判实现的。也正是这个原因，我们在阿多诺的哲学中体验不到欢快的精神气质，反而为深深的忧虑所袭扰。

参考书目

[1]〔德〕马克思:《黑格尔法哲学批判》,《马克思恩格斯全集》,第 1 卷,北京,人民出版社,1956。

[2]〔德〕马克思:《论犹太人问题》,《马克思恩格斯全集》,第 1 卷,北京,人民出版社,1956。

[3]〔德〕马克思,恩格斯:《神圣家族》,《马克思恩格斯全集》,第 2 卷,北京,人民出版社,1957。

[4]〔德〕马克思:《关于费尔巴哈的提纲》,《马克思恩格斯全集》,第 3 卷,北京,人民出版社,1960。

[5]〔德〕马克思,恩格斯:《德意志意识形态》,《马克思恩格斯全集》,第 3 卷,北京,人民出版社,1960。

[6]〔德〕马克思:《道德化的批评和批评化的道德》,《马克思恩格斯全集》,第 4 卷,北京,人民出版社,1958。

[7]〔德〕马克思,恩格斯:《雇佣劳动和资本》,《马克思恩格斯全集》,第 6 卷,北京,人民出版社,1961。

[8]〔德〕马克思:《政治经济学批判》,《马克思恩格斯全集》,第 13 卷,北京,人民出版社,1962。

[9]〔德〕马克思:《工资、价格和利润》,《马克思恩格斯全集》,第 16 卷,北京,人民出版社,1964。

[10]〔德〕马克思:《论土地国有化》,《马克思恩格斯全集》,第 18 卷,北京,人民出版社,1964。

[11]〔德〕马克思:《哥达纲领批判》,《马克思恩格斯全集》,第 19 卷,北京,人民出版社,1963。

[12]〔德〕恩格斯:《社会主义从空想到科学的发展》,《马克思恩格斯全集》,第 19 卷,北京,人民出版社,1963。

[13]〔德〕马克思,恩格斯:《给维·伊·查苏利奇的信》,《马克思恩格斯全集》,第 19 卷,北京,人民出版社,1963。

[14]〔德〕恩格斯:《自然辩证法》,《马克思恩格斯全集》,第 20 卷,北京,人民出版社,1971。

[15]〔德〕恩格斯:《家庭、私有制和国家的起源》,《马克思恩格斯全集》,第 21 卷,北京,人民出版社,1965。

[16]〔德〕恩格斯:《路德维希·费尔巴哈和德国古典哲学的终结》,《马克思恩格斯全集》,第 21 卷,北京,人民出版社,1965。

[17] 〔德〕恩格斯:《论反犹太主义》,《马克思恩格斯全集》,第 22 卷,北京,人民出版社,1965。

[18] 〔德〕恩格斯:《论早期基督教的历史》,《马克思恩格斯全集》,第 22 卷,北京,人民出版社,1965。

[19] 〔德〕马克思:《1844 年经济学哲学手稿》,《马克思恩格斯全集》,第 42 卷,北京,人民出版社,1979。

[20] 〔德〕马克思:《1857—1858 年经济学手稿》,《马克思恩格斯全集》,第 46 卷上册,北京,人民出版社,1979。

[21] 〔德〕马克思:《资本论》,第 1 卷,北京,人民出版社,2004。

[22] 〔德〕马克思:《资本论》,第 2 卷,北京,人民出版社,2004。

[23] 〔德〕马克思:《资本论》,第 3 卷,北京,人民出版社,2004。

[24] 〔苏联〕列宁:《黑格尔〈逻辑学〉一书摘要》,《列宁全集》,第 38 卷,北京,人民出版社,1963。

[25] 〔苏联〕列宁:《黑格尔辩证法(逻辑学)的纲要》,《列宁全集》,第 38 卷,北京,人民出版社,1963。

[26] 〔苏联〕列宁:《谈谈辩证法问题》,《列宁全集》,第 38 卷,北京,人民出版社,1963。

[27] 〔德〕阿多尔诺:《否定的辩证法》,张峰译,重庆,重庆出版社,1993。

[28] 〔德〕阿多诺:《美学理论》,王柯平译,成都,四川人民出版社,1998。

[29] 〔德〕阿多诺:《弗洛伊德理论和法西斯主义宣传的程式》,《法兰克福学派论著选辑(上)》,北京,商务印书馆,1998。

[30] 〔德〕阿多诺:《主体与客体》,《法兰克福学派论著选辑(上)》,北京,商务印书馆,1998。

[31] 〔德〕阿多诺:《知识社会学及其意识》,《法兰克福学派论著选辑(上)》,北京,商务印书馆,1998。

[32] 〔德〕阿多诺:《瓶子中的信息》,《图绘意识形态》,南京,南京大学出版社,2002。

[33] 〔德〕霍克海默、〔德〕阿道尔诺:《启蒙辩证法》,渠敬东、曹卫东译,上海,上海人民出版社,2006。

[34] 〔德〕阿多诺:《道德哲学的问题》,谢地坤、王彤译,北京,人民出版社,2007。

[35] 〔德〕阿多诺:《克尔凯郭尔:审美对象的建构》,李理译,北京,人民出版社,2008。

[36] 〔美〕马丁·杰:《阿多诺》,瞿铁鹏、张赛美译,北京,中国社会科学出版社,1992。

[37] 〔日〕细见和之:《阿多诺:非同一性哲学》,谢海静、李浩原译,石家庄,河北教育出版社,2002。

[38] 〔德〕洛伦茨·耶格尔:《阿多诺:一部政治传记》,陈晓春译,上海,上海人民

出版社，2007。

[39]〔德〕格尔哈特·施威豪蓬依塞尔：《阿多诺》，鲁路译，北京，中国人民大学出版社，2008。

[40]〔德〕罗尔夫·魏格豪斯：《法兰克福学派：历史、理论及政治影响》，孟登迎、赵文、刘凯译，上海，人民出版社，2010。

[41]〔瑞士〕埃米尔·瓦尔特－布什：《法兰克福学派史——评判理论与政治》，郭力译，北京，社会科学文献出版社，2014。

[42] 欧力同、张伟：《法兰克福学派研究》，重庆，重庆出版社，1990。

[43] 张一兵：《无调式的辩证想象》，北京，生活·读书·新知三联书店，2001。

[44] 张亮：《"崩溃的逻辑"的历史建构》，北京，中央编译出版社，2003。

[45] 赵海峰：《阿多诺"否定的辩证法"研究》，哈尔滨，黑龙江人民出版社，2003。

[46] 谢永康：《形而上学的批判与拯救》，南京，江苏人民出版社，2008。

[47]〔德〕黑格尔：《精神哲学》，杨祖陶译，北京，人民出版社，2006。

[48]〔德〕黑格尔：《精神现象学》，贺麟、王玖兴译，北京，商务印书馆，1987。

[49]〔德〕黑格尔：《逻辑学》，梁志学译，北京，人民出版社，2002。

[50]〔匈〕卢卡奇：《历史与阶级意识》，杜章智、任立、燕宏远译，北京，商务印书馆，1996。

[51]〔美〕伯特尔·奥尔曼：《辩证法的舞蹈——马克思方法的步骤》，田世锭、何霜梅译，北京，高等教育出版社，2006。

[52]〔捷克〕卡莱尔·科西克：《具体的辩证法》，傅小平译，北京，社会科学文献出版社，1989。

[53]〔德〕阿尔布莱希特·维尔默：《论现代和后现代的辩证法——遵循阿多诺的理性批判》，钦文译，北京，商务印书馆，2003。

[54]〔苏〕列·费·伊利切夫：《作为一般发展理论的唯物辩证法》，金顺福等译，上海，上海人民出版社，1987。

[55]〔苏〕费多谢耶夫等：《唯物主义辩证法理论概要》，愚生译，上海，上海译文出版社，1986。

[56]〔苏〕捷·伊·奥伊则尔曼：《十四—十八世纪辩证法史》，钟宇人、朱成光等译，北京，人民出版社，1984。

[57]〔法〕让-保罗·萨特：《辩证理性批判》，林骧华等译，合肥，安徽文艺出版社，1998。

[58] 孙正聿：《辩证法研究》，长春，吉林人民出版社，2007。

[59] 孙正聿：《马克思辩证法理论的当代反思》，北京，人民出版社，2002。

[60] 邓晓芒：《黑格尔辩证法讲演录》，北京，北京大学出版社，2005。

[61] 张一兵：《马克思历史辩证法的主体向度》，郑州，河南人民出版社，1995。

[62] 张一兵等：《西方马克思主义哲学的历史逻辑》，南京，南京大学出版社，2003。

[63] 贺来：《辩证法的生存论基础》，北京，中国人民大学出版社，2004。

[64] 刘森林：《辩证法的社会空间》，长春，吉林人民出版社，2006。

[65] 郝立忠：《作为哲学形态的唯物主义辩证法》，济南，山东大学出版社，2002。

[66] 赵勇：《整合与颠覆：大众文化的辩证法（法兰克福学派的大众文化理论）》，北京，北京大学出版社，2005。

[67] 李建平：《〈资本论〉第一卷辩证法探索》，第 1 卷，北京，社会科学文献出版社，2006。

[68] 江天骥主编：《法兰克福学派——批判的社会理论》，上海，上海人民出版社，1981。

[69] 刘永佶：《主体辩证法》，北京，中国经济出版社，2004。

[70] 耿彦君：《唯物辩证法论战研究》，北京，社会科学文献出版社，2005。

[71] 〔德〕康德：《纯粹理性批判》，邓晓芒译，北京，人民出版社，2004。

[72] 〔德〕康德：《实践理性批判》，邓晓芒译，北京，人民出版社，2003。

[73] 〔德〕康德：《判断力批判》，邓晓芒译，北京，人民出版社，2002。

[74] 〔德〕黑格尔：《哲学史讲演录》，第 1 卷，贺麟、王太庆译，北京，商务印书馆，1978。

[75] 〔德〕黑格尔：《哲学史讲演录》，第 4 卷，贺麟、王太庆译，北京，商务印书馆，1978。

[76] 〔德〕黑格尔：《法哲学原理》，贺麟译，北京，商务印书馆，1961。

[77] 〔德〕费尔巴哈：《费尔巴哈哲学著作选集》，北京，商务印书馆，1984。

[78] 〔美〕罗兰·斯特龙伯格：《西方现代思想史》，刘北成、赵国新译，北京，中央编译出版社，2005。

[79] 〔英〕戴维·麦克莱伦：《卡尔·马克思传》，第 3 版，王珍译，北京，中国人民大学出版社，2005。

[80] 〔英〕戴维·麦克莱伦：《马克思以后的马克思主义》，李智译，北京，中国人民大学出版社，2004。

[81] 〔法〕德里达：《马克思的幽灵》，北京，中国人民大学出版社，1999。

[82] 〔法〕让·波德里亚：《消费社会》，刘成富、全志钢译，南京，南京大学出版社，2001。

[83] 〔古希腊〕亚里士多德：《形而上学》，苗力田译，北京，中国人民大学出版社，2003。

[84] 〔德〕埃德蒙德·胡塞尔：《现象学的观念》，倪梁康译，上海，上海译文出版社，1986。

[85] 〔德〕埃德蒙德·胡塞尔：《现象学的构成研究——纯粹现象学和现象学哲学的观念》，李幼蒸译，中国人民大学出版社，2004。

[86] 〔德〕马丁·海德格尔：《存在与时间》，陈嘉映、王庆节译，北京，生活·读书·新知三联书店，2006。

[87] 〔德〕海德格尔：《面向思的事情》，陈小文译，北京，商务印书馆，1996。

[88]〔德〕伽达默尔：《真理与方法：哲学诠释学的基本特征》，洪汉鼎译，上海，上海译文出版社，2004。

[89]〔德〕伽达默尔：《哲学解释学》，夏镇平、宋建平译，上海，上海译文出版社，1994。

[90]〔法〕让-保罗·萨特：《存在与虚无》，陈宣良等译，北京，生活·读书·新知三联书店，1987。

[91]〔德〕H. 赖欣巴哈：《科学哲学的兴起》，伯尼译，北京，商务印书馆，1996。

[92]〔德〕海德格尔：《林中路》，孙周兴译，上海，上海译文出版社，2004。

[93]〔德〕尼采：《希腊悲剧时代的哲学》，李超杰译，北京，商务印书馆，2006。

[94]〔美〕理查德·沃林：《文化批评的观念》，张国清译，北京，商务印书馆，2000。

[95]〔德〕彼得·比格尔：《先锋派理论》，高建平译，北京，商务印书馆，2005。

[96] 杨耕：《为马克思辩护》，北京，北京师范大学出版社，2004。

[97] 韩震：《重建理性主义信念》，北京，北京出版社，1998。

[98] 崔新建、沈湘平主编：《人学与现代化：全国第五届人学研讨会论文集》，南宁，广西人民出版社，2004。

[99] 沈湘平：《全球化与现代性》，长沙，湖南人民出版社，2003。

[100] 张曙光：《生存哲学：走向本真的存在》，昆明，云南人民出版社，2001。

[101] 吴向东：《重构现代性：当代社会主义价值观研究》，北京，北京师范大学出版社，2006。

[102] 刘小枫：《现代性社会理论绪论》，上海，上海三联书店，1998。

[103] 张一兵：《回到马克思》，南京，江苏人民出版社，1999。

[104] 刘永佶：《马克思经济学手稿的方法论》，郑州，河南人民出版社，1990。

[105] 万光侠：《市场经济与人的存在方式》，北京，中国人民公安大学出版社，2002。

[106] 衣俊卿等：《20 世纪的新马克思主义》，北京，中央编译出版社，2001。

[107] 陈振明：《法兰克福学派与科学技术哲学》，北京，中国人民大学出版社，1992。

[108] 周宏：《理解与批判——马克思意识形态理论的文本学研究》，上海，上海三联书店，2003。

[109] 吴晓明：《马克思早期思想的逻辑发展》，昆明，云南人民出版社，1993。

[110] 吴晓明、王德峰：《马克思的哲学革命及其当代意义》，北京，人民出版社，2005。

[111] 王德峰：《哲学导论》，上海，上海人民出版社，2000。

[112] Brian O'Connor：*Adorno's Negative Dialectic*，London，The MIT Press，2004.

[113] J. M. Bernsein and Adorno：*Disenchantment and Ethics*，New York，Cambridge University Press，2001.

[114] Lambert Zuidervaart: *Social Philosophy after Adorno*, London, Cambridge University Press, 2007.

[115] Theodor W. Adorno: *Against Epistemology: A Metacritique*, Oxford, Blackwell Published Ltd, 1982.

[116] Theodor W. Adorno and Walter Benjamin: *The Complete Correspondence*, Translated by Nicholas Walker, Cambridge, Mass, Harvard University Press, 1999.

[117] Theodor W. Adorno: *Dialectic of Enlightenment*, New York, Herder & Herder, 1972.

[118] Theodor W. Adorno: *Hegel: Three Studies*, Translated by Nicholsen, London, The MIT Press, 1993.

[119] Theodor W. Adorno: *Minima Moralia: Reflections from Damaged Life*, London, New Left Books, 1974.

[120] Theodor W. Adorno: *Negative Dialectics*, Translated by E. B. Ashton, Seabury Press, 1973.

[121] Theodor W. Adorno: *Philosophy of Modern Music*, London, Sheed & Ward, 1973.

[122] Theodor W. Adorno: *Prolems of Moral Philosophy*, Edited by Thomas Schroder, Translated By Rodeny Livingstone, Cambridge Polity Press, 2000.

[123] Theodor W. Adorno: *The Culture Industry*, Edited by J. M. Bernstein, New York, Routledge, 1991.

[124] Yvonne Sherratt: *Adorno's Positive Dialectic*, Cambridge Etc, Cambridge University Press, 2002.

后 记

本文是在我的博士学位论文的基础上修改而成的。伴随着国家社会科学基金后期资助项目而来的评价中，除了有对项目本身的肯定，还有相关匿名评审专家提出的非常中肯的修改意见。在我看来，这些修改意见不仅是对论文文本的建议，更是对我以后学术研究方法的建议。在此，请允许我将原文部分内容予以摘录，以示感激：

"成果缺乏对一些基本概念的界定，如'范式'；对阿多诺的'经验'的范式及其与其他范式之间的关联最好有一个概述性的说明和分析……成果回溯整个西方哲学的'经验史'不能平均用力，应突出重点。重点人物是休谟和康德。前者在经验和自然之间画了一条线，后者在经验与理性之间画了一条线。这两条线恰恰是阿多诺'经验'整合的关键。"

在接到修改意见以后的半年里，我有针对性地进行了相关资料的再学习和修改，结构和内容都进行了相关的调整乃至重写。在这一过程中，我也愈发体会到，自己的研究还有很大的改进空间。也正是由于这个原因，我把上述专家意见摘录了过来，作为对自己的一个鞭策。

即使是拿出这样一个在很多方面都有待改进的文本，我还是要特别向我的硕士生和博士生导师——吴向东老师表达我的敬意：没有您的严格要求和耐心指导，我连这样一个浅薄的成绩都不可能取得。同时，我也要特别向王南湜老师和我的博士后合作导师郭湛老师表达我的敬意：你们的鼓励和指导，让我进一步坚定了学术研究的决心。在学术的起点上，我还要感谢引领我进入哲学之门的万光侠老师。以上诸位先生，无法用语言表达我的感激之情，唯有日后努力工作，力争不负大家的信任。

在此，我再次感受到了马克思关于"人的本质是一切社会关系的总和"的论断的深刻性——我还要继续报出这个名单，因为需要感谢的人太多了。我要感谢我的父母，他们无私的付出是我前进的动力；我要感谢我的爱人温泉女士，我们彼此的理解和鼓励始终伴随着我们的共同努力。

另外，本文在出版的过程中，北京师范大学出版社的曾忆梦女士给予了大力的支持，没有你们的鼎力支持，书稿的出版也不会如此顺利。我的硕士研究生胡思慧和徐国旺同学参与了注释的校对工作。在此，一并表示衷心的感谢。

郑　伟

2015 年 3 月